U0563550

"汉语话语研究"丛书
编委会

主　编

方　梅　　　　　　　中国社会科学院
Mei FANG　　　　　Chinese Academy of Social Sciences

编　委

陈　平　　　　　　　澳大利亚昆士兰大学
Ping CHEN　　　　 University of Queensland

李晓婷　　　　　　　加拿大阿尔伯塔大学
Xiaoting LI　　　　 University of Alberta

陆镜光　　　　　　　新加坡南洋理工大学
Kang Kwong LUKE　 Nanyang Technological University

沈家煊　　　　　　　中国社会科学院
Jiaxuan SHEN　　　 Chinese Academy of Social Sciences

陶红印　　　　　　　美国加州大学洛杉矶校区
Hongyin TAO　　　　University of California, Los Angeles

汉语话语研究

Studies Chinese Discourse

方梅 主编

Assessment Expressions
in Spoken Chinese

汉语口语评价表达研究

方迪 著

社会科学文献出版社
SOCIAL SCIENCES ACADEMIC PRESS (CHINA)

本研究得到中国社会科学院青年科研启动项目"汉语口语评价表达研究"（项目号：2020YQNQD0062）的资助

本书由"中国社会科学院创新工程出版资助费用"资助出版

总　序

　　语言成分有形式和意义两个方面，语言学研究的一个重要任务就是描写和解释形式和意义之间的对应关系。从描写角度来说，如果只是孤立地把话语作为静态的言语产品，就不可能对它有全面的了解。分析话语必须结合语言使用的外部条件，这些外部条件包括：（1）认知限制，如信息的贮存和提取方式、认知策略、记忆限制、信息处理的最佳程序等；（2）交际环境，包括对话双方的关系、言谈发生的场所、交际目的等；（3）文化和种族背景，如文化和种族差异、偏见对话语的渗透等。

　　自20世纪80年代以来，话语功能语言学的研究有几个重要的理论贡献。

　　第一，修辞结构理论（Rhetorical Structure Theory）[1]。修辞结构理论的主要目的是描写相邻句子的逻辑语义联系，将它们归纳为二十多种关系，用来说明话语中的语句是如何由低到高在各个层面上相互联系在一起的。

　　第二，关于话题结构（thematic structure）的理论表述[2]，说明话语中有关人物和事物如何引进，如何在下文中继续出现，等等。同一对象如果

---

[1] 参看 Mann, William & Sandra A. Thompson. 1988. Rhetorical structure theory: Toward a functional theory of text organization. Text 8 (3): 243 – 281.

[2] 参看 Givón, Talmy. 1984/1990. *Syntax: A Functional Typological Introduction*, Vol. II. Amsterdam and Philadephia: John Benjamins.
Du Bois, John W. 1980. Beyond definiteness: The trace of identity in discourse. In Wallace Chafe (eds.), *The Pear Stories: Cognitive, Cultural, and Linguistic Aspects of Narrative Production*. Norwood: Ablex Publishing Corporation.
Chen, Ping. 2009. Aspects of referentiality. *Journal of Pragmatics*, 41 (8): 1657 – 1674.
陆镜光 2004 从指称的研究看21世纪的话语语言学，《21世纪的中国语言学》，商务印书馆。

在话语展开过程中反复出现,则构成话题链(topic chain)。话题链是体现话语结构连贯性的重要方面,话题性的强弱具有不同的句法表达。第三,关于韵律单位与句法单位的关系问题。韵律单位(intonation unit)与句法上的节点并不一一对应,Chafe(1987)认为一个语调单位中倾向于只出现一个新信息表现形式,即所谓单一新信息限制(one-new-concept constraint)。[1]

第四,关于语体特征的差异性问题。从句法角度看,语体差异的核心要素可以概括为对时间连续性(temporal succession)和突显行为主体(agent orientation)关注程度的差异。典型的叙事语体具有时间连续性,关注动作的主体;操作语体具有时间连续性,但是不关注动作的主体;行为言谈不具有时间连续性,但是关注动作的主体;而说明语体既不具有时间连续性,也不关注动作的主体。这种差异性导致一系列不同的句法结构选择。[2]

第五,关于言谈参与者在会话中的句法互动。交际过程中,参与者的言谈在句法结构上是相互渗透的。例如,核心名词与限制性关系从句分别由会话双方共同完成,会话中独立于小句结构之外的延伸成分为会话参与者提供话轮转换机制等。[3]

第六,从在线生成的角度看互动交际中语句的产出,形成了"进行中的句子的句法"(the syntax of sentences-in-progress),强调新信息是随着时间的推移不断叠加的。语序的安排不仅与句法成分所传递的信息地位(新旧)有关,在会话互动中还提示话轮转换的相关位置。[4]

---

[1] 参看 Chafe, Wallace. 1987. Cognitive constraints on information flow. In Russell Tomlin (eds.), *Coherence and Grounding in Discourse*. Amsterdam and Philadelphia: John Benjamins.
Chafe, Wallace. 1994. *Discourse, Consciousness, and Time: The Flow and Displacement of Conscious Experience in Speaking and Writing*. University of Chicago Press.
Tao, Hongyin. 1996. *Units in Mandarin Chinese Conversation: Prosody, Discourse and Grammar*. Amsterdam and Philadephia: John Bejamins.

[2] 参看 Longacre, Robert E. 1983. *The Grammar of Discourse*. New York: Plenum Press.

[3] 参看 Ford, Cecilia E., Barbara A. Fox & Sandra A. Thompson. 2002. Constituency and the grammar of turn increments. In C. E. Ford, B. A. Fox & S. A. Thompson (eds.), *The Language of Turn and Sequence*. New York: Oxford University Press.

[4] 参看 Lerner, Gene H. 1991. O the syntax of sentences-in-progress. *Language in Society*, 20(3): 441–458.
陆镜光 2000 句子成分的后置与话轮交替机制中的话轮后续手段,《中国语文》第4期。
陆镜光 2002 在进行中的句子里辨识句末,载邵敬敏、徐烈炯编《汉语语法研究的新拓展》,浙江教育出版社。

对汉语的话语语言学的研究可以追溯到赵元任先生（1968）的《汉语口语语法》[①]，尽管当时的理论背景是结构主义语言学，但是书中关注的很多问题却是20世纪80年代之后话语功能语言学对自然口语研究的课题。赵元任先生对汉语口语的定义是20世纪中叶的北京方言，用非正式发言的那种风格说出来的（见《汉语口语语法》1.1.1）。书中的口语例子除了作者作为"活材料"的身份自拟之外，还包括随手记录的语法实例、官话会话录音等。书中系统性地描述了言谈的几种类型，依据准备程度的差异以及是对话还是独白，把说话分成八种类型，并且指出不同类型的差异主要表现在句子结构上（见《汉语口语语法》1.2.3）。着眼于口语的结构特点，他提出零句是根本（见《汉语口语语法》2.7）。书中特别指出，汉语的问与答之间，主语作为问，谓语作为答，问答之间实际是"话题—说明"的关系。书中还专门有一节讨论有计划的句子与无计划的句子（见《汉语口语语法》2.14），从韵律、插入语和"追补语"（afterthoughts）、"前附小句和后附小句"（preclitic and enclitic clauses）等多方面，探讨"未经筹划的句子"（unplanned sentences）的结构特征和韵律表现，关注在线编码现象。

早在1961年，吕叔湘先生在《汉语研究工作者当前的任务》一文里谈及语法研究的任务时提出，另外一个重要的课题是口语语法的研究。进行口语语法的研究，不光是为了更好地了解口语，也是为了更好地了解书面语。比如对于语法分析非常重要的语调、重音、停顿等，在书面材料里就无可依据，非拿口语来研究不可。1980年，在中国语言学会成立大会上的报告中，他再次强调："过去研究语言的人偏重书面语材料，忽略口头材料，这是不对的。口语至少跟文字同样重要，如果不是更重要的话。许多语言学家认为口语更重要，因为口语是文字的根本。"（《把我国语言科学推向前进》）

由于对"用法"研究的高度重视，20世纪80年代以后，汉语话语研究在以结构主义语言学为主导的时期也取得了很多令人瞩目的成果，比如口语中副词独用现象的研究、口语中易位现象和重复现象的研究、口语中

[①] Chao, Yuen Ren. 1968. *A Grammar of Spoken Chinese*. University of California Press，吕叔湘译《汉语口语语法》，1979，商务印书馆。

不加说明的话题的研究、流水句的研究、语气词的功能与回声问的研究、疑问语调与疑问句关系的研究、指示词话语功能的研究、话语标记的研究、修饰小句的在线编码策略，等等。① 随着话语功能语言学研究思想的传播，汉语语法学界有越来越多的学者关注和从事汉语的话语研究，研究信息结构的句法表征，研究语用原则的语法化，研究语用意图的韵律表现，研究韵律单位与句法单位的关系，借助会话分析的描写方法探讨话语组织结构的词汇表现、韵律表现，以及其他多模态资源的整合效应。

话语功能语言学家看重自然口语的语言学价值，因为只有着眼于自然口语，才能看清交际功能与编码策略的关系，使在相同的话语条件下对语言进行比较成为可能，进而发现语言之间在语义范畴表达和交际意图实现过程中的异同，揭示世界语言的多样性。

"汉语话语研究"丛书收录原创性专题研究著作，特别是基于汉语口语语篇材料的研究，内容涵盖语法、会话分析、自然口语韵律与多模态研究等方面。我们希望通过对汉语话语的多角度描写，探究其动因，以便更好地发现和解释汉语的规律。同时我们也希望这一系列丛书能够成为集中展现汉语话语研究新作的一个平台。

方　梅
2017 年 5 月

---

① 拙著《浮现语法——基于汉语口语和书面语的研究》中论及此内容，该书由商务印书馆 2018 年出版。

序

《汉语口语评价表达研究》一书是在方迪博士学位论文基础上修改扩充而成的。这个博士学位论文的选题是对我自己关于汉语立场表达研究的延伸和拓展。

"评价"的研究由来已久。对评价的研究，有的从语言学范畴出发，有的从语言结构形式出发，有的从互动行为出发，读者可以参看方梅和乐耀（2017）《规约化与立场表达》以及本书的相关介绍。

作为语言学研究者，我们最终要回答的问题是，形式—意义—功能，这三个方面如何彼此联系；在交际互动过程中，言谈参与者之间何以心领神会。

具有评价意义的词无疑是最为直接的评价表达形式，比如使用形容词，使用具有贬义的名词，等等。如果着眼于分析互动行为，解释交际参与者在做什么，那么这些显著的、直接的表达形式是确认言者行为的直接证据。而作为语言学研究者，更有兴趣的是那些看上去不具备意义透明性的表达形式，探究它们在交际中是怎样获得评价的解读的。

书中着眼于语义透明性程度的差异，按照规约化这个主线，把评价表达分作三类，即非规约化评价表达、半规约化评价表达和规约化评价表达。非规约化评价表达形式的整体意义可以从组成成分及其句法结构获得，如"太好了""干得不错"。半规约化评价表达这一类含有评价词，但是其整体意义又不能完全从组成成分和句法结构获得，如"那叫一个+形容词"。而规约化评价表达一类表达式，从字面意义看没有表达评价的词。上述这个三分格局，既是一种动态分类，也在一定程度上揭示了评价表达形式的浮现路径。

会话分析研究中所列举的评价案例，多数属于非规约化评价表达，因为这一类最方便证明对话中的说话人在"做什么"。而对于构式和词汇化的研究中，感兴趣的是上述后两类，也就是分析不具备语义透明性的表达形式，看它们的意义是从哪里来的。不过，以往的研究比较关注相邻成分之间的语义浸染，以及相邻小句之间的意义吸收。但本书的案例分析可以让我们看到，只关注上述两个方面还远远不够，有些评价解读是在具体会话环境中得以实现的。从会话序列的角度进行分析，厘清评价解读的序列条件，这是前人少有尝试的，也是互动语言学的观察视角对我们研究这一问题的启发。

互动交际中还有哪些高度规约化的手段呢？Levinson（2013）指出，社会行为的识解因素包括以下六个方面：1）语言形式；2）语言内容；3）会话序列位置；4）前序话轮的特点；5）当前话轮和前序话轮的投射（projection）；6）互动参与者的认识地位以及语境中的其他因素（Levinson，2013：103-130）。显然，我想，上述几方面应该是我们做描写和解释必须观照的。

当一个表达形式不具有语义透明性的时候，要想证明它究竟在传递什么信息，仅仅从构成形式得不到直接的解释，就可以借助它在会话中所处的序列环境（sequential environment）去观察，通过其应答话语加以证明。当代互动语言学中所提倡的下一话轮验证程序（next-turn proof procedure），可以帮助我们透过会话过程的"来言"与"去语"，发现评价解读的浮现条件。换句话说，我们要回答口语中一个表达形式的意义从何而来这样一个问题的时候，还要观察会话序列条件。

说到口语，大家都知道有一个句法特点是简短。赵元任先生在《汉语口语语法》中提出，零句是根本。接下来的问题是，相对于零句，整句的结构完备仅仅是语言风格问题吗？我们注意到，在对英语的研究中，学者们发现了非常有意思的现象。

比如，英语的自然口语对话中，作为应答语，一般是要求简短结构，整句作为应答语往往带有对立立场解读（A full-clause response is defensive）。比如，当一个人问"What time did you get home？"的时候，按照会话规程仅仅回答时间（没有主语的零句）即可。如果说话人采用整句回答，"We got home at one thirty."一定带有言者的立场（详见Fox, Thompson，2010：133-156）。也就是说，在说话人看来自己回家的时间一点也不晚。这样的观察启示我们，互动言谈中编码方式采用简短形式（零句）不仅仅是一种语体风格特征，而且是一种构成会话规程的惯例。符合这种惯例的是无标记编码方式，违背或超越这种惯例的编码形式，会传递命题意义之外的言者立场。因此，要做到描写的充分，除了从句子语法的角度看它是否合语法之外，还要充分描写符合会话规程的各种惯例。

这部《汉语口语评价表达研究》是用互动语言学的分析视角观察汉语评价表达的研究，它为读者带来了一些不同于以往基于句子语法分析的新鲜发现，也为观察分析汉语口语现象提供了新的视角。本书从会话规程角度对汉语口语的评价解读进行了分析，尤其令人耳目一新。

近年来，互动语言学研究总结了大量的自然口语中的规律，不仅有英语的，也有德语、芬兰语、日语等不同语言的。互动语言学的已有成果为我们进一步观察汉语事实提供了有益的借鉴，其分析视角有助于我们拓展对汉语口语的研究，在跨语言的比较中深化对汉语自身的理解和认识。

方　梅

2020 年 11 月

目 录

第一章 绪论 …………………………………………… 1
  1.1 两类评价表达 ………………………………… 1
  1.2 动态浮现与对话互动 ………………………… 6
  1.3 研究视角 ……………………………………… 10
  1.4 研究问题 ……………………………………… 12
  1.5 语料与方法 …………………………………… 14

第二章 理论探索和互动视角下的研究 …………… 16
  2.1 引言 …………………………………………… 16
  2.2 对"评价"的认识 …………………………… 16
  2.3 互动语言学的研究视角 ……………………… 20
  2.4 互动视角下的评价研究 ……………………… 24
  2.5 小结 …………………………………………… 43

第三章 汉语中的评价表达 ………………………… 44
  3.1 引言 …………………………………………… 44
  3.2 先行研究 ……………………………………… 44
  3.3 体系与层次 …………………………………… 47
  3.4 个案研究 ……………………………………… 51
  3.5 评价表达的规约化 …………………………… 62

1

第四章　组合性评价表达与评价序列
　　——零句型评价和整句型评价 …………………………… 66
4.1　引言 ………………………………………………………… 66
4.2　前人的研究 ………………………………………………… 67
4.3　评价表达式、序列环境与会话规程 ……………………… 71
4.4　高交互性谈话中的评价表达式 …………………………… 78
4.5　扩展性讲述中的评价表达式 ……………………………… 96
4.6　小结 ………………………………………………………… 105

第五章　语气词的评价功能及规约化
　　——以"着呢"为例 …………………………………………… 108
5.1　引言 ………………………………………………………… 108
5.2　作为评价表达的"A 着呢" ………………………………… 110
5.3　语气词"着呢"的用法与互动功能 ………………………… 117
5.4　"A 着呢"中的不对称现象 ………………………………… 129
5.5　互动功能的产生机制 ……………………………………… 134
5.6　小结 ………………………………………………………… 137

第六章　副词评价意义的浮现及规约化
　　——以"合着"及其近义副词为例 …………………………… 139
6.1　引言 ………………………………………………………… 139
6.2　从折算到评断 ……………………………………………… 141
6.3　评断用法、评价意义的浮现与规约化 …………………… 145
6.4　"合着"与近义词"敢情""横是" …………………………… 159
6.5　小结 ………………………………………………………… 165

第七章　句式的减缩与规约化
　　——以立场标记"这话说的"为例 …………………………… 168
7.1　引言 ………………………………………………………… 168
7.2　相关研究 …………………………………………………… 170

7.3　负面立场表达功能及其会话模式 ………………………… 173
　7.4　立场取向的形成机制和动因 ……………………………… 182
　7.5　小结 ………………………………………………………… 186

第八章　评价表达的总体框架、规律及倾向 ……………………… 189
　8.1　引言 ………………………………………………………… 189
　8.2　语法手段与演变规律 ……………………………………… 189
　8.3　规约化表达的语体倾向 …………………………………… 200
　8.4　小结 ………………………………………………………… 204

第九章　结语 ………………………………………………………… 206
　9.1　主要结论 …………………………………………………… 206
　9.2　方法论的反思 ……………………………………………… 208
　9.3　研究展望 …………………………………………………… 212

参考文献 ……………………………………………………………… 217

术语表 ………………………………………………………………… 241

后　记 ………………………………………………………………… 252

第一章 绪论

1.1 两类评价表达

评价（assessment）是人类交际中十分普遍的一种行为。在日常言语活动中，人们总不免要对特定的人、事物或事件进行正面或负面的价值判断。毫无疑问，评价是语言的基本功能之一，互动中人们除了通过语言传递命题内容之外，还无时无刻不表达个人感受、态度、价值判断或评价，即体现个人的"立场"（stance，Biber et al., 1999；方梅、乐耀，2017）。

汉语中的评价表达十分丰富，在词汇、话语标记、句子等层面都有所体现。① 下面的会话片段中都包含评价表达。

(1) 1　　R：Bi Wuquan 那 九百六
　　2 →　L：好值啊
　　3 →　R：反正挺好的（自然口语语料）
(2) 1　　Z：然后石头可能就比较,［他岁数也稍微大一点啊］,
　　2 →　W：　　　　　　　　　　　［男子汉,　　　　］嗯嗯。
　　3 →　Z：比较比较比较［有担当,有担当一点儿嗯,
　　4 →　W：　　　　　　［爷们儿,对对。（自然口语语料）
(3) 傅老：这些日子我翻阅了一些中医和气功方面的专著，对过去一

---

① 刘慧（2009、2011a）按照词汇层、话语标记层和句子层的分类体系对汉语中的评价表达进行了阐述。详见本书第二章介绍。

般练功者视为畏途的硬气功居然有了一定程度的了解，并且打下了相当的基础。也算是病中偶得吧！

和平：那那硬气功？就是头撞石碑、银枪刺喉那套吓人的玩意儿？当年我爸爸闯江湖的时候倒练过几招儿，可不容易着呢那个！（电视剧《我爱我家》）

（4）和平：他说他过得很好。也就是，三天没吃东西，八个月没洗澡，不记得上回在屋里睡觉是哪年的事了。

志国：合着看准咱家是免费饭店了。（电视剧《我爱我家》）

（5）亚平妈：是丽鹃的主意吧！我有点担心，要是你爸救不回来呢，人也没了，房也没了，我以后去哪儿？

亚平：妈！你这话说的！以后你一个人还能孤单自己过？肯定跟我们呀！（电视剧《双面胶》）

其中的评价表达可分为两种情形。第一种情形以例（1）、例（2）为代表，评价行为通过带有评价意义的词汇项及其所在的句法结构实现，包括形容词短语"好值""比较有担当"，名词性成分"男子汉""爷们儿"等，它们评价的对象分别是某化妆品和某亲子节目中的孩子。第二种情形则对应例（3）至例（5），即表达形式整体传递的评价意义无法完全从其组合成分字面的意义上得出。例（3）虽然包含表评价的形容词短语"不容易"，但联系对话的语境可以发现，"形容词短语+着呢"这一格式整体意义不仅限于此。它除了表达相应性质程度较高（字面评价义）之外，还体现了对于对方认识观念的纠正——傅老谈到自己在生病期间学习硬气功，并且效果比较显著，其中的用词"翻阅""病中偶得"都显示这一难练的功夫在他看来比较轻松。而和平在回应中使用"可不容易+着呢"的形式对练习气功进行评价，表明她有意提示和纠正对方，体现了评价过程中交际双方的互动。如果将"着呢"去掉或替换为其他语气词（如"啊"），则该表达只是一个单纯的评价，没有这种交互式的解读。例（4）、例（5）体现的评价意义整体性则更加明显，其构成成分中完全不包含评价意义。例（4）和平引来一位不速之客纪春生，并交代了这位不速之客潦倒流浪的情况，志国用"合着"引出自己对该情况的推断和理解，即春生来他们家是想白吃白喝；而在传递自己推断的同时，志国也传递出对于"看准咱家是免费饭店了"这一情况的负面态度,使整个语句成为一个负面评价。例(5)中,亚平和他母亲商量卖房的事情,亚平妈表达了对自己以后无依无靠的担心,亚平的回应中"你这话说的"表达对其母亲话语的负面评价,即认为对方说得不对、不恰当,并且随后对对方的话语内容做了进一步反驳。

通过以上两种情形,我们可以基于表达形式的形义关系,将汉语中的评价表达分为两类。以例(1)、例(2)为代表的是组合性评价表达,它们采用评价性词语,对应显性的评价行为;而例(3)至例(5)则包含了非组合性评价表达,它们的评价意义无法完全从字面上直接得出,对应隐性的评价行为。

先来看组合性评价表达。从表面上看,组合性的评价表达在会话语境中的分布受限较小。但是,组合性评价的不同小类在实际话语中的选用并不是任意的,体现着交际参与者的语言选择(linguistic choice)。例(1)中,L说出的"好值啊"是一个感叹句,发起了一个评价;而R说出的是陈述句("反正挺好的"),并且是受到限定的(qualified),是回应L之前评价的评价。两者位于相邻话轮(turn),构成一个相邻话对(adjacency pair),其顺序不能颠倒。推而广之,说话人在表达评价时,可以采用完整的形式(full form),也可以采用不同程度的减缩形式(reduced form):

(6) a. 他那人特有意思　　[完整形式:主语+修饰语+评价项]
　　 b. 特有意思　　　　[减缩形式1:修饰语+评价项]
　　 c. 有意思　　　　　[减缩形式2:单独的评价项]
　　 d. 反正挺有意思的　[减缩形式3:限定的评价项]

这里的问题是,说话人在表达评价时,对于特定格式的选用受到什么因素驱动和制约?与说话人在会话中产出评价的位置、对话语境、参与者立场/认识等是否存在一定程度的对应?进一步说,在真实言谈当中,不同评价形式的选用呈现怎样的倾向性?比如,哪些形式倾向用于评价的发起,哪些形式倾向用于评价的回应?而当不同的形式用于会话结构(conversational structure)中同样的位置时,它们在交际互动中的功能差异又在何处?对于组合性的评价表达,以往的研究大多只关注形容词在不同句法位置上的具体功能，比如作定语和作谓语；而对于各种"减缩形式"，过去的研究普遍把它们看作同一结构的衍生形式，对于它们本身的功能，以及它们与完整形式在口语中的选用并没有过多的关注。

下面来看非组合性的评价表达。对语义不透明的非组合性评价表达来说，它们的产生和发展更多地受到口语互动中会话语境的塑造。不难发现，例（3）至例（5）所列举的评价表达，都用于对之前话语进行回应的话轮中，体现了与交际对方话语内容和立场的关联。其中"（你）这话说的"更是只有在回应的语境中才能具有评价的解读。由此可见对于形义关系不完全透明的评价表达，要理解它们评价解读的产生与发展，不能局限于评价表达所在的句子本身，而是要诉诸会话中它前后的话语，以及话轮彼此相连所构成的序列①（sequence），考察序列所构建与更新的语境（context）对这些形式的塑造。具体来说，对于我们上面所举的三类评价表达——"形容词+语气词'着呢'""合着""这话说的"，它们用于对之前话语的回应，这构成了它们使用的一种典型语境，而这种使用语境下涉及的话语关联、交际者立场的协调以及交际策略和模式等因素，也对它们的意义和功能进行了塑造。即，特定话语交际语境中的语用含义可能被吸收、固化到表达形式本身的意义之中，从而评价的意义和功能就得以在使用当中浮现（emerge）出来。从这个意义上说，回应语境可以作为这些表达式评价解读产生的过渡语境（bridging context）。一旦新的形式意义关系得以确立，这些表达就有可能脱离原先的使用语境，扩展到新的语境当中，从而在分布上具有更大的自由度。

汉语中非组合性的评价表达主要包括评注性副词、语气词、表评价的构式、话语标记和语用标记等（参看方梅，2017a；方梅、乐耀，2017）。对于例（3）至例（5）中所举的格式，过去的研究只是在语气词、副词、构式等不同的研究课题之下分别涉及，并且在一些重要问题上还存在不少争议，比如"形容词+着呢"句式中正反意义形容词的不对称、"合着"基本意义与评价功能之间的关系、"这话说的"及其抽象构式"这ＮＶ的"

---

① 序列（sequence）是会话分析中的常用术语。它由前后彼此相邻的话轮构成，关涉的是交谈中的话轮所实施的一系列行为，是活动得以完成的载体（vehicle）。会话中交际者通过序列组织来建构、识别以及协调各种社会行为。

4

表评价的正负倾向等。现在我们通过评价行为这一视角将它们统摄起来，将它们看作非组合性评价表达在不同层面的代表，讨论它们在特定序列环境中评价功能的浮现，以及语境中语用、社会交际和认知因素对评价解读的驱动。

组合性评价表达［以例（1）、例（2）为代表］和非组合性评价表达［以例（3）至例（5）为代表］共同构成了汉语中的评价表达系统；不过相对来说，语义不完全透明的非组合性表达在目前的语法研究中受到较多的关注（详见第三章阐述）。本书的研究试图将两类评价表达都包括进来，重点探讨它们所处的语境，特别是在会话中的话语环境对其形式、意义及功能的影响。一个评价表达，无论是组合性的还是非组合性的，都表示评价行为；其评价意义的建构与解读必定产生于特定的互动交际场景之中。这一方面涉及说话人/作者自身情感、态度、立场的传递（参看 Du Bois，2007），另一方面也涉及与受话人/读者对特定评价对象的共同关注、对评价行为的共同参与以及合作、立场协调等（参看 C. Goodwin 和 M. H. Goodwin，1992）。也就是说，从本质上说评价是互动的（Pomerantz，1984）。因此，考察特定的评价表达形式，就必须将会话中动态产出的话语，同交际双方的互动推进过程以及谈话所参与实施的社会行为（social action）结合起来，看特定的语言表达在行为序列中是用于发起行为（initiating action），还是用于回应行为（responsive action）[①]；在单独的一个话轮内部，是位于话轮开头、话轮结尾，还是话轮中间；是必须与其他成分一起构成话轮，还是可以自己独自构成话轮等，从而对语言形式的选择和意义的建构识解提供更为详尽、深入的解释。

[①] 这里提到的"社会行为"、"发起行为"和"回应行为"都是会话分析的术语。社会行为不同于语用学研究中的言语行为（speech act），是一个基于即时言谈序列的观察而得出的开放的集合，而非仅从说话人意图出发得出的有限几种类型。社会行为不仅通过语言形式手段构建，还可以通过韵律手段和多模态的手段来构建。研究中最为常见的社会行为包括评价（assessment）、请求（request）、建议（suggestion）、提供帮助（offer）、说明（informing）等（参看 Couper-Kuhlen 和 Selting，2018）。而社会行为的识别和归属强调双方的合作，因此几乎总是成对的、类型化的（Thompson et al., 2015），如打招呼—打招呼、请求—接受/拒绝；第一评价—第二评价等。其中发起行为是独立的，寻求特定的回应行为；而回应行为依赖于之前的发起行为，并对行为的识解予以确认或纠正（详见本书 2.4.2 节和 8.2.2 节的阐述）。

1.2 动态浮现与对话互动

话语功能语法学者认为,语法是"个人关于语言经验的认知组织"(Bybee,2006:711),是在日常互动交际中反复使用形成的一系列模式(pattern)。这些模式反映着我们日常互动的组织方式,以及我们的大脑对互动经验进行分类、储存、提取等的方式。也就是说,用于交际活动的特定语法结构和语法范畴并不是预置在人们头脑中,而是在不断重复的日常交际中塑造而成,是互动中社会行为程式化(routinization)的结果(Thompson,2019)。因此,对语言形式的研究必须植根于它们的使用环境。而语言最典型、基本的使用环境就是互动中的谈话(talk-in-interaction)。

本书从会话语境的视角探讨口语中的评价表达,就是对话语功能语法思想的贯彻——语言形式是植根于其使用环境的,它们在创设语境的同时也受到语境的塑造。当我们把会话语境作为研究中的主要线索时,意味着我们将互动中使用的语言与交际者所参与的行为结合了起来。人们使用语言交谈,往往是为了实施某种行为,这就是著名的"以言行事"的观点(Austin,1975)。

在会话分析(conversation analysis)的研究中,语言被视为人们实施、组织社会行为的一种资源(resource)。对于特定的发起行为,人们会做出特定的回应;而发起行为采用的语言形式会对行为的识解产生重要的作用,进而对接下来所引发的回应类型进行限制(参看 Curl and Drew,2008;Couper-Kuhlen,2014)。从关联性角度说,会话中由于双方交替讲话,所说出的话语在线性上彼此相连,根据关联性原则,居后的话语都会被视为与之前的话语关联,是对之前话语的一种回应(Goffman,1976;Sperber and Wilson,1995;沈家煊,1989)。因此,会话语境中的"发起—回应"是一个动态连续的概念,回应总是由特定话语引发,同时也引发之后进一步的回应。

评价既是一个语言表达的意义范畴,也是社会交际中一个重要的行为、活动类别。从评价行为的角度出发,探讨汉语口语中的评价表达,具体体现着两个相互关联的基本理念——动态浮现的语法观,以及对话互动的实证观。

第一，动态浮现的语法观。包括两个层级，一是语法范畴层面，二是具体话语层面。语法范畴动态浮现的观念是话语功能学派中一种比较极端的语法观，其最为突出的代表理论是浮现语法（Emergent Grammar; Hopper, 1998、2007）。浮现语法认为语法是理解和交际的一个副产品；语法结构和语法范畴并不是先验性地存在的，而是在话语动态的使用和发展中被塑造的，受到交际中各种偶然因素（contingency）的影响；不是抽象的、封闭的系统，而是一个开放的形式集合，在真实使用中不断被重构和重新赋义。而这个重构和重新赋义的过程，也就是历史语言学家所说的"规约化"（conventionalization）的过程（参看 Trask, 2000：73）。在浮现语法看来，没有语法，只有语法化（Hopper, 1987：148）。与许多基于用法（usage-based）的研究路子相同，浮现语法同样主张对真实语言材料的实证分析，认为语言形式反映了对参与者交际需求的适应；脱离了语境，人们对句子的解读会变得不确定。

语法范畴的动态浮现观念，启示研究者关注语言成分在口语交际中形式和功能上的演变。比如，方梅（2013b）从口语互动的角度探讨了"还是"表达祈愿情态功能的浮现，指出副词"还是"的祈愿功能来源于连词"还是"连接选择项的用法——"还是+选项"可以用来回答对非现实情态的选择疑问句，这样的问答交际模式赋予了"还是"表示言者选择这个意义，随后又一步步发展为表达言者的意愿、对听者的建议（祈命）以及言者的认识。方梅（2013a）还讨论了口语中的助动词（如"可能""可以"等），指出在口语中，表示认识情态的助动词可以发生位置游移，句法性质转变为饰句副词。

在具体话语层面，动态浮现的语法观引导人们关注互动交际中话语的产生过程。在话语功能语言学者看来，语言是随着谈话的推进而线性展开的；口语中的话语并不是完好组装的成品，而是交际参与者在线产出的结果。会话分析更进一步，采用互动参与者取向（participant-orientation）的思路，具体分析谈话中语句在时间线上展开的各种现象，如延伸、修正、话轮转接，通过这些谈话中的言语现象研究社会组织与社会秩序。从真实谈话现象出发，会话分析的学者们对传统上的语言单位，如句子、小句的内涵提出了新的认识；与静态、孤立的视角不同，他们联系话语所参与的会话行为和社会行为，从会话结构的角度分析语言。会话中的交际者交替讲话，形成"话轮"（turn），而话轮又由话轮构建单位（turn constructional unit，TCU）①组成；每个话轮构建单位之间，都是话轮可能发生转换的位置，称为话轮转换相关位置（turn relevance place，TRP）。而实施成对行为（如邀请—接受/拒绝）的两个话轮先后紧邻产出，构成了相邻话对。

　　本书的研究主要涉及口语的材料，因此上述源于会话的概念也将成为我们分析当中，特别是讨论自然谈话时采用的基本术语。值得注意的是，这些分析语句的单位都是动态的，具有时间性（temporality），会话中的"发起—回应"是在时间轴上连续展开的；并且可以通过话轮设计的组合结构和模式对后续成分进行预示，即具有可投射性（projectibility）②；并且允许对当前产出的片段进行扩展和修正。同时，在线产出的各级单位还体现了交际者的共同参与和合作（C. Goodwin，1979），很多情况下都是特定互动场景下交际者们合作构建的结果（Lerner，1991、1996）。充分观照口语中语句的动态浮现特征，学者们不仅揭示出互动因素影响下的各种话语现象，比如交叠（overlap）、TCU末音节拖长、话轮增额（increment），等等；还对一些语言结构和模式（pattern）获得新的认识，如英语中的补足语小句（Thompson，2002）、定语从句（Fox and Thompson，2007）、外置结构（extraposition；Thompson and Couper-Kuhlen，2008）；汉语中互动交际的基本单位（Tao，1996）、认识类动词的相关格式（如"知道"类，陶红印，2003），等等。

　　第二，对话互动的实证观。语言的对话性本质早就引起了一些学者的注意。这其中不能不提的是 Bakhtin 提出的"对话理论"（参看 Bakhtin，1981、1984、1986）。Bakhtin 认为，人类的思维包括独白思维和对话思维，这两种思维代表人的两种意识状况。独白性的思维现实认为主体自身的思维独行而自足，不需同他人对话便可把握真理；而对话性思维则强调必须

---

① 话轮构建单位（TCU）是会话分析中的基本概念，指组成话轮的言语交际单位，可以是单词、词组、小句等不同层次的单位（参看 Sacks, Schegloff 和 Jefferson，1974）。
② 互动中的可投射性基于人类交际反复实践形成的惯例。Auer（2005）将会话中的投射分为行为投射（action projection）、内容投射（content projection）以及句法投射（syntactic projection）。

同他人对话而接近真理。在他看来,对话性才是人类思维的本质,而语言和话语又是这种对话的前提。他指出,"互动交际中使用的任何话语,无论是口头还是书面的,在本质上都是对话性的(dialogic)"(Bakhtin,1986);"对话主义(dialogism)引向回答。在真实会话中的语词直接明显地指向未来的回答词,也就是说它引发应答,对应答进行预测,并且根据应答来进行组构"(Bakhtin,1981)。Bakhtin这一理论是在文学理论界和文化界提出的,但对于语言研究乃至整个人文学科也都产生了巨大影响。Linell(1998)将对话理论运用到互动交谈的实证研究中,指出协同配合(coordination)是社会活动的根本;语言就是一项共同参与、通过符号性手段(symbolic means)进行的互动行为。不过,尽管语言具有对话性的本质,但在实际研究中独白性的(monologic)材料却占绝对统治地位;对此他认为与研究中去语境化(de-contextualization)的需要和倾向有关——书面语建立起跨语境恒定的语言概念以及离散性的单位和结构,而将这些观念进一步引入口语的分析中,形成所谓的"书面语偏好"(written language bias)。Du Bois(2001、2014)更进一步,提出并系统阐释了"对话句法"(dialogic syntax)的理念。在他看来,话语的对话性(dialogicity)在于说话人产出的话语无一不是来自并且继续参与到之前说话人的话语当中的;对话句法关注"超越单句的句法结构",即说话人有选择地重复使用之前话语中的某些要素,从而在相邻并置的话对之间建立了平行性(parallelism),浮现出话间图式(diagraph)结构,体现了交际者对言谈的投入参与(engagement),这些正是句法组织的重要作用。

与前文提到的动态浮现的语法观相同,语言对话性特征的提出与挖掘,同样源于对日常互动中谈话的关注与分析。而这体现了实证主义(empiricism)的研究路子。相比基于内省构造特定的语言结构来说,从互动交际的实际情况出发,探讨说话者实际如何处理和运用相应的语言成分和结构,往往可以更加准确、全面地了解语言的真实面貌。

当然,对话互动的实证观并不是完全割裂口语会话与书面语、对话与独白之间的关系。对话与独白应当是一个连续统,与之前语言学界将独白视为研究的首要对象不同,一些学者认为对话性的存在是具有普遍意义的,而独白主义(monologism)反而应当看作对话主义的一个特例,是对话场景去语境化的结果(Linell,1998:277-285)。而书面语也并不是纯粹的独白，同样存在很多成分，体现作者与读者之间的交流和互动，这些成分就属于元话语（meta-discourse）①。Hyland（2005）对书面语篇进行考察，建构了关于元话语的人际模型（interpersonal model），将书面语中的元话语分为交互性（interactive）和互动性（interactional）两类，前者侧重于语篇结构与衔接，后者则侧重于通过自我观点态度来表达与作者的一致关系（alignment），二者都体现了书面语篇的作者对于潜在的读者参与和读者回应的关注。② 元话语成分和元话语用法的普遍性反映出交际不只是信息、物品或服务的交换，还包括交际双方的人格、态度以及预设；言语应当被理解为一种社会参与。因此，与其说"对话互动"是一种理论视角，不如说它本身就是语言的一项重要的特征。

1.3 研究视角

上节所述的两个基本理念对本书的研究视角具有重要启示。无论是在字面上体现评价意义的显性表达，还是形义关系不那么透明的隐性表达，它们都产生于特定上下文、交际情景、语体，以及其他社会环境等构成的互动语境当中，可能对其使用中的某些模式、惯例加以吸收；同时自身也参与到语境的开拓延伸中，形成动态中的"语境依赖"（context-dependence）与"语境更新"（context-renewal）。由此带来的研究视角的突破，可以从以下两方面认识。

第一，互动视角的引入。对于汉语口语的研究由来已久（如Chao，1968；陈建民，1984），近年来，随着语用学、话语分析、浮现语法等理论的广泛应用，对于口语的研究更是呈现蓬勃发展的态势，口语中的句法

---

① "元话语"的概念最早由Harris提出。克里斯特尔主编的《现代语言学词典》对元话语做出如下定义："（元话语）是话语研究术语，指组织和展现一个语篇时那些有助于读者理解或评估其内容的特征。元话语除包括模棱语这种人际成分、态度标记（如'坦率地说'）和对话特征（如'见图一'）外，还包括各种篇章组织特征（标题、间隔、首先、其次）这种连接成分"（参看沈家煊译本，2000）。

② 其实，元话语与常规话语，并不存在清晰的界限，许多具有话语层面元语言作用的语言成分也有作为基本话语的用法，复句和会话结构中的连词就是明显的例子，它们既有基本话语的用法，也有组织话语结构或体现言者认识等元话语用法（参看沈家煊，2003；方梅，2012）。

结构，以及浮现出的常用构式、话语标记及语用标记等受到越来越多的关注。但是真正关注口语中的问答结构，从互动的角度对特定语言成分进行分析的研究并不多见。以评价表达来说，对于组合性评价表达的关注主要集中在表达评价意义的形容词上，侧重讨论的是形容词的句法功能（详见第三章）；而涉及非组合性评价表达的研究，大多是在词汇化、语法化和/或构式化的视角下进行的（如董秀芳，2003、2004；张谊生，2003；李小军，2011；胡清国，2013；王晓辉、池昌海，2014；胡清国、蔡素萍，2015；郑娟曼，2015；甄珍，2016 等，详见第二章）。两类研究基本都局限于评价成分所在的单个话段，采用的是我们前文所说的"独白主义"的视角。虽然有些研究对于评价表达所处的会话语境有所关注（如郑娟曼，2012b；朱军，2014；宗守云，2016），但并没有细致分析相应表达形式在序列中意义的建构与识解过程。评价是一个互动的过程，既体现了主观性（subjectivity），也体现了交互主观性（inter-subjectivity）[①]。采用互动的视角，可以引导我们发掘言语互动中听话人对于语言意义和功能的塑造，使我们对于评价表达的认识更加全面。更为重要的是，透过这个视角我们可以发掘出一些之前没有注意到的语言事实，比如，同一语言形式在会话序列中的不同位置上功能有所不同（详见第四至七章）。

第二，语境分析的交互性和动态性视角。语言的使用总是发生在特定的环境或场景之中的，因此对语境的分析是语言研究中十分重要的部分。框架语义学、语用学、篇章语法、话语分析以及构式化理论等都对语境问题有所探讨。就评价表达而言，之前的研究尽管对评价成分及其语境有所关注，但相关分析主要还是把话语和/或语句构筑的语境当作已经形成的静态产品；而实际上，语言形式的产出和意义的构建都是随时间线展开的动态过程。对于会话交谈来说，语法所运作的语境包含三个要素：时间性（temporality）、活动影响（activity-implication）以及具身性（embodiment）（Ochs, Schegloff and Thompson, 1996），除语言形式之外，交际者交谈时的韵律特征、眼神、手势、身体姿态等都是语境化（contextualization）的

[①] 根据 Du Bois（2007），交互主观性被看作一个交际主体的主观性和另一个交际主体的主观性之间的关系。当说话人产出话语时，不仅包括自身的观点、立场、态度等，还要考虑受话人相关的认识、立场等。

重要因素。本书的研究主要关注会话实施推进的过程，以及所形成的序列中前后话轮在形式、意义上的关联。

事实上，汉语语法研究中很早就注意到对话中问答形式的关联。吕叔湘（2014［1944］：411）很早就指出，判断一个疑问式是不是真正的询问要从对它的回应（答句）入手。尹世超（2004a、2004b）考察了汉语否定性答句，指出答句的否定性不是对事物本身做出否定的判断，而是以答句和问句的语义语用关系为标准，对问句疑问焦点或非疑问焦点予以否定的答句。会话分析和互动语言学（Interactional Linguistics）的研究则将跨越说话人的话语关联的范围进一步扩大，指出日常会话组织的根本方式，不是局限于传统意义上的"问"与"答"，而是实施各种"发起"（initiation）和"回应"（response）行为所构成的相邻话对（adjacency pair；Sacks et al., 1974；Schegloff, 2007）。要想理解对话中说话人对于语言形式的选择，就必须回到会话语境的动态呈现过程中，采用"分析的心态"（analytic mentality）①考察各种交际-社会因素的作用。

1.4　研究问题

本研究从互动的视角出发，考察汉语口语中评价表达的形式与意义。具体包括以下三点。

第一，从互动的视角出发，对汉语口语中组合性和非组合性两类评价表达的形式和意义进行统一的探讨，从而基于语言形式与会话语境的关系建构汉语评价表达的完整系统。过去的研究主要是从语言形式出发，聚焦于口语或书面语中特定语言成分表达情感、态度、认识等的人际功能（interpersonal function；参看 Halliday, 1985/1994；Traugott, 1982），其中很多个案的讨论涉及评价功能。但是，这些对评价表达形式的研究比较零散，大多被置于词句的附加含义、语气与情态、主观性/主观化、语用化，以及元话语等研究课题之下。另一方面，关于汉语中表达评价的显性手

---

① 所谓"分析的心态"代表会话分析一项重要的分析原则，即不带有研究者预先的理论或假设，通过观察参与者自身的目标选择，来验证自己分析和解读的正确性（参看 Couper-Kuhlen 和 Selting, 2018）。

段——形容词、部分名词、动词及其构成的句法结构,联系评价互动行为的相关研究则比较少见。其原因在于这种组合性的评价表达语义透明,与评价行为的联系比较直接。本书试图采用一种相反的研究思路,即从"评价"这一话语行为出发,考察评价在语言中各个层面的表达手段。作为一种互动的话语行为,评价的表达涉及谈话双方(或多方)的共同参与,其形式的选用和意义的解读受到互动中交际-社会因素的制约[①](Pomerantz,1984;C. Goodwin and M. H. Goodwin,1992;Thompson et al.,2015)。我们将结合会话语境中的序列环境、序列组织、话间关联模式、认识与立场的协调等,选取组合性和非组合性评价表达中具有代表性的案例,对它们的用法和功能进行描写。通过对代表性格式用法的描写,我们希望建立汉语中评价行为与语言形式手段之间的联系;换句话说,我们首先要回答:汉语口语中表达评价,可以通过哪些语言形式的手段来实现。

第二,通过相近结构或近义表达形式的对比,描写并分析它们在用法和形成机制上的共性和差异。功能主义语言学秉承"一个形式一种意义"的观念(Bolinger,1977),认为结构或意义相近的语言形式也具有独特的交际价值。从实证的角度看,这种独特的交际价值其实就是它们在互动交际中的使用惯例(practice)。一方面,结构相似或意义相近的表达形式的用法有很多共性,包括在会话中的位置分布、语义框架、句法和语用功能,等等;另一方面,这些相似的形式可能有着不同的来源,在评价意义的浮现过程中,高频的搭配模式、会话序列中呈现的不同互动模式,都可能造成相似语言形式之间意义和功能上的细微差异。这里我们要回答的是:相似的评价表达手段,它们之间有何异同?

第三,在口语语体精细划分的基础上,总体上探讨互动中的语用、社会以及认知因素对评价表达语言手段的塑造。对于口语语体的区分可以包含很多维度。方梅(2016c)指出口语语体划分的三个标准:媒介、方式和功能。根据是否有媒体介入可以分为直接交际和间接交际;根据计划程度的差异可以分为有准备和无准备语体。不同性质和目的的口语材料所反

---

① 这里的交际-社会因素主要包括会话中的偏好选择(preference)、认识状态(epistemic status)、主动性(agency)等。Pomerantz(1984)、Goodwin 和 Goodwin(1992)、Raymond 和 Heritage(2006)、Thompson 等(2015)等研究都表明,这些因素影响评价行为中的形式选择,特别是回应形式的选择。详见第二章论述。

映的是不同交际形态的差异，其中的语法特征表现也十分不同。① 本书在实际语言使用中考察组合性和非组合性两类评价表达的选用，同样要考虑它们在不同语体中的分布，这样才能使语言形式与意义的描写更为细致、准确。而对于形义关系不透明的评价表达，我们在个案研究的基础上还要进一步追问，新的形义关系产生和固化当中存在哪些总体的规律和倾向？

1.5　语料与方法

本书的研究对象是汉语口语中的评价表达，因此我们采用的语料主要是口语对话材料。为保证同质性，在方言背景的选择上，我们尽量采用北京话的材料。具体包括以下几类。

1) 自然口语对话转写，来自笔者和师友的收集，以及他人转赠的录音、录像材料若干；

2) 谈话节目中的谈话转写，主要来自凤凰卫视经典节目《锵锵三人行》；

3) 影视剧中的对话，包括《编辑部的故事》《我爱我家》《双面胶》《武林外传》等；

4) 其他文艺作品中的对话，包括北京作家小说、相声、话剧等。

这四类语料的性质有所不同。第一类是口语材料最为典型的代表，具有即时性、交互性、无准备的特点。第二类《锵锵三人行》采用主持人与两位嘉宾闲谈的方式，主要讨论当下时事社会热点，气氛轻松自如，嘉宾在比较自然的状态下进行交谈，发表自己的看法，但由于有节目框架和话题的限定，与生活中的自然交谈仍然有一定不同；后两类都属于有计划的（planned）对话，但也能在一定程度上反映口语中模式化的会话结构。

对于自然口语对话的语料，我们主要遵循会话分析的转写规范，并参考了Du Bois等（1993）以及陆萍、李知沅、陶红印（2014）等学者的方法并进行了调整。在例子中用"→"标示分析所聚焦的语调单位或话轮，如例（1）、例（2）。具体转写体例如下：

---

① 关于语体的分类以及对语法研究的意义，另可参看陶红印（1999）、张伯江（2007）。除了基于媒介等因素的区分方式之外，还有学者试图从更加概括、统一的维度认识语体，如冯胜利（2006）、朱军（2017），或是基于某些语言事实的观察，做出关于语体的上位特征概括，如王洪君等（2009）。

[[ ]	不同说话人话语交叠的开始
]	不同说话人话语交叠的结束
。	标点符号并非表示语法意义，而是体现语调。句号对应一个终结性的语调曲拱
?	问号对应上升的语调曲拱，并不一定是一个问题
,	逗号对应延续性的语调曲拱，并不一定是小句的边界
-	完成一个完整语调单位曲拱之前，该语调单位被截断
=	前后两个语调单位或两个话轮之间没有停顿连续发出
(.)	表示一个十分微小的停顿，可以听出但不易测量，一般小于0.2秒
(0.5)	括号内数字表示停顿的长短，单位是十分之一秒
::	两个或多个冒号一般用来表示前一成分的音节延长，冒号的多少代表着延长时长
^	表示某种形式的重音或强调，通过音强增强或音调提升来体现
°	两个温度标志框定的话语相比于其周围的话语明显音量更轻
><	大于号与小于号框定的部分语音压缩
<>	小于号与大于号框定的部分语音拖长
hhh	可听辨的气声用字母h表示，h越多，则表示的气声越多
(word)	如果一个话段在括号里，那说明转写者对这部分转写不够确定，写出来的是最可能的结果。
(X)	表示确实有声音，说了话，但是无法听清。
@…@	笑声
(())	双括号框定标注者或研究者的主观评论

第二章　理论探索和互动视角下的研究[*]

2.1　引言

评价是日常生活中十分普遍的社会行为。人们在参与言语事件、进行日常互动交际的过程中，总不免要对特定的人、事物或事件进行评价。交际者运用语音、韵律、词汇、句法等语言手段（verbal device）以及眼神注视（gaze）、身姿（posture）、手势（gesture）等非语言手段（nonverbal device）来构建评价表达，实施评价行为。同时，评价也是立场表达（stance-taking）的重要方面。本章在梳理国际语言学界对评价的总体认识的基础上，重点介绍互动语言学视角下对评价的实证研究。

2.2　对"评价"的认识

2.2.1　体现人际功能

"评价"是人类的互动交际中一项基本的组成要素。一方面，它是说话人或作者意见的表达，反映了人类社会的价值体系；另一方面，作为一种互动行为，它用于建立和维护说话人与听话人、作者与读者之间的关系，同时对话语/语篇进行组织。

---

[*] 本章2.4节曾以《互动语言学视角的评价研究》为题，发表于《互动语言学与汉语研究》（第三辑）（方梅、李先银主编，2020年，北京语言大学出版社）。

事实上，评价所体现的人际互动功能长期以来被认为是语言的基本功能之一。Brown 和 Yule（1983）指出语言具有信息性（transactional）和互动性两方面的功能，可以用来建立和维持社会关系；Halliday（1985/1994）指出语言的三大功能：概念功能（ideational function）、人际功能以及篇章功能（textual function）。其中人际功能是指说话人表达态度和推断，并试图影响他人的态度和行为的功能（胡壮麟等，1989）。

口语中语言的人际功能体现得更加明显。Thompson 和 Hopper（2001）对英语口语对话中及物性的分析显示，会话中人们并不过多地谈论事件本身，而更多的是关于自我对事件的认识。Scheibman（2002）在讨论日常口语中的观点表达时指出，在互动言谈中，真正的信息交流往往是非常少的，说话人表达中不断重复的更多的是他们的评价（evaluation）、观点和态度。这是语言主观性（subjectivity）的表达。

除了主观性的一面之外，评价还涉及交互主观性的一面。根据 Du Bois（2007），交互主观性被看作一个交际主体的主观性和另一个交际主体的主观性之间的关系。具体来说，说话人需要将自己的主观评价、观点、态度等传递给受话人，为受话人所理解，并使受话人可以表达对自己的认同或不认同。而这类表达交际者之间互动关系的一种重要语言手段就是元话语成分。绪论中提到的 Hyland（2005）对英语书面语中元话语的分类中，有很多就涉及评价的表达，如模糊语、强化成分、态度标记等。

2.2.2 不同流派的术语及其内涵

在语言学界，"评价"是一个宽泛而多元的概念。不同研究范式或流派，对评价内涵的阐释很不相同，并冠之以不同的术语（对应汉语的"评价"一词）。主要包括三个——appraisal、evaluation 和 assessment。

"appraisal"属于系统功能语言学的术语。Martin 等人提出和发展了"评价理论"（Appraisal Theory；Martin and Rose, 2003；Martin and White, 2005），从评价这一维度对语篇进行了系统分析，特别是丰富了评价性词汇的研究（胡壮麟，2009）。评价理论包括三个部分：态度（attitude）、参与（engagement）、级差（graduation）。其中"态度"是该体系的核心，又可分为情感（affect）、评判（judgment）以及鉴赏（appreciation），分别对应情感表达、个人认识与社会道义以及事物的价值。评价系统旨在发展语言人际功能系统,将人际系统的研究从小句层面向语篇层面拓展,关注语篇中流动的、贯彻成段话语的态度意义。

"evaluation"是话语功能语法和话语分析常用的术语。Hunston 和 Thompson(2000)指出,"评价"是一个广泛的涵盖性的术语,包含了言者或作者对于他/她所谈论的事物或命题(事件)的态度或立场、观点以及感受。而 Thompson 和 Albba-Juez(2014)则认为,立场是一个更广泛的概念,包含语篇中的篇章实现阶段(textualized phase)以及实现之前的阶段(pre-realization);而评价则是立场在语言上的真实实现或展示。

更多的学者认为评价是立场的一个方面。比如,Ochs、Schieffelin(1989)指出,立场可以进一步分为评价(evaluation)、情感(个人感受)以及认识(epistemics)。其中的评价(evaluation)又可分为价值判断(value judgment)、评估(assessment)和态度(attitude)。Biber 等(1999:966)同样将评价看作立场的一部分,将立场定义为"个人感受、态度、价值判断或评估(assessment)"。

Englebretson(2007)主编的论文集《话语中的立场表达:主观性、评价与互动》(*Stancetaking in Discourse*:*Subjectivity*,*Evaluation*,*Interaction*),涉及立场表达的三个方面——认识立场(epistemic stance)、评价立场(evaluative stance)以及道义立场(deontic stance),就是将评价看作立场表达的一个不可或缺的方面。而 Du Bois(2007)则认为评价(evaluation)是立场表达中的互动要素之一,他提出了"立场三角"(stance triangle)的分析框架,见图 2-1。

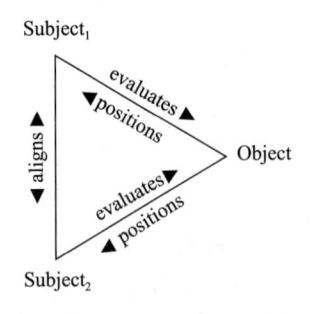

图 2-1 立场三角(Du Bois,2007:163)

图 2-1 中包含两个主体(交际参与者),一个客体(谈论的对象);两个参与者分别对客体进行评价,通过评价确立了他们各自的定位(position)。而两个主体之间则在立场上寻求一致关系（alignment）。这几大要素及其之间的关系可以通过表 2-1 这个话对清晰地展现。

表 2-1 相邻话对的立场表达（引自 Du Bois，2007：166）

#Speaker	立场 Stance 主体 Subject	定位 评价 Evaluates	立场 Stance 客体 Object	匹配 Align
1 SAM	I	don't like	those	
3 ANGELA	I	don't {like}	{those}	either

"assessment"是会话分析和互动语言学使用的术语。在会话分析中，评价表达形式的考察是在社会行为的框架下进行的。会话分析学者采用常人方法论（ethnomethodology），主张对单一案例进行细致深入的分析，认为社会行为是在会话序列逐刻展开的过程中，通过语言、韵律、身体动作等多方面线索构建并明确的（Levinson，2013）。评价（assessment）是社会行为的一种，也代表实施这类社会行为的话语。从语言形式上说，评价的话语一般包含显性的价值判断及情感态度的显露。Thompson 等（2015：139）给出一个明确的评价定义："评价就是那些通过特定词汇性评价项表达正向或负向赋值的话语"[①]，由此就排除了像"wow、aw"这样的回应形式（C. Goodwin，1986），尽管它们也可能表示对之前话语的赞赏。这一定义对应我们绪论中谈到的组合性评价表达。

evaluation 和 assessment 的区别主要在于侧重点不同——前者属于语言形式所对应的语义—语用范畴，包括命题信息传递之外体现出的说话人的态度、立场等；而后者则侧重于语言形式与其所施行的行为的联系，其中讨论的"评价"植根于交际双方通过言语实施的互动当中。从外延上说，evaluation 的范围略大于 assessment——话语中隐性的态度展现，体现了某种态度评判，但未必都是在施行评价行为（详见 2.4.3 节阐述）。相比于语篇中的评价来说，口语中特别是互动言谈中的评价，往往关系到更加直接、外显的互动语境因素，因此也受到越来越多的关注。

[①] 原文如下："We understand assessment to be utterances that are positively or negatively valenced through use of specific lexically assessing terms。"（Thompson et al.，2015：139）

2.3 互动语言学的研究视角

绪论中我们阐述了本书研究的两大理念——动态浮现的语法观以及对话互动的实证观。这也是互动语言学所秉持的重要理念。互动语言学（Interactional Linguistics）是近20年来逐渐发展起来的一个语言学分支，与话语功能语法有密切关系，但在研究方法和分析手段上又有明显的发展和突破。本小节首先对互动语言学的发展、基本理念、研究方法进行简要介绍，下一小节则分几个方面系统评述互动语言学视角下的评价研究。

2.3.1 互动语言学的发展与理念

互动语言学是近年来发展最为迅速的语言学分支之一。它强调语言是社会交际、行为组织的重要资源，主张在语言产生、使用的自然环境——互动交谈中对语言进行实证研究。早在1996年，由Ochs、Schegloff和Thompson合编的文集《互动与语法》（Interaction and Grammar）就将之前功能主义语言学的研究视野扩展到动态的交际互动，为互动语言学的萌生和发展打下基础。2001年Couper-Kuhlen和Selting所编的文集《互动语言学研究》（Studies in Interactional Linguistics）中首次引入了"互动语言学"这一名称，讨论了互动语言学的学科源流和主要研究方法，并通过相关的个案研究加以展示，呼吁更多学者加入相关研究。2014年，《语用学》（Pragmatics）杂志推出由Laury、Etelämäki和Couper-Kuhlen主编的专刊《面向互动语言学的语法研究方法》（Approaches to Grammar for Interactional Linguistics），结合近年来语法理论的发展，对互动视角下语言问题的研究方法进行了探索。2015年，Thompson、Fox和Couper-Kuhlen的合著《日常言谈中的语法：如何构建回应行为》（Grammar in everyday talk: Building responsive actions）对互动行为中回应行为采用的语法格式（grammatical format）进行了专题研究，从社会行为、会话中的不同位置，以及言谈过程中的互动因素等方面探讨语言形式的动因。2018年初，Couper-Kuhlen和Selting出版了这一领域的最新成果——《互动语言学：社会互动中的语言研究》（Interactional Linguistics: Studying language in Social Interaction），作为该领域第一部系统性理论介绍的教科书，对之前二十多年来互动视角下语言研究的成果进行归纳和总结。[①]

在二十多年的发展中，互动语言学主要以功能语言学（包括美国西海岸功能语法和欧洲的功能语言学）对语言使用的研究为基础，吸收借鉴了会话分析、语境化理论（Contextualization Theory），以及人类语言学的理念和方法，形成了多学科交叉的跨语言研究领域（Couper-Kuhlen and Selting, 2018）。[②] 具体来说，会话分析提供了严格的实证主义方法论，语境化理论观照不同的途径（包括言语的、有声的以及可视化的资源）对日常交际的作用，而人类语言学则强调跨语言和跨文化视角下对人类交际进行比较研究。在互动语言学者看来，语言中语音、韵律、词汇、形态句法、语义、语用等各个层面，都是互动交谈中运用的资源（resource）。交际互动塑造着语言的结构和意义，而语言结构和使用模式反过来也在塑造互动交际。互动语言学的核心议题，就是探讨语言和互动的互育关系（Ochs et al., 1996; Couper-Kuhlen and Selting, 2001）。

2.3.2 互动语言学的研究方法及启示

总体上看，互动语言学的研究路子可分为两种。一种研究路子是从语言出发，探讨语言结构如何在互动中运用，实施不同的社会行为，经典的研究课题包括自然会话中的小句、词组、小句关联（clause combination）、小品词（particle）以及语音、韵律手段等；另一种是从互动出发，探讨某一类行为或活动如何通过句法、韵律等手段来传递信息，经典的研究课题包括话轮转接、会话修正、话轮增额、行为归属、立场表达等。

本书对于评价表达的研究，大体上遵循"从互动到语言"的研究路子。

[①] 关于以上几部互动语言学的重要专著的具体内容及主要贡献，可参看评介性文章，如谢心阳（2016a）对Laury等（2014）的评介、乐耀（2019）对Thompson等（2015）的评介以及方迪、谢心阳（2018）对Couper-Kuhlen和Selting（2018）的介绍。

[②] 关于互动语言学的学理背景和发展源流，学者们的认识也发生了变化。在两位学者之前主编的文集（Couper-Kuhlen and Selting, 2001）中，他们认为互动语言学具有三大来源——话语功能语法、会话分析、人类语言学；而在Couper-Kuhlen和Selting（2018）的研究中，则改为一大基础——功能语言学，加三大源学科——会话分析、语境化理论以及人类语言学。这一改变显示了互动语言学者更加重视语言在互动相关研究中的基础和核心地位。另外，关于会话分析对语言学发展的贡献及相互影响，请参看Fox等（2013）；会话分析与语法研究的关系，参看Mazeland（2013）。

Couper-Kuhlen 和 Selting（2018）指出，互动语言学的基本原则包括以下五个方面。

1）采用自然发生的语料，即互动中的交谈（talk-in-interaction）。

2）语境敏感（context-sensitive）的分析，要考虑的语境包括话轮、行为、序列、投射（projection）等多种与互动组织和语言结构相关的因素。

3）在线视角（online perspective），将语言结构看作即时浮现、通过互动达成的。

4）范畴基于实证（empirically grounded），从会话序列中实际呈现的话轮设计、话轮间关系等现实情况寻求证据。

5）通过参与者取向进行论证，即观察会话中参与者实际表现出的处理方式，将其作为验证相关论断的依据。

在上述工作原则的指导下，互动语言学者考察言谈互动中呈现的语言形式。将语言结构模式与社会互动的组织结构相联系，可以对传统上先验性（a priori）的那些形式和范畴获得新的认识，从而为理解语言学模式（pattern）的本质提供新的视野，比如 Thompson 和 Couper-Kuhlen（2005）关于小句（clause）的研究。她们认为小句是语法与互动的核心，在交际中构建话轮，通过其可投射性引导对方理解话语的行进方向，并识解其指向什么行为。英语和日语中不同的小句语法形式会导致说话人采用的互动惯例（interactional practice 如话轮启动、话轮合作完成、话轮延伸等）有所不同。再如 Thompson（2002）采用口语材料对补足语小句（complement clause）的研究。她发现与传统研究中认定的"主句—从句"模式不同，很多带补足语的谓词（complement-taking predicate）构成的"主句"都用作显示说话人认识或示证立场的词组，并且往往是习语性的（formulaic）；而其引出的"从句"往往才是互动交际中更为主要的部分。也就是说，传统研究中"主—从"句法对立并不对应互动交际中功能的"主"与"次"。汉语方面也有对类似现象的研究，比如陶红印（2003）对"知道"相关格式的研究，方梅（2005b）对表示认识和见证义的谓宾动词（如"知道、想、觉得"等）相关格式的研究，等等。

将语言形式与社会互动结合起来，也会对语法本身获得新的认识，发现语法就是日常互动行为中不断重复而形成的一种语言惯例（linguistic practice），并且与社会行为中形成的互动惯例有十分紧密的联系。语言结构与语言使用很难清晰明确地区分开,在特定行为中的互动惯例会对语言形式具有塑造作用,比如 Thompson 和 Couper-Kuhlen(2008)对于英语中用于评价事件或情况的"外置结构"①的研究(详见下小节详述)。进一步,当我们将语法看作互动中反复出现而形成的惯例时,意味着语法关注范围本身的扩大——互动中交际者所采用的语音、韵律特征(如音节压缩、末尾延长等),以及眼神、手势、身体姿态等多模态手段,都与语言结构一样,完成特定的交际行为,实现特定的交际目的。这些手段的运用,也可以成为语言研究中重要的证据(关于会话中的韵律研究,参看 Couper-Kuhlen 和 Selting, 1996; Couper-Kuhlen 和 Ford, 2004)。

互动语言学为语法研究带来的另一大启示,就是会话中不同的序列环境对于语言形式和功能的影响。会话序列环境既包括语言单位在话轮中的位置,比如处于话轮的开头、中间或末尾;也包括在前后相连的话轮构成的序列中的位置,是发起话轮、回应话轮还是扩展话轮。著名的会话分析学者 Schegloff 就提出"位置敏感语法"(positional-sensitive grammar)的理念(Schegloff, 1996b),指出语法形式和功能随会话中所处位置的不同而有所不同。这与话语功能语法中"语言在使用中被塑造"的观点不谋而合。这方面的经典研究当属 Clift(2001)对会话中副词"actually"的研究。她指出"actually"在话轮中不同位置上功能有所分别——在话轮或 TCU 开头的位置用于话题推移(topic shift),即与之前谈话有所联系;而在话轮或 TCU 末尾则用于话题转换(topic change),显示出与之前谈话的分离。

对会话序列位置(sequential position)的关注可以看作结构主义"分布"(distribution)这一观念的进一步扩展。结构主义语言学揭示,不同语言成分在句中的搭配组合模式以及自由度有所不同,有些成分分布比较自由,而有些则相对固定。在话语或语篇中,当一些句法成分脱离它典型的句法位置时,往往会产生新的功能,并可能伴随一系列去范畴化的表现,体现出进一步的虚化。比如方梅(2005b)观察到表示认识和见证义的谓

---

① 外置结构指一个名词性小句,通常是主语名词性小句被置于整个句子之外形成的句法结构,如 It surprised me to hear him say that,包含开头带有空代词的认识、示证或评价性小句,以及后续更重要的小句或小句链。

宾动词（如"知道、想、觉得"等）从用在小句宾语之前到分布相对灵活，可居前、居中或居后，同时伴随语法上的去范畴化和韵律上停顿的非常规表现；当它们离开典型的句法位置时，其意义和功能也随之发生变化，成为表达说话人主观评价的语用标记。另外，口语中表示可能与必要的助动词，如"可能""可以""应该"等，当它们游移出主要动词之前这一典型位置而位于句首或句末时，其意义产生了趋同，倾向于理解为认识情态，表现言者的认识；在句法上也转变为饰句副词（方梅，2013a、2017b）。而对于本书所讨论的评价表达来说，其评价意义解读的浮现同样受到表达形式在句内分布以及序列分布的影响（方梅，2017a）。

总之，互动语言学的发展为语言研究提供了新的视角，拓宽了语法研究的范围，也促成了跨语言、跨文化的研究以及语言学与相关学科（如社会学、人类学等）的合作。令人欣喜的是，互动语言学在汉语学界正被越来越多的人了解、接受。有许多学者开始借鉴或采用互动语言学的方法尝试解决汉语语法的问题。一些研究在提升之前研究深度和效度的同时，还开拓出新的研究视角并发掘出更为丰富的语言现象。方梅、乐耀（2017）是这方面的突出代表，他们在全面系统总结之前研究的基础上，结合序列语境，从规约化角度对汉语立场表达进行了理论阐释与个案研究，为之后相似的研究提供了范本。

2.4　互动视角下的评价研究

本小节评述会话分析和互动语言学对评价这一课题的相关研究。会话分析将日常言谈作为探索社会秩序和组织的窗口；互动语言学更是主张在日常言谈这一语言的自然栖息地（natural habitat）中探讨语言和互动的互育关系。二者都以真实互动交际中的会话为研究对象，从评价的行为过程入手来研究评价表达，因此我们将二者的研究统一归入"互动视角下"的研究。然而二者的落脚点有所不同，会话分析属于社会学，关注的是行为序列和社会秩序；而互动语言学在对谈话进行序列分析的同时，还对社会互动中的语言结构进行语言学分析（Couper-Kuhlen and Selting，2018：12–17），其所要解决的仍然是语言问题。就评价研究而言，会话分析关注序列和社会秩序如何通过评价建立并推进互动者的身份地位及关系如何在评价中确立并协调等;而互动语言学的研究则关注评价行为中的语言使用——各种语言手段如何构建可识别的(recognizable)评价行为,评价中的组织惯例对表达形式的选择和意义的解读有何影响。

2.4.1 互动视角下的"评价"

C. Goodwin 和 M. H. Goodwin(1987)指出,互动中的"评价"包含了四个分析层次。

1)评价片段(assessment segment):对应言谈中的某个结构单元,如"漂亮"。确定评价片段可以作为分析更大的、实施评价的活动的起点。

2)评价信号(assessment signal):超越句法单位,提示某方参与到评价中的呈现形式。包括评价片段和语调等超音段成分。

3)评价行为(assessment action):行为主体实施的某类言语行为(speech act),而非承载这一行为的言语信号载体。由单个个体发出。

4)评价活动(assessment activity):包含多个参与者的交互性活动,包括本身不是评价的各种行为。

前两个层次属于语言层面,而后两个层次则属于互动层面,即相关话语所做的事情。Couper-Kuhlen 和 Selting(2018)用 Goodwin 夫妇的经典例子对以上一组概念进行了说明,见图 2-2。

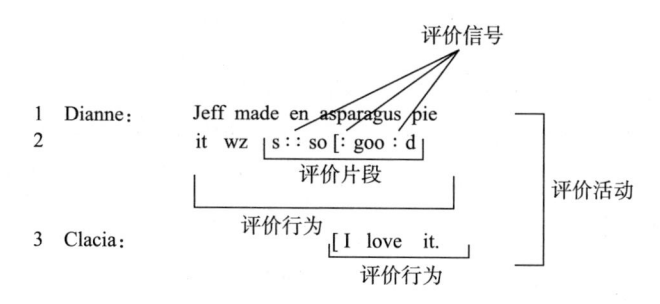

```
1 Dianne:  Jeff made en asparagus pie        评价信号
2          it wz |s∷ so [∶ goo∶ d|
                  评价片段                     评价活动
3 Clacia:   评价行为 [I love it.]
                     评价行为
```

图 2-2 评价的四个层次(引自 C. Goodwin and M. H. Goodwin,1992:161)

以上四个分析层次有助于在研究中区分"评价"(assessment)所指的具体含义。比如,C. Goodwin 和 M. H. Goodwin(1987、1992)将"Ah∷∷,wow"一类成分视为评价,具体对应的是评价信号,体现说话人的情感立场。Thompson 等(2015)在考察评价序列中的回应(response)形式时,将评价表达定义为"那些通过特定词汇性评价项表达正向或负向赋值的话语"（Thompson et al.,2015:139）。所谓的"词汇性评价项"就是评价片段（segment），而这类话语（评价表达）在会话结构中通常对应一个话轮，实施一次评价行为。

在行为层面，评价蕴含着立场（stance）的表达，而立场则包括个人感觉、态度、价值判断或者评判（Biber et al.,1999；方梅、乐耀，2017）。在Du Bois（2007）提出的"立场三角"模型中，评价是主体对客体施加的，而客体也借此为主体提供了定位，两个（或多个）主体（交际者）之间则要使彼此保持一致（align）。

评价者和评价物之间的关系，以及对评价物的价值取向，可以作为讨论评价的两个维度。第一，评价物是属于说话人认识领域还是受话人认识领域①；第二，评价的值是正向的还是负向的。据此，评价可以细分出恭维（compliment）、自贬（self-deprecation）及一般评价（狭义 assessment），详见表2-2。

表2-2 评价活动的次类

行为	评价者与评价物的关系	评价的值
恭维	评价物——受话人领域	正向
自贬	评价物——说话人领域	负向
一般评价	共享的认识领域	正向/负向

对于一般评价来说，说话人和受话人均对评价物具有认识的权限（access），因而有权利做出评价，显示他们对互动的参与（Pomerantz，1984）。交际参与者可以通过一定的语言线索对评价的具体类别做出识别，如人称——自贬（第一人称）、恭维（第二人称为主；Keisanen and Kärkkäinen, 2014）、一般评价（第三人称为主）。不同次类的评价存在一定的高频语言形式，比如英语中的恭维高频使用传信语（evidentials）以及反应语（reaction tokens; Shaw and Kitzinger, 2012）；德语中的恭维话轮采用"动词居首构式"（verb-first constructions）（Golato, 2005）。在话轮设计（turn

---

① 互动中谈论的信息可以根据其被知晓的情况进行领域划分。评价物属于说话人认识领域，就意味着它属于说话人所知道的内容。关于"说话人领域"和"受话人领域"，另见5.4.2节讨论。

design，或称话轮形式 turn shape，参见 Pomerantz，1984；Levinson，2013）和序列组织（sequence organization）上，恭维和自贬与一般评价也有所不同（详见下一小节）。①

总之，互动语言学对于"评价"概念的认识，体现了其对语言与互动互育关系的基本理念，将语言中评价结构的使用作为社会惯例的一部分，考察它们在实际互动中的具体功能。互动中语言结构的选择不是任意的，而是与互动活动中需要完成的交际任务、解决的交际问题密切相关；考察说话人如何构建评价表达，需要结合其具体所做的行为以及序列中之前和后续的行为，乃至整个活动框架。

2.4.2 话轮设计与序列组织

评价行为是寓于话轮当中，并通过话轮实施的。话轮设计反映了参与者对评价行为的关注（orientation）。多话轮构成的序列中，评价呈现为一种结构性交互式的活动（structured interactive activity），具有如下特点（C. Goodwin and M. H. Goodwin，1987）：1）较长的同时产出的谈话；2）共同产出的评价中区分不同的权限；3）将一致的理解可视化；4）通过语调、眼神等方式将评价引向终结；5）作为话题终结的资源。这些特点也都反映在评价表达的话轮构成和序列组织上。下面分别具体阐述。

2.4.2.1 实施评价行为的语言结构

互动语言学者往往从行为的角度出发探讨语言结构。一些学者采用"会话格式"（conversational format；Fox，2007）、"社会行为格式"（social action format；Kärkkäinen，2009；Couper-Kuhlen，2014）等概念，描述日常互动中反复使用以完成某种社会行为的语言形式。

对于评价来说，不同类别的评价行为在语言形式上有不同的表现；反过来说，不同的评价表达结构在评价活动中完成不同的交际任务，具有不

---

① 需要指出的是，语言形式仅仅是区分评价次类的抓手之一，而非唯一的标准。Strubel-Burgdorf（2018）对恭维和正面评价（positive assessment）的研究指出，二者无论在语言形式还是适宜条件方面都有很大程度的重合。他指出，对于正面评论（positive remark，包括恭维和正向评价）的回应策略（response strategies）在其功能的协商和解读中扮演重要作用。恭维和正向评价的区分本质上建立在称赞及其回应之间的规约化联系的基础上，是由会话双方共同做出的（Strubel-Burgdorf，2018：194）。

同的互动功能。C. Goodwin and M. H. Goodwin（1987：22）指出评价遵循相似的格式，即"it/that/(s)he"+系词+副词性增强语+评价语。前一部分指称评价对象（assessable），后一部分则开启评价活动。这一形式将某一特征刻画为被评价物的内在且恒久的属性，称为"客观评价"；而与之相对应的是"主观评价"，说话人将评价作为个人立场的展现，凸显他们对指称对象的内在反应及价值取向（Wiggins and Potter，2003；Edwards and Potter，2017），其格式为："I like/love/detest/hate"+被评价物。

评价主观客观的对立具有互动层面的意义。Edwards 和 Potter（2017）指出，主观评价表达和客观评价表达（S-side assessment 和 O-side assessment）在评价活动中扮演不同角色。客观形式将评价视为被评价物的一个特征；作为客观世界的特征，它们是交互主观性的、共享的，独立于说话人。因此，这类评价形式往往更加普遍，是实施评价的"无标记"格式；并且经常用于恭维中，不将正面称赞局限于言者个人感受。而主观形式则将评价限于说话人自身，用于传递说话人自身的定位或态度。主观评价对评价范围的限定为处理互动中的特定问题提供了方便，可用于消除互动中的错位（misalignment）。也就是说，这一形式可避免因客观评价对立而造成的冲突，将分歧视为主观的、品味或观念的不同。因此，在饭桌上谈论食物时，主观评价表达个人观点，往往用于拒绝别人推荐的食物；而客观评价则编码为普遍性的评价而非个人观点，用于对饭菜进行称赞（Wiggins and Potter，2003）。

主观和客观评价表达在互动上的分工和差异不仅存在于英语中。Hayano（2016）在对日语的研究中指出，当交际者之间发生分歧（disagreement）或疏离（disaffiliation）时，说话人的评价往往采用主观表达形式。作者从经验领地（territory of experience）角度出发，指出主观评价表达可以声明认识独立性，将自己的经历与他人的经历区分开；对于他人经验领地的事物，主观评价表达可以在保有自身认识权限的同时突出对方的经验领地，从而体现对对方经验领地的尊重。

主客观的对立之外，评价对象是类别还是个体是互动中的重要区分，并在形式上有所体现。比如图 2-2 中，Dianne 提到 Jeff 烘焙了一个芦笋派，而后做出了评价"it wz s:: so: goo: d"，过去时的采用显示说话人对评价对象有第一手经历（first-hand experience）；而 Clacia 的回应"I love it"则采用现在时编码,其中的"it"并不指称 Dianne 所提到的那一个芦笋派,她对之前评价中的个体没有体验,而只是通指一般意义上作为一种类别的芦笋派。而下面这个例子中,说话人 K 采用过去时形式,表明对当时体验中的事物的评价,其中的 them 就是指她体验过的众多个体。

(1) 个体性评价
  1 K:Those tacos were good!
  2 B:You liked them…
  3 → K:I loved them, yes. (引自 Pomerantz, 1978:100)

实施评价的一个前提是具有关于评价对象的相关知识,包括具有对谈论对象的权限以及认识权利(epistemic right)。交际者在评价活动中往往就双方谁具有认识的权限、谁具有认识的优势(primacy)以及谁有责任表达认识等[①]进行协商,而这对评价序列中的形式选择具有重要影响(详见下一小节)。互动视角的评价研究在考察评价结构的同时,也关注语言在线产出的时间性(temporality)在评价中的体现。Goodwin 夫妇的经典研究探讨了"共同发生的评价"(concurrent assessment),如图 2-2 的会话序列。其中 Dianne 和 Clacia 两个人的评价发生了交叠,表现出交际者对评价活动增强的参与度(heightened participation)——在 Dianne 产出延长的强化词(intensifier)"so"的同时,Clacia 就介入谈话,产出自己的评价来体现与对方的一致。这说明评价是被投射的行为——在评价词产出之前,强化词及其音节的拖长就使交际者准确地识别并参与到评价活动中了。

2.4.2.2 评价的形式选择

Pomerantz(1984)指出,会话中的评价主要出现在三个场合,一是双方共同参与的活动中;二是说话人报道的他所参与的活动;三是在第一评价的后一话轮。评价是在序列中组织起来的,某一方发起的第一评价可以成体系地引出第二评价,体现交际者之间的一致或不一致;也可以表达对

[①] 这里提到的三个方面,就代表了认识状态所体现的知识的三个维度:1)认识权限(epistemic access);2)认识优先性(epistemic primacy);3)认识责任(epistemic responsibility)(Stivers et al., 2011)。

之前评价的赞同或不赞同。

互动语言学者发现,评价的回应形式的选择不是任意的,而是与序列语境中的互动因素和交际原则密切相关。Pomerantz(1975、1978、1984)对评价进行了系列研究,分别涉及第二评价、对恭维的回应以及(一般)评价的赞同和不赞同。Pomerantz指出,对于恭维的回应面临一个矛盾,即受话人需要通过赞同对方的评价来表达立场协商(affiliation)①,但又要避免自我夸赞。解决这一矛盾的手段包括评价的降级(downgrade)、指称转换(referential shift)以及回赞(returns)。

Pomerantz对于评价赞同或不赞同的研究开启了对会话中偏好(preference)的研究,该研究揭示出会话事件中交际双方词汇选择、话语设计、行为或序列选择方面的交替是不均等的;而在不均等行为进程中实施的选择反映了一种模式化的排序,某些选择相对于其他选择是有偏好的。在一般情况下,当说话人做出一个评价并邀请受话人进行回应时,赞同是偏好的形式,受话人设计话轮要最大限度地出现明言的赞同(stated agreement);而表达不赞同时则要最小限度地出现明言的不赞同(stated disagreement)。这一偏好在语言形式上的证据包括:1)赞同的成分一般占据整个话轮,而非赞同成分一般只是预示成分(preface);2)赞同一般直接地无延时地做出,而非赞同经常在话轮间或话轮之中带有延时,采用各种方式进行弱化以及非直接化;3)一般情况下赞同或非赞同的缺失,比如出现长停顿(gap),请求澄清等都会被解读为尚未明言的不赞同。

但是,当第一评价者包含自贬(self-deprecation)时,上述模式就会发生逆转,将不赞同的回应最大化,而赞同则是非偏好回应,被最小化。偏好的研究启示我们,评价中语言形式的选用与互动层面的某些因素有系统性的关联。目前研究中讨论比较多的因素还包括说话人的认识以及主动性(agency)。

从认识角度对评价回应进行研究的有Heritage(2002)、Heritage和Raymond(2005)、Raymond和Heritage(2006)等。他们的研究关注评价序列中认识的宣称(epistemic claim)是如何被提出并协调的。Heritage

---

① 这里的术语翻译借鉴了陶红印先生"言语行为的多重性理论"的讲座,中国社会科学院语言研究所,2019年9月17日。

(2002)着眼于被评价对象处于过去的经历和事件中（而不是在当前交谈现场）的例子，带有预示语"oh"的第二评价并不只是作为对之前第一评价的赞同，而是显示出这个评价是自己独立形成并产出的。由于相邻话对中前件对后件的制约作用，通常先进行评价或者先经历事件就更可能建立更大的认识权限、权利（right）以及权威（authority）来评价被讨论的事件；"oh"的作用就在于取消这种由序列上的先后顺序所带来的认识优势，从而保持认识的独立性。例如：

(2) [JS II: 61]
1　　Jon: We saw Midnight Cowboy yesterday-or [suh-Friday.
2　　Eve: [Oh?
3　　Lyn: Didju s- you saw that, [it's really good.
4　　Eve: [No I haven't seen it
5　　 Rae [sed it'n'she said she f- depressed her
6　　( ):   [( )
7　　Eve: ter [ribly
8 → Jon: [Oh it's [terribly depressing.
9 → Lyn: [Oh it's depressing.

（引自 Heritage，2002：205）

这个评价序列涉及一部电影。第 1 行 Jon 表示她和 Lyn 看过这部电影，而 Eve 则在第 4 行表示自己没有看过，而是听 Rae 向她讲述的。虽然 Eve 先做出了评价（第 5、第 7 行），但第 8 行和第 9 行 Jon 和 Lyn 都采用了"oh"作为前言（preface）的评价进行赞同，从而显示了独立的认识权限，以及认识上较 Eve 的优势地位（primacy）——对这部电影直接的认识权限。

Heritage 和 Raymond（2005）进一步注意到第一评价和第二评价之间具有句法平行性；而针对评价先后顺序所形成的第二说话人在认识权威上的从属地位，交际参与者可以采用不同的语言形式对评价中的认识进行升级（upgrade）或降级（downgrade）。前面提到的采用"oh"作为回应的前言成分，就是第二评价升级的一种方式。一方面，可以采用变换语序延迟肯定/否定小品词（如"They are, yes."对比："Yes, they are."）、附加疑问句（tag question）以及否定疑问句等对第二评价进行升级。另一方面，可以采用附加疑问句、传信表达形式等对第一评价进行降级。这样，交际双方在表达一致性评价的同时，构建起自身认识立场的独立性（Raymond and Heritage，2006）。见表2-3。

表2-3 评价序列中降级与升级的手段（引自 Raymond 和 Heritage，2006：685）

	第一位置	第二位置
无标记	陈述形式（declarative）	陈述形式
降级的	传信语 评价+附加问句	/
升级的	否定疑问句（negative interrogative）	确认（confirmation）+赞同语 oh+评价 评价+附加问句 否定疑问句

可以看出，语言形式在评价序列中的解读可能受到其序列位置的影响。"评价+附加问句"在第一位置上是认识降级的手段，而在第二位置则是升级的手段——将第一评价的发出者置于回应的位置，从而抵消了序列位置带来的认识从属性（epistemic subordination；Heritage and Raymond，2005）。与此相对，否定疑问句的功能不受序列位置的影响，无论是在第一位置还是第二位置（second position），它都对评价进行升级。

其他语言中，对评价对象的认识调节可以通过小品词来实现。比如，日语中话轮末尾的语气词"yo"表明更高的认识权限，即比受话人更了解相关对象，是一种认识升级的手段；而语气词"ne"则表明说话人与受话人具有共享的认识权限（Hayano，2013a）。这两个语气词的选用可以反映出交际者就认识的协商——当第一评价中采用"ne"，表明双方共享相关认识时，受话人可以在第二评价中采用"yo"来表明自身的认识优先性。此外，在赞同性第二评价中表明自身优先的认识权利，其他语言所采用的手段还包括：加勒比英语中的"if+评价重复"（将之前的第一评价视作一个问题）、芬兰语中的"显性人称主语+第一评价的动词复现"、老挝语中的叙实性完整体小品词"le`ql"（Couper-Kuhlen，2018：Online Chapter C），等等。

Thompson 等（2015）则注意到影响评价形式选择的另一个因素——主

动性（agency）①。她们考察了评价序列中的回应形式，涉及两种序列环境——第二评价及扩展性讲述（extended telling）。她们发现，对第一评价的回应（第二评价）采用的形式包括四种：1）词汇/词组型（lexical/phrasal），如"kinda"；2）最小小句型（minimal clausal），如"it is"；3）扩展小句型（extended clausal），如"it is cool"；4）层级性小句型（graded clausal），如"oh it's gorgeous"。对于扩展性讲述的回应形式只有词汇/词组型和扩展小句型两种。根据她们的分析，第二评价的形式与主动性有关。

主动性在不同的序列位置上天然地具有不对称性——在第一位置时，说话人说出话语是因为自己想说某个事情了，而在第二位置上可能仅仅是赞同对方刚才所说的，从而丧失言语事件领域内所有的主动性。通过经验和身份确立的认识权威与主动性有对应关系，一般更高的认识权威意味着参与者具有更大主动性。

Thompson 等（2015）指出，在第二评价中，词汇/词组型回应是一种弱赞同。不同的小句型回应体现交际者主动性上的差异。最小小句展现低主动性。虽然这种形式是对第一评价的赞同，但是一般会延迟产出，并且显示当前产生了交际问题，即评价的发出者认为受话人应当采用一个更完整的形式进行回应。扩展小句显示了高主动性，重复使用第一评价的成分，表达更强的赞同，一般不延迟并且说明当前不存在交际问题。而层级性小句展现最高的主动性，重新创设评价，从而将评价转变为呈现独立的、可能优势的认识权威。她们用图 2-3 表示三种小句型在主动性上的差别。

而在扩展性讲述的回应中，词语/词组型评价表示受话人认为讲述仍然在进行中，尚未结束；扩展小句评价表示受话人认为讲述可能结束了，如果这类回应形式出现的位置较早，则表示受话人希望讲话快点结束。

评价回应中的语言形式受到互动因素和交际原则的驱动，与此相对，不同语言的语法也为交际者提供了评价活动中实现特定交际目的的表达方

---

① agency 这一概念由 Enfield（2011）提出，指说话人对于他们交际行为所具有的控制及责任（commitment）的类型及程度，本书将其译为"主动性"。乐耀（2019）将 agency 这一术语译为"施力性"。

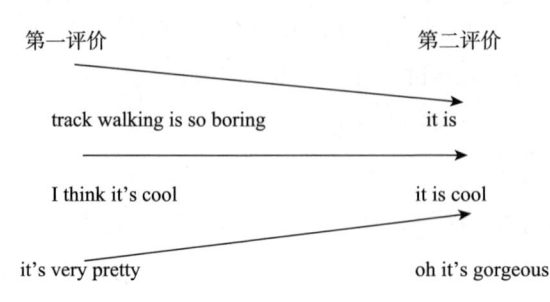

```
        第一评价                      第二评价

    track walking is so boring         it is

    I think it's cool                  it is cool

    it's very pretty                   oh it's gorgeous
```

图 2–3　三种小句型评价回应的主动性（引自 Thompson 等，2015：190）

式。Luke 和 Tanaka（2016）就从语言类型比较的视角考察了汉语粤方言会话中表赞同的第二评价的构建。他们具体分析了"谓词居首"（predicate-initial）和"谓词独用"（predicate-only）两种格式，发现汉语粤方言中的赞同形式与日语非常相似。谓词独用的方式显示第二评价与第一评价的指称对象一致，汉语粤方言的语法允许主语悬空，而评价性的谓词前置增强了立场协商的程度。谓词居首的格式则是源于信息或互动方面的动因，导致指称对象被明示出来，而同时"谓词—谓词后增额"的词序也为表达赞同提供了优先的便利，在时间上延迟了后续行为的实施。二者的谓词位于话轮之首，都确保了（一致的）评价核心的尽早确认，从而传递了强烈赞同。

除了评价的回应话轮之外，一些学者对发起性话轮的形式做了分析。Golato（2005）考察了恭维中第一话轮指称形式（reference form）的选择。他以 Schegloff（1996a）提出的"指称形式"和"指称位置"（reference position）[①] 为框架，考察了德语会话中恭维第一话轮对评价对象的指称，发现它很难用之前基于话题可及性（topic accessibility）建立的指称形式连续统（Givón, 1983）来解释；对于指称形式的选择，实际上反映了参与者对彼此及当前谈话的观照以及序列组织。比如起始指称位置上采用起始形式，用于恭维作为新序列开始部分的情况；而后续位置上采用起始指称形式，则被交际者用来向对方显示自己将之前的序列视为终结。

2.4.2.3　评价结构与活动框架

将评价的结构置于活动的框架内，就需要考虑其随时间和互动进程的动态展开过程。C. Goodwin 和 M. H. Goodwin（1987）的研究就很好地说明

[①] "指称位置"指展开的谈话中存在某一对象可以或需要被引入的槽位（slot）或场合。

了这一点。他们讨论了不同评价构成形式在互动过程中的作用。根据评价物与评价词语的次序,将评价分为前置型(pre-positioned)和后置型(post-positioned)两类。前置型评价是在评价物产出之前就表明自己的情感立场,从而可以确立受话人的共同参与。前置的形容词可以为受话人提供后续行为解读的线索,引发其对正在行进的句段的处理,例如:

(3) 前置型评价

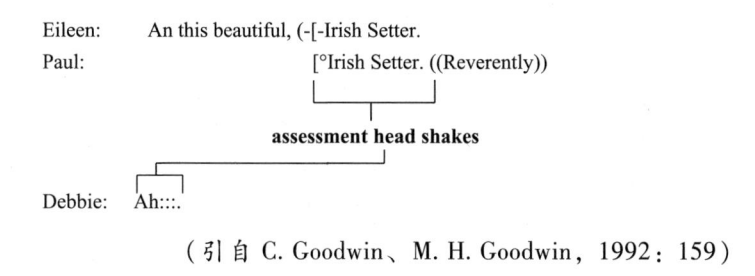

```
Eileen:   An this beautiful, (-[-Irish Setter.
Paul:                        [°Irish Setter. ((Reverently))
                          assessment head shakes
Debbie:   Ah:::.
```

(引自 C. Goodwin、M. H. Goodwin,1992:159)

这段谈话是产出评价词"beautiful"后 Eileen 出现了犹豫,与她有共同经历的 Paul 协助她共同产出被投射的项目,与此同时,通过行为以可视的方式表达与对方的一致——评价性的摇头,而 Debbie 在回应这一评价时,同样加强了这一行为表现。这说明交际者对语言结构的在线分析可以深入名词词组的内部——Paul 将尚未产出的名词组处理为评价项,反映出评价过程中的即时调整。相对地,后置型评价则可用于从故事中脱离(描述的故事就是评价物),从而将讲述引向终结。

从语言动态浮现的视角看,语言结构被看作交际中语言惯例的凝固;而语言惯例又与会话结构和互动惯例紧密相关。一方面,语言结构往往与会话结构有所对应,反映出其对社会交际需求的适应。乐耀(2016a)考察了汉语会话中的让步类同语式("这双鞋好是好,可就是太贵了"),指出让步性同语式用于第二评价,一般出现在回应话轮的起始位置;往往采用沉默、预示语、修复等延迟负面评价的产出。具有非偏好回应的特征,其表达评价立场所遵循的总体原则是先扬后抑,从而揭示同语式的互动属性:为言者表达出不同的观点和社会立场提供语言手段,从而使其与持有相反立场的社会主体相关联。

另一方面,语言结构也往往来自特定行为中反复出现的互动模式的沉淀（sediment）和句法化（syntacticalization）。Thompson 和 Couper-Kuhlen（2008）讨论了英语会话中用于评价某种情况或事件的"外置结构"。她们用评价结构的两部分——评价词组 X 和评价物 Y，归纳出评价情况或事件时，说话人采用的三种互动模式——回溯性 X（retrospective X）、追补性 Y（incremental Y）、前瞻性 X（prospective X）；指出在英语的外置结构中，X 和 Y 两部分在语法和韵律上都融合为一体，因此应当看作回溯性 X 和追补性 Y 的句法化混合体（syntacticalized amalgamation），两者共现并相互促进。这种整合的结构常用于序列和话题终结的协调当中，也就是作为"总结性评价"（summary assessment）。

以上所述的对于评价话轮设计和序列组织的研究，都是基于一般的日常谈话进行的。而对于特定场合下的机构性谈话（institutional talk），由于交际参与者的社会身份以及机构所赋予的社会活动框架，其中评价的话轮设计与序列组织也呈现一定独特性。例如，Rhys（2016）考察了英国足球赛后对球队经理的采访，指出采访者倾向于将附加疑问句置于话轮的中间产出，这使得疑问形式不必关联受访者的回应，而用于表明受访者对信息的不确定性，从而有助于引出受访者的评价。Lindström 和 Heinemann（2009）对丹麦和瑞典家庭护理场景中的评价研究发现，低程度评价和高程度评价在序列中具有不同分布；Mondada（2009）则发现，在汽车服务商与顾客互动中，评价的序列格式对语境和活动高度敏感，并存在"正面第一评价—升级的第二评价—第三位置降级"这样一种特殊序列格式。

总之，互动中语言结构的选择不是任意的，而是与互动活动中需要完成的交际任务、解决的交际问题密切相关；考察说话人如何构建评价表达，需要结合其具体的行为，以及序列中之前和后续的行为，乃至整个活动框架，才能做出符合实际的解释。

2.4.3 互动语境与评价识解

关于评价的话轮设计与序列组织方面的研究，主要着眼于语言形式方面，将评价行为和评价活动作为考察互动中语言形式塑造与语言资源运用的一个窗口。本节将着眼于意义方面，归纳阐述评价意义识解方面的研究成果。互动语境中的意义建构（sense making）是一个动态交互的过程。语言形式和社会行为并不是一一对应的，而是受到会话结构、序列环境以及语体语境等方面的影响。

2.4.3.1　位置分布

会话序列中的位置分布，既包括语言单位在话轮中的位置，如话轮的开头、中间或末尾；也包括在话轮前后相连构成的序列中的位置，是发起话轮、回应话轮还是扩展话轮。著名的会话分析学者 Schegloff 就提出位置敏感语法（Schegloff，1996b），指出语法形式和功能随会话中的不同位置而有所不同。

对于评价而言，一些字面上没有评价词语的语言形式，依赖特定的序列环境，也可能产生评价意义解读，从而被识解为实施评价行为。Ono 和 Thompson（1994）就发现，会话的话轮末尾出现的非系连性名词短语（unattached NP）① 倾向用于评价、评估、总结、定性以及分类。Ford、Fox 和 Thompson（2002）进一步指出，会话中用于增额（increment）的非系连性名词短语除了用于寻求受话人的回应之外，还显示了说话人对之前话语中某事物的评价或对之前话语的立场。例如：

（4）非系连性名词短语用于评价

　　1 → Bee：Oh Sibbie'ssistuh had a ba：bybo：way.
　　2　　 Ava：Who?
　　3　　 Bee：Sibbie's sister.
　　4　　 Ava：Oh really?
　　5　　 Bee：Myeah,
　　6　　 Ava：[°(That's nice)°
　　7　　 Bee：[She had it yesterday.
　　8 →　　　 Ten：：pou：nds.
　　9　　 Ava：°Je：sus Christ°
　　10　 Bee：She had a ho：(hh) rsehh. hh

（引自 Ford、Fox 和 Thompson，2002：27）

---

① 指在句法上无法填补进之前话语的名词短语，区别于作为句法论元的追补性名词短语。

当 Bee 说出第 1 行的话时，投射的是一个评价，对方表现出赞赏或兴趣。第 6、第 7 行双方的话语产生了交叠，在交叠中 Bee 补充了信息"she had it yesterday"，同时 Ava 说出的"That's nice"非常轻，几乎难以辨别。此后 Bee 通过一个非系连性名词短语"ten pounds"进行追补（afterthought）。这段追补在音调上陡升，"ten"和"pounds"在时长上都有所延长，这些恰是评价活动的标志。说话人通过这个名词短语暗示孩子的重量是值得注意的，表达了自己的情感立场：他真的好大。而这最终引出了 Ava 的赞赏，在第 9 行产出了非常轻的"Jesus Christ"表达自己的认同。在 Bee 看来，对方之前虽然产出了评价，但并不充分，因此追补的名词短语也用于引出对方进一步的评价。这个例子说明，在话轮末尾用于追补的局部会话环境中，本身不具有评价词的名词短语，也可以触发评价意义的解读，从而行使评价行为。

意义解读与序列位置密切相关的另一类成分是小品词。这类词在形态上没有相应的屈折形式来显示与其他成分的语法关系，并且句法上不依附之前的话轮，可以独自构成话轮，也可以作为话轮开启或终结的成分。研究发现，英语中处于第二位置的一些小品词具有对评价进行调节的功能。比如前文提到的"oh"，用于表示赞同的第二评价话轮之首，显示说话人的认识独立性。此外，"well"在回应评价的话轮之首时，作为预示语（preface），表示在总体支持之前评价的同时加入"我方"视角，展现受话人自己的经验或观点。但是，如果"well"处于回应之后的第三位置（third position），则具有回溯的作用，进一步解释第一位置上的行为。由此可见，"well"涉及评价的功能依赖回应话轮开头这一序列位置。

事实上，回应话轮的起始位置一直都是会话中非常关键的位置，体现与之前紧邻话轮的关联。方梅（2017a）讨论了构成成分不含有评价词语的形式获得评价意义解读的规约化现象，指出汉语中很多评价构式是序列依赖的（sequence-dependent），如"A/V 什么 A/V""哪儿跟哪儿""什么+引述语"等。它们只有在作为应答行为时，才具有负面评价的意义。因此，对互动中评价表达的考察，要将语言形式置于会话序列中，充分考察具体序列环境中的互动因素，特别是受话人的解读如何驱动评价行为的识解。

2.4.3.2 交际场景

语言的使用还受到不同交际场合、不同语体的影响。基于具体交际场景、具体语体对语言形式进行考察,一直是话语功能语法秉承的重要原则(Biber,1999;陶红印,1999;Biber and Conrad,2007 等)。互动语言学更加强调"单一案例研究"(single case study),将在具体社会机构场所(如学校、医院、商店等)中的互动言谈归入"机构性谈话",总体上区别于日常谈话。

目前关于评价的研究,开始越来越多地涉及机构性谈话,探讨具体社会场景中评价的设计与组织,包括课堂互动、问卷访谈、编辑会议、商务交易等(Lindström and Mondada eds.,2009)。其中一些研究发现,交际场景作为整体的活动框架,会对语言形式的评价解读产生影响。一些本身不是评价表达的结构在特定的交际场景下会被识解为评价。

Edwards 和 Potter(2017)在讨论会话中的"纯描述"(mere description)时分析了这样一个例子:

(5) 速配约会
1　　M:I'm a- (.) I'm a:: (0.2) ↑physiotherapist.
2　　　　(1.4)
3 → F:↑Wo::: w.
4　　　　(1.4)
5 → M:It's just a jo: b,
6　　　　(1.1)
7　　F:↑ Yeh it ↑↑is jus' a job bu' hh (0.5)

(引自 Edwards 和 Potter,2017:502)

在男方介绍自己是理疗师之后,女方产出了强烈评价性的"wow",而后男方产出的"It's just a jo: b"从形式上看是一个断言(assertion),将之前带有评价色彩的反应消除。但是在速配约会这个语境下,男方的两次表述都有额外的互动功能。Edwards 和 Potter 指出,这种交际场景是高度与评价相关的(evaluation-relevant)。于是,第 1 行 M 的陈述自然关联了某种评价性反应。而 M 第 5 行的描述被识解为对之前 F 的高度感叹性评价的谦虚性回应，从而对之前的评价进行降级，与此同时也照顾到 F 的面子。而之后 F 的进一步回应——采用相似的形式产出降级性的评价，再次表达赞赏；这也说明 F 将第 3 行的话语识解为自谦性的评价。

Park（2018）考察了建议给予（advice-giving）序列中的引语式思考（reported thought）的用法，指出写作教师在对学生的文章提出建议时，将引述读者的思考作为提出批判性评价的一种方式。通常采用的格式为"引述语+回应语+小句"。将引语式思考内嵌的方式使得教师转换会话框架（speakership），以目标读者的身份来回应学生，表达对学生文章的批判性评价。

前文提到的 Rhys（2016）研究的赛后采访，同样属于"指向评价的活动"（assessment-oriented activity）。这一宏观的活动框架塑造着对于采访者话语的解读——他们产出的"话题—说明"结构，作用在于使受访者（球队经理）及观众明确评价对象，提供评价规程并引起受访者给出评价。

总体上看，具体交际场景中一些语言形式产生评价解读的现象说明，语言结构在互动层面并不仅仅指向其字面明示的行为或活动，"说话人不会单纯地构建形式（do pure formulating）"（Sacks，1992：516）；社会行为是多层次的（multi-layered），特定交际场景中，本身不包含评价片段的表达形式，可能被识解为评价行为，完成评价活动。相对地，评价的语言片段在互动中也用于完成其他更高层面的交际任务。

通过以上两节的阐述，可以看出无论是形式的构建还是意义的识解，都体现了互动语言学视角的基本理念，那就是话语的编码形式、其所在的序列语境以及它所实施的行为是相互影响和适应的，单纯考虑语言片段无法充分揭示评价表达形式在互动中的角色。

2.4.4 韵律和身体视觉表现

语言结构只是互动中构建与识解评价的一个方面。实施评价的除了词汇、句法等语言形式，还包括韵律（prosody）以及手势、眼神、身姿等身体视觉表现（bodily-visual conduct）。事实上，互动交际本质上是多模态的（李晓婷，2019）；语言、韵律和其他多种模态（modality）（或符号性系统，semiotic system）作为资源，为话语解读提供了指引（Gumperz，1982：131）。结合韵律和身体视觉表现对评价表达进行分析，将成为互动语言学视角下评价研究的一个必然趋势。①

话语的韵律特征与交际功能之间关系密切。前文提到的 Goodwin 夫妇的相关研究（C. Goodwin and M. H. Goodwin，1987、1992），在评价的分析中较早地引入了对韵律和身体视觉资源的分析。比如，他们指出，强化性的副词在音长上的加强和重音显示出在语句展开的过程中，交际者对评价活动不断增强的参与以及共同关注（mutual focus），如前文例（3）。他们还注意到，语句行进过程中说话人伴随的"评价性摇头"（assessment head shakes），以可视的方式表明与对方的一致性，并显示自己的情感立场；评价中伴随的眼神注视及其结束可以提示评价在整体活动中的地位与角色。

Thompson 等（2015）在讨论第二评价的语法格式时，也参照了韵律和身体视觉的线索。例如，对于评价的最小小句回应（minimal clausal response；如"it is"），她们对比了最小小句与之前的第一评价在音域变化上的差别，判断评价的升级或降级；并通过分析序列中交际者的身体姿态和眼神注视指出最小小句回应的发出者往往之前处于活动参与框架之外，没有被指派话语权，由此说明第二评价采用最小小句形式，是在未投射评价或未被注视的情况下进入序列并参与框架的一种手段。

韵律和身体视觉表现在评价行为的解读中与词汇句法形式综合作用，通常具有一定的对应；而当它们之间发生冲突之时，韵律或身体视觉表现的作用往往压倒词汇句法。比如，Ogden（2006）就指出，第二评价中的词汇性升级只有伴随语音韵律上的升级时，才会被识解为强烈赞同的回应；具体的韵律表现包括音高范围的扩展、更高的音调、更慢的节奏、更加剧烈变化的音调曲拱，等等。相反，词汇上升级的第二评价，当它表现

---

① 与语言学界对于韵律特征与情感表达的研究不同，互动视角下的研究将韵律置于真实的交际场景中，进行语境化的（contextualized）分析；而不采用剥离语境的实验室测试的方法，不追求也不认同韵律特征与情感类型之间的严整对应（Couper-Kuhlen and Selting，1996）。另外，本节并未采用"多模态"（multimodality）这一术语，因为它是包括语言（句法、韵律等）、图像、手势、姿势、眼神，乃至环境中的物体等交际手段的统称（Li and Ono，2019），而本节讨论的只是其中的韵律和身体视觉资源。

出降级性的韵律特征时，则会预示不赞同。Haddington（2006）则讨论了评价序列中眼神的使用，指出相互注视一般发生在表示同意的第二评价中，而在对之前的评价表示不同意前往往会切断眼神注视。

Keisanen 和 Kärkkäinen（2014）发现，韵律和其他模态手段对恭维行为的解读至关重要。第一，经常在韵律上有明显标记，以增强情感语调和/或进一步强调恭维；第二，凝视受话人从而寻求对视作为一个稳定的特征，导向应当进行回应的意味；说话人恭维之后有时采用语言形式寻求进一步回应，而在恭维的传达过程中经常包括各种身体视觉特征，如手部动作、摇头、眨眼等。通过详细的多模态研究，这项研究揭示了恭维"居于中间"的特点，即受话人一方面倾向于避免自我褒奖，另一方面又倾向于表示他们对于恭维的欣赏。有声音的/语音性的回应一般非常短小，展示出的行为也相应地减弱；最为常见的回应就是避免或者打断对视，低头看向自己的大腿或手头的其他物品。

身体活动还可以参与到评价的构建中，形成评价行为的多模态格式（multimodal format；李晓婷，2019；Li，2019）。Li（2019）考察了汉语会话中评价的具身性完成（embodied completion），指出评价实现的两种语言-身体模式（linguistic-bodily patterns），即说话人产出不完整的句法形式，伴随完整的韵律特征，接下来展现面部表情、身体活动及眼神等，而句法上投射的评价词语可能由受话人说出，实现合作完成（collaborative completion），也可能根本不说出。

总之，韵律和身体视觉表现与评价的构建和识解关系密切而复杂，需要结合具体的序列环境和交际类型进行分析。这方面的研究也启示我们，在研究互动中的语言形式和意义时，仅仅局限于词汇句法等结构单位是远远不够的；只有将语言结构与韵律、身体活动、环境中的物体等资源综合考虑，才能更深入地认识语言何以如此，更全面地说明交际者以怎样的方式"做"了什么。

2.4.5 总结

方梅、李先银、谢心阳（2018）指出，互动语言学对自然口语的研究包括以下几个方面：1）交际行为与句法的关系；2）会话序列与句法选择；3）韵律表达与句法表达的关系；4）多模态资源在互动交际中的整合。笔者本小节对互动视角下评价研究的归纳评述，也都涉及以上这些方面。作为一种常见的社会行为和社会活动，评价在会话中具有对应的语法格式，并涉及前后相连的多个话轮构成的序列；不同语言形式的选择受到序列位置以及互动原则的影响。另外，语言形式和社会行为并不是完全对应的；从语言出发，也可联系其所在行为序列探讨形式的形成和功能的浮现。

2.5 小结

本章我们从"评价"这一概念出发，对不同理论背景流派所采用的术语进行了梳理。接下来，重点介绍了互动语言学的相关理念方法以及互动视角下对于评价的各方面研究。可以看出，互动语言学对于评价表达的研究深深地置于"评价行为的组织与实施"这一框架之下，体现了"语法在互动"（grammar in interaction）和"语法为互动"（grammar for interaction）的理念[①]。互动语言学的基本原则是本书希望借鉴的。通过对评价的概念认识、评价的话轮设计与序列组织、互动语境与评价识解以及韵律和身体视觉表现方面的研究，可以看出互动视角下的评价研究拓展了之前语言学对于形义关系的认识，考察多种语言手段如何被交际者调用、配合，从而对评价行为以及评价活动进行组织，并采用社会互动的相关原则对出现的情况加以解释。正如我们在绪论中所阐述的那样，这种联系互动行为的思路可以为语法研究带来两个方面的突破。一是更加深入细致地描述和解释言语交际中说话人的语言选择；二是有效地揭示言谈话语中特定语言成分意义建构与识解的过程和机制。

[①] 这两个术语来自 Laury 等（2014），翻译采用谢心阳（2016a）的译法。前者是主张采用真实的自然互动言谈材料考察语言单位和语法结构；后者则强调语法作为一种惯例，是说话人用于互动交际的一种资源。语言成分的调用、结构的安排等是为了满足（很可能是）普遍的交际需求；而特定语言的语法特征，也制约着说话人采用的具体策略和组织方式。

第三章　汉语中的评价表达

3.1　引言

本章将聚焦汉语中的评价表达。从总体上看，目前汉语学界关于评价的研究大部分是从语言成分出发，发掘汉语中各个语法单位层面具有评价意义、评价功能的成分，属于"从语言到互动"的研究路子。同时，也有宏观上对汉语评价体系进行的系统研究。随着互动语言学的引介和传播，汉语中也涌现出越来越多的从互动交际出发开展的评价研究。在梳理汉语中评价表达体系和层次以及评价表达成分个案研究的基础上，我们将从语言形式与语境的关系入手，以规约化的程度为纲描述汉语中评价表达的体系。

3.2　先行研究

汉语语言学界对评价表达的关注由来已久。但是如前面两章所说，"评价"并不是一个传统的、普遍使用的语言学范畴；对于评价语言形式和意义的探索主要散见于句式与句类、虚词等课题的讨论中，涉及情感、语气、情态等语义和表达范畴。

吕叔湘（2014［1944］：420 - 452）的《中国文法要略》中"表达论：范畴"卷中就单设"行动·感情"一章，对祈使、禁止、商量、感叹、招呼和应对以及停顿等不同言语行为的表达手段进行了分析，涉及句式、语气词、情态词等的讨论。其中对"感叹"的讨论就包括了本研究所说的评价。吕先生首先指出，感叹语气可以由直陈语气转变而来，也可以附着在疑问语气、祈使语气之上（吕叔湘，2014［1944］：435）。从感叹的发生角度出发，吕先生将以表达感情为基本作用的感叹句（吕先生称为"本来的感叹句"）分为三种。

  A. 感情为某一事物的某种属性所引起：这件衣服好漂亮！

  B. 感情为整个事物所激动，我们指不出某种引起感叹的属性，只说明产生的是哪种情绪：这叫人多么难受！

  C. 只表示一种浑然的感叹：竟有这样的事情啊！

可以看出，吕先生是从感叹的引发来讨论汉语（包括现代汉语和古代汉语）中的相关表达的。感叹的中心是形容词，描述某一事物的属性（漂亮），或描述自己的情绪感受（难受）。其中前一类就是典型的评价表达。而 C 类没有感叹中心，但也体现了说话人对某种情形状态的情感、态度——拿吕先生所举的例子来说，是表达对"有这样的事情"的意外和不满（副词"竟"）。这里，感叹和评价这两个范畴有所交叉却又不完全一致，前者是从情感的表达讲的，未必涉及确定的事物或者事态（比如叹词、强烈的命令等）；后者则是从价值判断的角度讲的，体现正面或负面的价值取向，可能附加强烈的感情，也可能感情相对舒缓。一般来说，有显著的情感负载的情况才被视作感叹，而感叹则总是包含说话人某种倾向的评价。

吕先生接着指出，感叹句可以根据形容词前是否有指示词或限制词分为两类形式。有主语的时候，谓语形容词有后置（常次）和前置（变次）两种形式；前置（变次）是"在感情激动的时候，自然会把自己的感情或引起那种感情的属性先说出来，然后再补充其余的词语"（见吕叔湘，2014［1944］：439），见例（1）的 a、b 句。此外，还可以没有感叹中心（形容词），感叹之情散在全句，见例（1c）句：

（1）a. 淘气啊，你这个孩子！
   b. 静极了，这朝来水溶溶的大道！
   c. 你这个人啊！真是！（引自吕叔湘，2014［1944］：439–440）

其中"感叹之情散在全句"的 c 句，就属于我们绪论中所说的非组合性评价表达——句中没有评价词语出现，但总体上表达对对方的不满、抱怨。

"你这个人"代表的"这/那个"格式以及"真是（的）"的评价功能和形成机制近年来也受到很多学者关注，涌现出不少相关研究（详见下一小节）。

通过以上梳理可以看出，吕先生很早就将汉语中的语句结构、语言成分与它们参与的行动、表达的感情相结合进行考察。其中涉及形式的长短、情感的强度、表达形式的触发、表达形式内部的次序等言语交际中的重要问题；这些在研究理念上与半个多世纪以后基于互动视角的研究都有不少不谋而合之处。

汉语中很多不包含形容词的语言成分也可以表示评价性意义。也就是说，情感、态度、立场等评价性含义并不是在字面上显性地传达出来，而是作为某些词语或者整个结构的附加含义。而这引起了语法学家们更大的兴趣。Chao（1968：781）在讨论副词的分类时提出一类估价副词（adverbs of evaluation），从字面上看就是表达评价意义的副词。另外，赵先生指出另一类副词——肯定副词（adverbs of affirmation）也具有估价的色彩。[①] 两类副词的举例如下。

  A. 估价副词

    a. 偏（偏）：他偏（偏）挑这时候害起病来了。

    b. 也$_2$（修辞用法）：见了人也不打招呼。

    c. **横是**（←横竖）

  B. 肯定副词

    非：他非要自己来。

可以发现，赵先生举出的副词所具有的"估价色彩"，是作为它们基本词义之上的附加意义，并且是针对整个命题内容的。并且，它们表达的态度倾向几乎都是负面的。这一类副词在之后的研究中也得到广泛的讨论。比如屈承熹（2006）的情态副词、齐沪扬（2002）的语气副词，以及张谊生（2000/2014）的评注性副词（详见下小节）。

另外值得注意的是，赵先生在列举讨论汉语中的小品词时，还专门将上升尾音（rising ending）和下降尾音（falling ending）列为一项，指出它

[①] 本书参考了赵元任先生 *A Grammar of Spoken Chinese*（1968）的英文原版和吕叔湘译本（1979）两个译本。书中引用分别表示为"Chao（1968）"和"赵元任（1968）"，并在必要时括注吕叔湘译本（以下简称"吕译本"）中的具体页码。参考文献中也将中英文两个版本分别列出。

们在情感态度表达中的重要作用。① 比如上升尾音可以表示不太相信、不耐烦等，而下降尾音总体上表示一种优越的、居高临下的态度（superior or condescending attitude；Chao，1968：813-814）。赵先生讨论的对象是20世纪20年代中叶非正式场合的北京口语，虽然他没有明确提出"评价"功能或行为，但他对于口语韵律特征的关注是一项非常重要的启示，即韵律上的变化可以影响甚至决定语言形式的意义或态度倾向。几十年后互动视角下的相关研究，同样表明了韵律特征在评价表达中不可或缺的地位，有些情况下甚至可以压倒词汇-句法手段的作用（详见第二章2.4.4节）。

3.3 体系与层次

近二十年来，随着话语功能语法、认知语法、构式语法、语法化等理论的引入和运用，学者们开始越来越多地挖掘汉语语篇/话语中（特别是口语中）各个单位层次上具有人际意义、情态功能的成分。相比而言，专门对"评价"这一议题进行系统研究的成果并不多见。以下两节我们从两个方面进行介绍，首先是汉语中评价表达的宏观体系和层次，接下来是对汉语中评价表达形式的个案研究。

3.3.1 评价表达体系

对评价进行系统探讨的代表是刘慧（2009、2011a、2011b）。她指出，评价是"作为评价主体的说写者对评价客体的主观价值判断，及评价主体所体现出的情感和态度"。根据评价客体的不同，评价可进一步分为从物评价和从言评价，前者关涉人、客观事物等具体对象，后者则包括命题、主张、想法等抽象对象。结合之前的大量研究，刘慧（2011a）归纳了现代汉语的评价系统，将汉语的评价表达分为词汇层、话语标记层和句子层。又根据能否独自承担评价项，将各层的评价表达分为典型评价项和非典型评价项。现提炼总结如下②。

---

① Chao（1968：812）指出，起初他将上升与下降尾音看作句调的一部分，但后来发现它们所影响的并不是整个结构的语调模式，而只是最后一个音节的有声部分。
② 以下层级系统的框架来源于刘慧（2011a），其中的个别例词是笔者所加。关于汉语中表达说话人态度及立场的成分，另参看方梅、乐耀（2017）。

1) 词汇层评价项
   A. 典型评价词语
      a) 评价性形容词：对性质、状态、程度量进行表述
         性质形容词无界，作定语表达恒常性评价；
         状态形容词有界，作谓语和状语，表达临时性评价
      b) 评价性副词 –
         i. 词义实在、具有积极或消极评价意义的副词：稳步、秉公、蓄意、擅自
         ii. 估价副词（语气副词、评注性副词）：居然、偏偏、也
         iii. 程度副词、频率副词、范围副词（依附性）
      c) 能愿动词 –
         i. 对命题是否为真的确认性评价：可能、会
         ii. 表说话人立场和态度：愿意、应该、必须
      d) 心理动词 – 表情绪的动词：爱、恨、怨、悔、感激、害怕
         （评价主体可以是说写者也可以是句中主语）
      e) 叹词 – 表达主观情感，惊讶、赞叹
   B. 非典型评价词语
      a) 名词 – 褒贬义，如：文豪、酒鬼
      b) 动词 – 认证义动词：引导评价句出现
      c) 量词 – "情态量词"
      d) 语气词 – 非典型语气词，如：罢了、也好、着呢
2) 话语标记层评价项
   评价性话语标记 – 不是、好不好、问题是、别说/别提、真是的、你看你、这不
3) 句子层评价项
   A. 基于句式义 – 评价意义来源于句子的构式：
      NP 一副 X 的样子；整个一（个）Y；都是 NP；爱 V 不 V
   B. 基于语气义 – 感叹句、反问句（特殊句类）（附加意义是表示评价）
   C. 基于具体词汇义和抽象关系义
      a) 具体词汇义的评价句

　　　　ⅰ. 量性评价句－主观量：句重音、副词、语气助词，如："没、不、好"

　　　　ⅱ. 量质结合的评价句－述补结构句、"动词/形容词＋程度补语"句：VA 了；V/A＋极/透/死/坏了

　　b）基于抽象关系义的评价句

　　　　ⅰ. 被动句－消极含义

　　　　ⅱ. 比较句－带有能愿动词的比较句；带有否定副词和评价副词的比较句

上述系统总结全面，基本涵盖了目前研究中涉及的汉语评价表达。其中话语标记层中的话语标记或语用标记①大都来源于短语，经过词汇化或语法化的过程，成为固化的表达形式（fixed expression），作为句中的插入成分（parenthesis）。因此，也可以看作词汇性的评价表达（方梅，2017a）。基于评价表达体系，刘慧（2011b）还详细阐述了评价的"主观性"特征。包括以下五小类。

1）表述性：当评价客体为某种事物，体现为对事物属性的主观概括和表达；当评价客体为某种主张、想法或命题，体现为对其主观的看法和情态，比如副词"确实"表达确认性评价。

2）价值负载性：评价结构体现了评价主体的价值判断，包括好－坏、确定性（certainty）、期待性（expectedness）、重要性（importance）四项"评价参数"（Hunston and Thompson，2000）。

3）比较性：评价的实施依赖评价标准，包括具体的评价参照体或抽象的评价指标。

4）相对性：不同评价标准、评价主体，基于不同视角做出的评价，结果是不尽相同的。

5）层级性：评价既包含评价主体对客体属性的主观判断，也包含对属性程度量的主观表达，如"他*（很）难过"中的副词就使得句子成为

---

① 本书区分话语标记和语用标记这两个术语。"语用标记"关涉说话人的态度、立场、情感等，体现说话人的语力；而话语标记则参与话轮的组织（如话轮延续、话轮转接等）和话的组织（如话题的延续、转换等）（方梅，2000）。而 Fraser（2006）所称的 pragmatic markers，指句法上自由具有独特语义语用功能、不能从句法上定义的成分，外延上囊括了我们所说的话语标记和语用标记。

具有层级性的评价句。

3.3.2 评价表达的层次

我们认为，以上总结的五个特征，特别是表述性在两个层面的表现，揭示出汉语评价表达系统高度异质性（heterogeneity）的特点。从语法的角度说，评价表达至少可以从两个维度进行分类。第一，评价表达关涉或指向的层面，包括：1）话语中的某个成分（人、事物等）；2）整个命题，又包括命题的内容以及命题的确认性；3）某事物涉及的程度量。第二，评价表达在句法语义上的自足性，即句法上是否可以独立使用，不依附其他成分；语义上是否完整承担评价意义，而不只是引出评价。据此，我们可以对汉语中的评价表达做出更加清晰合理的归纳，见表3-1。

表 3-1 汉语评价表达的分层系统

评价对象		自由	依附
话语中某个成分		评价词语：形容词、个别包含评价色彩的名词，等等 习语表达，如：不怎么样	词义实在、具有评价意义的副词，如：稳步、蓄意、擅自等
整个命题	内容	话语标记，如：你看你、还NP呢、哪儿跟哪儿，等等 句式：反问句、让步同语式A是A等	评注性副词（估价副词），如：居然、动不动等； 语气词，如：啦、哪等
	确定性	独用的副词，如：的确、肯定、等等	复合词：助动词+是/说－可能是/说、应该是/说等； 语气词，如：吧
	程度量	构式，如：VA了、X没得说、X就不用说了	副词，如：很、特别、就、才、都*等

*陈小荷（1994）指出，副词"就、才、都"表达主观量，即对量的大小具有主观评价意义，包括主观大量和主观小量。此外，像"足足""整整"等副词也可以帮助表示主观大量；儿化或"-子""-崽""-基"等语缀可以表示主观小量。

其中，"程度量"这一层面并不是独立的，因为量性的表达必定依附特定的属性、事物或事件。比如自由的程度量评价表达"X没得说"，它在表达评价程度之高的同同时，也对相关的事物X进行了正面的评价（王晓辉，2017）。而关于命题确定性的评价，在语法研究中是从情态以及传信范畴（evidentiality）的角度进行探讨的。因此，如果从比较狭义的角度看

50

待评价的话,那么汉语中的评价表达实际上只包含对话语中某个成分以及对命题内容的评价表达。其中指向某个成分(人或事物)时,评价一般是显性的,即构成的词语本身具有评价意义;而当评价指向整个命题内容时,评价一般是隐性的,不能直接从其构成成分中推出,具有规约化特征(方梅,2017a)。这种情况下的评价体现为一种正向或负向的态度,而并不是某个具体的赋值(value)。因此,很多研究中也将这种没有具体赋值、仅表达负面态度的评价称为语用否定(如李先银,2016、2017)。

3.4 个案研究

汉语中用于表达评价的语言手段涉及各个层面。这里需要强调的是,对于评价的语言手段我们要采取动态的观念进行审视。不仅要关注大家普遍认同的、具有评价功能的成分,如评注性副词、包含评价词语的句式等,还要特别关注一般认为不表示评价,但在语言使用中获得评价意义解读,从而发展出评价功能的成分;不仅要关注静态层面的语言单位如何表达评价意义,还要关注话语展开过程中的句法、语用手段,看它们如何对语言成分进行调用,传递评价意义,实施评价行为。方梅(2017a)就是从动态视角研究评价表达的典型代表。她将负面评价表达分为词汇性和构式性两类;而构式性评价表达又可进一步分为词汇构式和语法构式,前者俗语化程度高,可替换性和能产性较低;后者则具有较强的可替换性和能产性。笔者对个案研究的梳理,将从词汇性成分(包括用于表达命题评价的词类、复合词以及固化程度高的话语—语用标记)、构式与句式以及会话现象[①]三个方面展开。

3.4.1 词汇性成分

评注性副词,即前面提到的估价副词,本身就表示说话人的评价及态

[①] 这里"会话现象"指在会话序列推进过程中,说话人对语言成分手段的选择和调节,这些现象属于语言单位的动态使用层面,与互动过程中展开的会话结构、交际参与者的会话策略和意图密切相关。它们之前在语言学界受到的关注并不多,而近年来这方面的研究在会话分析和互动语言学的影响下兴起,并日益壮大。因此,我们也将与会话现象相关的研究单独列为一小节进行综述。

度，是评价表达重要的专用词汇手段。这类副词在修饰一个命题的同时也传递了说话人自身对这个命题的态度，表达其某种程度的正面或负面评价，具有元话语（Hyland，2005 等）的表达功能。从句法上说，这类副词主要充当高层谓语，绝大多数双音节估价副词可以发生游移，离开主谓之间的典型位置而置于句首或句末（张谊生，2000/2014：49－53）；而这时它们表达的评价就是说话人（言者）取向的。乐耀（2016b）讨论了评注性副词"倒是"意义理解过程中的三个层次——对比、认识和语气，并采用真实的会话材料，对"倒是"对比项所处的话轮位置、预期的特点以及使用的环境进行了分析，归纳了"倒是"所呈现的会话序列，以此说明"倒是"的主观性和互动性，并提倡从在线生成的动态过程理解这一类副词评价的解读。

张谊生（2003）指出，"副词/副词性语素＋是"经历了从动词性偏正短语到偏正性副词，再到连词或语气词的演变路径；其表达功能包括判断、强调、摹状和关联。其中摹状性"副词＋是"比较封闭，是具有评价功能的评注性副词。张谊生、田家隆（2016）分析了"硬是、愣是、就是、偏是"，指出它们具有反预期情态，由于"X 是"中 X 不同的语义积淀，造成它们表达评注功能时的个性差异。其他类"副词＋是"方面，王灿龙（2017）在比较频度副词"总是"和"老是"时，从共现的角度指出，"老是"具有突出强调负面评价的语用含义，但"总是"不是这样。前者可用于负面评价，也可用于正面评价，而后者只能用于正面评价。方梅（2017a）进一步指出，副词之外的"X 是"复合词也可以表达评价功能。朴惠京（2011）指出词汇化形式"高频双音节能愿动词＋说/是"（如"可能说/可能是""应该说/应该是""可以说"）在口语中具有比较灵活的句法位置，可以表达说话人对事件、命题的主观评价意义，表达对命题或事件的肯定性推断。方梅（2016b）讨论了言说动词"说"＋"是"的组合从传信标记（evidential marker）发展为一个表示言者负面评价的态度标记的过程，指出"说是"表达说话人对引述内容真实性的负面评价，评价意义可概括为"被说成是，未必是"。值得注意的是，与"X 是/说"相应的 X 自身并不能表达评价。因此"X＋说/是"复合构词也被看作词汇层面评价表达规约化的一种手段（方梅，2017a）。

评注性副词表达评价的规约化程度有所不同。而评价的解读与它们的句法分布联系密切。对于规约化程度较低的副词来说，句首分布更倾向被解读为评价，比如北京话中的副词"横竖"（方梅，2017a）。高增霞（2011）讨论了"可惜""最好""不成"等"副词语素＋形/动语素"的构式，指出它们从表达评价、判断到表达语气，根据具体的分布有不同的发展方向，在句首时向语气副词方向发展，在句末时向语气助词方向发展。

用于评价表达的另一类词汇成分是语气词。它也是传递说话人情感、表达评价的重要方式。高增霞（2016）从互动角度探讨了"吧"的使用，指出其在会话中用于建立在线一致性（online alignment，高文称"在线同盟"），具体可分为祈使类和表评价、判断的评断类，后一类的"吧"通过削弱自己评判的可信度，并交由对方决断来表现自己的妥协，从而与对方建立即时联盟。方梅（2016a）讨论了不能用音变或合音现象解释的北京话语气词变异形式"呀""哪""啦"的互动功能，指出这些变异形式往往与特定的言语行为有关，比如"你吃什么哪""你开会开出瘾啦"都表达说话人的负面评价。方梅（2016b）区分了语气词表意的三个层次——语气（mood）功能、情态（modality）功能与互动（interaction）功能；她进一步将语气词的用法分为互动性用法和非互动性用法，互动语气词用于要求证实、忽而告之、警告、提醒、宣告、责备等即时交际的手段，希望听者有所回应；非互动语气词则主要表达言者的情感、态度，但不依赖其他言谈参与者。从这个视角分析，汉语中的"呢"主要用于表达说话人的交际意图，提示说话人的信念或评价，比如"杀人呢"除了提示当前发生的事件之外，也可以做负面评价的解读，也就是说，"呢"表示评价功能时，对会话序列有依赖性。

词汇性的评价成分还包括形式上相对固定的话语－语用标记。这类成分具有言语行为功能，即对对方进行批评，表达说话人的负面评价。其代表包括"你看你""不是我说你""真是（的）"等。李宗江（2009）讨论了话语标记"你看你"的语用功能和形成过程，将其意义概括为"提示对方注意自己言语或行为的不当之处"，并指出其形成源于祈使句"你看你"，在此基础上主观性增加，从表示言语行为到表达说话人态度和主观评价。郑娟曼、张先亮（2009）认为"你看你"是"责怪式"的贬抑构式，指出"你看你"与"你看"在表达的语用含义、功能上有所不同。

"你看你"引进事实，同时又表达说话者的立场、态度和情感，附带一种责备、不满、嗔怪、否定的态度。形式上"你看你"由"你看/你 X"重新分析而来，在语法化的过程中伴随着主观化过程。李先银（2016）指出"你看你"表达语用否定，其话语意义是一个包括信息意义、道义意义、行为意义的多重意义系统，在具体的语境中表现为不同语义强度和情感强度的斥责、责怪、抱怨、嗔怪等。从话语分布的角度说，"你看你"是可以负面评价的预示语（preface），引出后续语句具体的评价内容；也可以独自构成话轮，承担负面评价的功能。这一点与"不是我说你"形成对照——"不是我说你"只能用作负面评价预示语，而不能独立构成话轮实施评价行为（方梅，2017a）。乐耀（2011）讨论了"不是我说你"作为话语标记的形式特点，并从语用和主观互动的角度探讨了这类形式产生的动因和机制，指出其使用遵循真实原则和礼貌原则（politeness principle），并受到说话人（话主）与受话人之间互动的驱动。刘焱（2016）将"不是我说你"中的"不是"看作语用否定，否定对象是说话人实施批评行为的自愿性和主动性，这类格式的使用是语用策略的具体体现。方梅、乐耀（2017，第十一章）又从认知语用学的角度对"不是我说你"识解中语用含义的规约化过程进行了分析。

"真是（的）"的来源是副词"真是"。王曼（2010）分析了"真是的"在话轮中的分布，指出其具有话语组织功能和言语行为功能；它的语用意义主要是抱怨、责备。王幼华（2011）将"真是的"分为"肯认型"和"埋怨型"两类，并分析了两种类型的"真是的"的句法识别标记、埋怨型"真是的"的语用特征，以及历史演变中"真个的"与"真是的"在语义倾向上的分工。郭晓麟（2015）指出"真是的"核心功能为负面评价，具体分析了其从肯定到否定、从应答到评价的发展，并讨论了具体言谈场景中的冲突降级以及主观性、交互主观性的表现。李先银（2015）考察了"真是"使用的具体分布、话语意义和人际功能，指出其核心是表达话语否定，在不同的语境下体现为不同强度的言语行为。对于"真是（的）"负面评价的形成机制，李小军（2011）将其看作一种语用省略表达，其动因是话语交际中的赞誉准则；郑娟曼（2012a）指出"真是（的）"中的必然情态副词"真"对其贬抑义的形成具有导向作用，而高频出现的语境进一步造成了其贬抑义的固化。

此外，李宗江（2008）从篇章的角度出发，考察了表达负面评价的语用标记"问题是"，根据概念意义由强到弱将语篇中的"问题是"分成三类，指出作为语用标记的"问题是"在语音上单独组块，成为一个独立的韵律词；在语法上发生词汇化，成分间不可扩展；在语义上发生规约化，可以被其他负面评价性的语用标记如"遗憾的是、不幸的是、糟糕的是、可悲的是"等替换。

有些形式类别的语用标记在近代就已经形成，却又和现代汉语中使用的情况有所不同。李宗江（2014）就分析了近代汉语中评价性的语用标记"可X"和"所X"，并指出它们在形式上的词汇化以及在意义上只表示情感评价导致它们被现代汉语中表评价的"X的是"（如"遗憾的是"）替换。

3.4.2 构式与句式

构式方面。目前研究中所涉及的评价性构式是一个宽泛的概念。其一是前文介绍的话语－语用标记，本书将其归为词汇性评价成分；其二是替换性和能产性较强的评价构式。① 表示评价的语用标记大多只体现说话人的情感、态度，不参与命题表达；而能产性高的构式大多都传递命题内容，同时传递言者评价。这类替换性强的构式包含的数量更为丰富，其中包括含有评价性词语的，如"A了一点""那叫一个A"等；也包括不含评价词语的，即高度规约化的构式表达，如"好你个N""还N呢""X什么X"等。

评价性词语如形容词，自身就带有评价的意义，但与其他构件组合就产生了不同于词项本身的整体意义。胡清国、蔡素萍（2015）就指出，"A了一点"可以表示两种语义，一是"性状变化"，二是"标准偏离"；前者是组合性的，表示客观的情况；而后者是表达说话人对主体性状低量幅偏离的负面评价。其构式的产生与形容词语用量级以及礼貌原则的形式化有关，表达对标准偏离评价的"A了一点"中的A只能是贬义或中性形容词。甄珍（2016）指出"那叫一个A"是通过对某一主体性状的强主观性评价与命名来表达高程度义，并具体分析了构式的适切语境、成分特征、

---

① 方梅（2017a）中将前者称为"词汇构式"，后者称为"语法构式"。

句法功能、构式与成分的互动关系等。

不包含形容词的高能产性构式方面，宗守云（2016）系统讨论了"还 N 呢"作为一个构式，表达行域贬抑、知域否定、言域嗔怪的功能，其中"贬抑"和"否定"都与我们所说的评价有关。此外，他还注意到"还 N 呢"的非始发性。朱军（2014）探讨了反问格式"X 什么 X"的立场表达功能，指出它是口语中一种特殊的应答方式，表达对其动作行为、言语行为或语言内容的负面评价。由疑问结构形成的评价表达还包括"有什么 X""什么 NP""NP 什么"等（朱军，2013；袁毓林、刘彬，2016）。

不难看出，上述完全规约化的评价表达，都是用于非始发的语境中的，在很多情况下都包含对之前话语的引述。郑娟曼（2012b）分析了引述回应式的贬抑倾向，如"X 什么 X""X 个 Q（啊个头）""还 X 呢"等，指出这些贬抑倾向的构式可以否定一个命题、拒绝要求、阻止某种行为或表达对既成事实的态度，以及质疑语言的得体性，并且指出肯定与否定的不对称以及反问句式的语气是造成引述回应式贬抑倾向的理据。

除了贬抑义的构式之外，汉语口语中也存在具有褒扬倾向的评价性构式。董正存（2018）讨论了"有你的""有一套""有两下子"等由"有"字构成的固定口语格式。他分别具体分析了"有你的"和"有一套"的句法、语篇表现，指出前者用于称赞时倾向于现场直指，并且经常用于对话中相邻话对中的后一话轮；而后者的赞扬内容一般局限于某些固定的语言形式，倾向于不当面、不当场对被赞者进行赞扬，常出现在叙述语体中。"有你的"和"有一套"的评价意义来源于"有"字领有句本身表好、表肯定的语义倾向，是由"有"字领有句省掉中心名词 NP 而成的。

数量词的隐现在汉语中可以造成重要的语法区别。此外，学者们也注意到它在主观评价性表达中的重要作用。张伯江、李珍明（2002）从词汇、句法、篇章三个层面探讨了"是 NP"和"是（一）个 NP"的差异。结果发现，从词汇和句法的角度都无法完全解释二者的差别。从篇章层面考察发现，"是（一）个 NP"具有强烈的主观倾向——与心理/认知动词和假设/推测动词共现，其中的 NP 往往带有主观评价定语，或自身带有主观评价色彩；而"是 NP"则既可表现主观性也可表现客观性。此外，储泽祥（2001）从语用角度考察了汉语中"名词+数量词"的语序，指出数词限于"一"的"名+数量",总是对某一事物做出判定或评价,凸显名词所指事物的属性,如"俗人一个""混蛋一个"等。王长武(2015)探讨了书面语中表达主观评价的构式"一个 X, Y",指出其可以用于针对个体宣扬普遍道理,也可以表达反预期信息,从而凸显 X 的属性以及说话人的主观评价。姚双云(2018)探讨了"一个+类指性 NP"的语用功能,指出它广泛用于认识立场和评价立场的表达。胡清国(2013)讨论了汉语评价构式"一群 NP",指出其作为一种断言形式,表示对事件中出现人物的负向评价;并指出语用推理所形成的反预期信息是其负面意义浮现的原因;从"是一群 NP"到"这一群(都)是 NP""这一群 NP",再到"一群 NP"是一个主观性不断强化的过程。

名词自身在使用中用于描述或评价的现象也受到学者们的关注。施春宏(2001)讨论了"副词+名词"组合的可能性问题。他指出名词具有关涉性语义特征和描述性语义特征;而"副词+名词"这一句法组合可以提取名词的描述性语义特征,从而可以在具体的语境中表示评价。他讨论的一些名词,其描述性语义在词义中可以直接被提取,已经有成为兼类形容词的倾向。侯瑞芬(2016)从词典释义的角度讨论了"权威""科学""上镜""历练"等由名词或者动词转类而成的兼类形容词的语义倾向以及其背后的语用动因——乐观原则。另外,一些学者还注意到名词短语(NP)与其他成分互动,形成特定的带有评价或态度功能的格式。储泽祥(2003)详细考察了具有贬义倾向的述评性格式"NP 一副 X 的样子",分析了 NP 对"X 的样子"的可控性、格式的述评性与 X 语义内容及功能的关系、格式与前后文的语义衔接关系等;郑娟曼、邵敬敏(2008)考察了表示责怪义的"都是+NP",运用语境频率效应、象似性原则、经济原则、焦点凸显原则对其产生机制进行了解释。

人称代词和指示代词也承载了丰富的语用意义,使用中往往凸显说话人的主观情感和立场,也往往参与构成表评价的构式和句式。人称代词在使用中产生了虚化,表现出语用移情的用法,体现说话人对双方心理距离以及受话人期待的关注,是立场表达和调节的重要手段(董秀芳,2005;方梅,2009;方梅、乐耀,2017:43-46)。李小军(2014)讨论了"好你个+X"构式的负面评价功能,指出其中 X 不含贬义(姓名称呼语、事物名词或动词性结构)时,整个结构仍然表达负面评价;并且认为该构式源于"好"与表达负面评价的"你（这）个＋X"的组合，其负面评价与"好"的反语用法规约化有关。而方梅（2017a）则认为该构式负面评价解读的关键在于第二人称代词"你"直指受话人所带来的面子威胁，因为相似的"好一个N"并不只有负面评价解读。类似的结构还有表达对对方话语反驳或否定的"X你个头"（邵敬敏，2012）。指示代词"这、那"在话语中也由表达物理空间的近指和远指，发展为表达语篇距离、心理认识状态距离以及社会距离等（Tao，1999；方梅，2002）。比如指示代词可以显示对所谈论对象的态度，不喜欢的态度倾向于使用远指代词"那"，而近指的"这"则更多地表达中立的意义。李小军（2011）讨论了"这/那个＋人名"格式，指出单独成句的"这/那个＋人名"具有负面评价功能，并指出这是由礼貌原则驱动的语用省略而形成的。刘彬、袁毓林（2016）讨论了口语中的"$S_1 S_2$是V"句式，其中S_1和S_2分别由人称代词和指示代词充当，如"你这是怎么了？""他们这是干什么？"等。他们指出该句式带有强烈的主观评价，多数是表达责备、不满义；而这种主观功能来源于人称代词的互动性以及指示代词的立场性[①]。

不少评价性构式的形成，均与反问句式的整体意义有关。从形式与意义的关系上说，反问句是一种形义错配（mismatch）的句式，在形式上采用疑问形式，具有上升语调；但意义上并不解读为寻求信息或确认。因此长期以来都是汉语学界研究的热点。反问句表达否定的功能，这一点早已被前辈学者们所关注（吕叔湘，2014[1944]：405；朱德熙，1982：204），并作为后人研究的热点。不少学者还指出反问句表达说话人情感态度的功能。邵敬敏（1996）指出反问句在语用上具有三个特点：1) 显示说话人内心"不满"的情绪；2) 表现说话人主观的"独到"见解；3) 传递说话人对对方的一种约束力量。反问句的语用意义可归结为六种：困惑义、申辩义、责怪义、反驳义、催促义、提醒义。可以看出，这些特点和意义都揭示出反问句在互动交际中言语行为以及立场表达方面的作用。

[①] 根据他们的分析，具体地说，人称代词通过"移情"作用，增强了话语的针对性和关涉性；指示代词一方面通过对主体进行定位，标示说话人立场，另一方面结合听话人对近指词或远指词的选用，提高了指别度和可及度，使听话人更好地识别理解。两种成分的使用均起到凸显说话人主观情感的作用。

刘娅琼（2004）将反问句的意义分为两个层次，理性义是"表示否定"；附加义则包括提醒义、评价义、强调义三个方面。刘娅琼、陶红印（2011）采用口语会话材料，进一步分析了否定反问句（包含"没、不"等否定词的反问句）的立场表达功能。他们引入"事理立场"这一概念来概括说话人对事物合理性的判断——如果一些事物在说话人看来是合理的，事理立场就是正面的；相反，如果认为事物是不合理的或不能令人满意的，事理立场就是负面的。在他们看来，反问句的话语功能就在于表达负面事理立场，具体体现为提醒、意外、反对、斥责四个程度；在自然谈话中，反问句用于"提醒"的情况占绝大多数，且处于话轮末尾。刘娅琼（2016）采用自然会话和影视对白两类口语材料，考察了否定反问句和特指反问句两类句式的异同，指出特指反问句（具有特指疑问代词的反问句）立场负面程度高于否定反问句，且多由前文语句触发，重复上一语句；而影视对白中的反问句立场负面程度高于自然会话。这些研究所说的"事理立场"，就属于 Englebretson（2007）等提出的"评价立场"（evaluative stance）。也就是说，反问句除了语用否定的内涵之外，还体现说话人不同程度的负面态度。

除了反问句之外，学者们还揭示出其他句式在评价表达或评断立场表达中的作用。比如，让步类同语式"A 是 A（，可是……）"是一种常见的评价表达。乐耀（2016a）考察了让步类同语式（"这双鞋好是好，可就是太贵了"）在会话序列中对负面评价立场的表达。（见 2.4.2.3 节详述）

Su（2017）讨论了自然话题讨论（《锵锵三人行》）中，对于同一及物事件采用不同语法形式进行描述的情况。具体涉及对"把"字结构的选用问题——说话人为什么选择用"把"字结构而非其他结构来进行表达。作者认为"把"字结构是说话人用来凸显事件显著性（significance）的透镜（lens）手段。所谓透镜是指说话人对当前事件的评价（evaluation），包括态度和情感。而显著性即事件可能有显著后果，或是比较困难，或是比较重要。说话人对于事件方面的判断主要是通过"把"字结构前后的词汇手段体现的。具体说来，"把"字结构的小类中，在谈话中描述事件的绝大部分是完整的"把"字结构（[致使者＋把＋被致使者＋使因＋结果]）。作者对形式和功能上的关系也做出了解释，即完整的"把"字结构组成成分恰能满足说话人的交际需求——体现自己认为事件显著的评价。作者还联系了之前的相关研究成果，指出其结论与之前关于"把"字句主观性（沈家煊，2002）及戏剧性（dramaticity；Jing-Schmidt，2005）的契合和发展。

汉语的准定语结构也是被广泛讨论的一类格式。其中"你教你的英文"一类一般需要对举出现，单个一般不成立（沈家煊，2007）。卢军羽（2014）进一步注意到，这类结构具有区别于一般领属短语的语义特点，即表达"互不干扰"的主观评价义，因此可以看作评价构式；表达对"你教英文"这一事件进行评价的语用功能。它经常出现的并列结构，只是通过对照的修辞手段营造的评价语境。

3.4.3 会话现象

以上阐述的评价表达的研究大部分是在虚词研究、构式研究的框架之下进行的，这是目前汉语学界关注的重点和热点。而受到国外会话分析和互动语言学相关研究的影响，一些研究也开始从互动行为的序列组织出发，对评价行为中的交际双方进行立场表达、对一致关系的协调等所采用的语言手段进行探讨。与之前的一些研究相比，这些研究关注语言产出与呈现的具体方式，注重发掘与意义建构、识解相关的会话现象。

鲜丽霞（2012）及鲜丽霞、雷莉（2014）采用会话分析的方法，对汉语自然口语会话中评价的回应语[1]进行了归纳，指出自然会话中评价回应语存在三种基本小句形式——形容词谓语小句、肯定/否定标记词以及无评价小句，并相互组合构成七种话轮构成方式；各种话轮形式所表达的立场可分为四种：强同意、弱同意、弱不同意和强不同意；在此基础上她初步构想了话轮形式、立场表达与评价行为之间的关系，归纳出第一评价与其回应形式倾向系统的规则：当第一评价的行为类型是普遍评价、表扬自

---

[1] 鲜丽霞（2012）采用的术语是"第二评价"。这与文献中所说的第二评价不尽相同。第二评价本身是一个评价话轮，包含传递价值判断的评价项（Pomerantz，1978、1984；Thompson et al.，2015。另可参看本书2.4.2节举例）。而鲜丽霞（2012）以及鲜丽霞、雷莉（2014）所说的"第二评价"不仅包括形容词小句，还包括肯定/否定标记词（"是"、"对"等）以及无评价词小句，而后面两者都不包含评价项。因此，这里我们采用"评价的回应语"概括。

己、表扬在场方和批评对方时,第二评价采用普遍倾向系统,倾向于同意;而当第一评价的行为类型是表扬对方、表扬在场方和批评自己时,第二评价采用特定倾向系统,倾向于不同意。

Luke 和 Tanaka（2016）从语言对比的视角考察了汉语粤方言会话中表赞同的第二评价的构建。他们基于语言对比的视角,联系汉语粤方言与英语、日语的语法特征,探究了"谓词居首"和"谓词独用"两种格式的交际动因。（见 2.4.2.2 节详述）

恭维作为一种特殊的评价,其话轮形式和语言惯例具有不同于一般评价的特点。于国栋、张艳红（2019）对汉语交际中"隐含型"恭维进行了分析,指出其具体的语言表现手段有"陈述"、"泛指"、"类比"、"询问"及"对比"五种,指出通过相关语言惯例表面上执行的不同行为（如陈述、询问、对比）间接表达恭维,有效使恭维的回应者避免了两难的困境。

Wu（2011、2012）探讨了一种更加敏感的情况——汉语会话中说话人对于自己的赞扬（self-praising）。这在崇尚谦虚的文化中往往是要努力避免的。而通过对真实会话的仔细分析,Wu 指出自我赞扬可以通过"自我称赞+修饰限定"的话轮设计形式、引用报道他人话语或单纯事实等语言惯例来实施。

此外,汉语口语中的"易位现象"（如"来了吗,他?"）长期以来也受到学者们的关注（陆俭明,1980；史有为,1985；陆镜光,2004a、2004b 等）。[1] 除了对这类现象的语法性质进行探讨之外,也有学者注意到它与评价和态度的关联。刘探宙（2018）讨论了"你疯了你!"和"刚才那两块钱是谁丢的刚才那两块钱?"所代表的两类易位现象[2],指出前一类

---

[1] 需要说明的是,这里"易位现象"是一个权宜的概括性说法。事实上对于这类现象,学者有不同的术语,反映出不同的认识,包括（但不限于）"倒装"（黎锦熙,1924）、"追补"（afterthought；Chao,1968；史有为,1985）、"易位"（陆俭明,1980）、"延伸句"（陆镜光,2004a、2004b；Luke,2012）、主位后置（张伯江、方梅,1994）,等等（关于相关的研究背景,可参看 Luke,2012）。

[2] 刘探宙将这两类现象分别称为"情态性重置"和"重申性再现"两类。不过,我们对"情态性重置"的说法持保留意见。情态关涉的是说话者针对命题所做的主观判断,包括动力情态、道义情态、认识情态三个层次；而刘探宙并没有说明为何将前一类易位（刘文称"句末重复"）冠以"情态性重置"的名称,也没有明确说明此处的"情态"是指哪一类。

句子是用来表达情绪和态度、拒绝听话人回应的封闭句子，在对话中通常作为回应句；可以看作表达感情或评价的一种手段，而后一类句子则是顺利实现话轮转接的手段。

3.5 评价表达的规约化

总体上看，目前评价表达的研究已经涉及语言的各个层面。在前辈学者探索的基础上，从事话语功能语法以及互动语言学等领域研究的学者越来越多地关注表达式所处的话语环境，并联系语境对相关形式的话语功能、形式意义演变的机制和动因进行探讨，特别是结合互动中的语用原则、会话策略对评价表达的具体内涵进行挖掘，对构式化现象进行描写及解释。另外，还采用会话分析的方法，对传统语法研究不太关注的组合性语句在评价序列组织中的形式选择、会话策略以及交际动因等进行了探讨。这些都是可喜的进展，具有重要的学术价值。

尽管目前已经有很多关于不同层面评价表达的个案考察，但是就"汉语口语中的评价表达"这一课题而言，当前研究还缺乏一定的系统性。具体来说，评价表达在语义透明度方面有所不同，构成一个从完全透明到不透明的连续统；那么，组合性的与不同程度非组合性的评价表达，它们之间的关系是什么，其评价功能的浮现在机制上有什么共性，是否能够用一条研究线索串联起来，这些都是有待进一步解答的问题。另外，目前的研究虽然对语境中的各种因素有所关注，但主要还是从语言形式对语境的依赖角度进行讨论的，比如对不同语境下的具体意义和功能进行描述，而对于语境对表达形式和意义的塑造挖掘不够，即语境中哪些语用、互动的因素驱动了特定形式评价表达的产生。

而本书基于会话语境与语言形式之间的关系，以"规约化"这一概念为线索对汉语评价表达的探讨，就是针对上述不足进行改进的尝试。规约化既指演变的动态过程，也指变化的结果，指的是特定结构与特定意义和功能形成一定的关联，一般涉及原有范畴特征的失去与新范畴的产生（方梅、乐耀，2017：1-3）。因此，在本书的研究中，评价表达的规约化就是指这样一种现象：由字面上不具有评价意义的词语构成的语言成分，在特定条件下获得了表达评价的功能。也就是说，词义中本身具有评价意义的词语及其构成的句法结构,并不属于规约化的范畴。①

方梅(2017a)及方梅、乐耀(2017:229-231)还讨论了构式性规约化评价表达的四项特征;它们也可以作为评价表达规约化的判断标准,包括以下四个方面。

1)不含贬抑意义的词,但是可以独立表达言者的否定态度,如"你看你"无论后面有无后续句,均表示说话人对对方的不满。

2)形式高度凝固化,不能像组合性句法结构那样自由替换,如"我看你""你看我""你看他"等形式,都没有负面评价的解读。

3)范畴特征弱化,比如采用动词重叠式的"你看看你"与"你看你"在语法意义上的对立消失。

4)能进入组合的动词有限,是相对封闭的,"你看你"这类表达形式中的动词只能是高频言说动词和视觉动词"说、看、瞧、瞅"等。

其中第一条涉及构成成分与意义解读之间的关系,我们认为应当作为判别规约化形式的核心标准,而后三条则体现了语言发展中形义联结的专门化,属于辅助标准。前文我们根据前人研究重新归纳了汉语评价表达的分层系统(2.3.2节)。其中针对某一个成分的评价大都是词汇性的,语义透明,是组合性句法结构中的构成成分,属于非规约化的评价表达。而可以独立表达对命题的态度的成分,即我们前文所说的"非组合性评价表达",语义往往不透明,并具有上述几点构式化特征,因此可看作规约化的评价表达。而有些评价表达有语义透明的部分,也有不透明的部分。比如包含形容词的语法构式,它们包含带有评价意义的词语(不符合第一条标准),但同时具有各自的整体意义(构式义),在形式的凝固化和范畴特征方面,都与规约化表达比较一致(第二到第四条标准)。鉴于这种"中间状态"的表现,我们将它们称作半规约化表达。这样,我们就可以按"规约化"这一主线,将评价表达进行划分,见图3-1。

---

① 方梅、乐耀(2017:222)指出,从词典释义的字面意义到语境中实际运用的浮现意义其实是一个连续统。从本质上来说,具有评价意义的词语如形容词,其形式和意义也是高度规约化的;然而这种形式与意义的连接是历史悠久并且稳固的,也是由语言任意性(又叫约定性)的特点决定的,并不涉及规约化所指的过程或结果。

```
                ┌ 非规约化评价表达：评价的意义和功能体现在构成成分之中，整体意义就是部分之
                │                   和，也可以叫作组合性评价表达。
                │                   如：包含评价词语的各种句法结构（太好了，干得不错）
 汉              │
 语              │ 半规约化评价表达：表达形式中的一部分是规约化的，语义不透明，而另一部分是
 口              │                   组合性的。尽管字面上可能带有评价性词语，但是两个部分构
 语              ┤                   成的评价表达整体的意义要超过它们意义的单纯相加。
 中              │                   如：包含形容词的语法构式（A 了一点、那叫一个 A）
 的              │
 评              │
 价              │ 规约化评价表达：构成成分字面上完全不包含评价意义，表达形式的评价意义和功
 表              │                 能是整体浮现出来的。
 达              │                 如：评注性副词、不含评价词的评价性构式等（好你个 N）
                └
```

图 3-1 以规约化为纲的汉语口语评价表达

对于带有规约化特征的评价表达（规约化、半规约化评价表达）来说，其规约化手段、规约化程度，都可能有所不同。方梅（2017a）阐释了负面评价表达规约化的不同手段。其中词汇性评价表达的规约化手段有两种：1）词序手段，主要是一些副词性成分的句首分布；2）复合构词，包括"X 是""说什么"等。而构式性的评价表达的来源包括施为结构和疑问结构，评价的解读与人称的使用（第二人称或第三人称）、反问形式的规约化、礼貌原则的驱动等有关。有些规约化表达的评价意义需要在特定的句法环境或序列环境中才能被识解出来。比如前文提到的语气词"呢"，在表达评价意义时，往往要结合具体的会话语境，如"杀人呢"；而像"什么+引述语""A/V 什么 A/V""哪儿跟哪儿"等负面评价表达，只能用于回应对方的话语，在自述性话语中未必具有负面评价解读（方梅、乐耀，2017），也就是说，有些评价表达是对会话序列有所依赖的。对话语组织的依赖度差异体现了表达式规约化程度的差异；评价解读依赖会话序列的表达，规约化程度相对较低。

综上所述，评价表达形式和意义之间的联系程度是一个由直接到间接的连续统。而在这些表达形式作为交际手段，用于评价行为的构建和识解的过程中，会话语境发挥着重要的作用——对于非规约化的评价表达来说，要考察特定会话语境中说话人的语言形式选择的影响因素；对于半规约化、规约化的评价表达来说，则要考虑其评价意义和功能产生过程中会话语境的塑造作用，以及评价解读对于特定语境的依赖性。

基于这样的认识，接下来将以绪论中所举的几个个案为例，分别讨论

不同语义透明度、不同规约化程度的几类评价表达。

1）非规约化评价表达：表达评价的句法结构（第四章）；
2）半规约化评价表达："形容词+着呢"格式（第五章）；
3）规约化评价表达：
    a. 词汇性规约化评价表达：评注性副词"合着"（第六章）；
    b. 构式性规约化评价表达："这话说的"（第七章）。

第四章 组合性评价表达与评价序列
——零句型评价和整句型评价

4.1 引言

通过上一章的论述，可以了解到汉语口语中的评价表达，在评价解读的规约化程度上构成了一个连续统。汉语学界对评价表达的研究主要集中于规约化的评价表达，即字面上不带有评价含义的成分，如评注性副词、构式等（方梅，2017a）；由形容词组成的评价表达是组合性的，如"挺便宜的""说得很对"等，语义透明度高，并未得到过多关注。

本章我们探讨由具有评价意义的词语所构成的评价表达。这类评价表达的意义解读不受会话语境的影响——"太好了"在会话中的任何位置出现，都毫无疑问表达评价。但我们发现，会话中言谈参与者对于评价形式的具体选择不是任意的，如下面的例子：

(1) 1　　R：Bi Wuquan 那九百六
　　 2 → L：好值啊　　［修饰语+评价项+语气词］
　　 3 → R：反正挺好的。［限定成分+修饰语+评价项+语气词］

其中 R 的告知行为（announcement）引出 L 的评价（第一评价），这一评价后 R 自己也做出了评价（第二评价）。从形式上说，第一评价没有额外的限定，而第二评价是受限定的（qualified），这两个评价形式的顺序不能互换。同时，两个评价都缺乏主语，属于赵元任先生（Chao, 1968）

所说的"零句"(minor sentence);如果加上主语变为完整形式(赵先生所说的"整句"),则合适性明显降低。

鉴于此,本章将以会话中零句和整句(full sentence)形式的评价为例,探讨这两类评价表达式的交际功能差异,考察说话人的形式选择受到哪些交际因素、原则的驱动,从而论证即使是由形义联系高度固化的词语构成的组合性评价表达,其形式和功能在会话中仍然受到其在会话中所处位置的影响和塑造,也就是说,它们同样是位置敏感(positional-sensitive)的。

4.2 前人的研究

4.2.1 形容词与评价表达

组合性评价表达中,负载评价意义的词项我们称为评价项,而最典型的评价项就是形容词。形容词是词类研究中争论比较多的一类词(郭锐,2012)。相比于名词和动词这两个基本的词类(Payne,1997;Dixon,2010;沈家煊,2016a),表示事物属性概念的形容词在跨语言层面并没有那么普遍,不同的语言表达属性概念有不同的策略,而形容词只是其中一种(Payne,1997:64-65)。

在有形容词的语言中,形容词的语法功能也比较游移——作定语和作谓语是形容词两项主要的功能,但不同语言作定语和作谓语的自由度有所不同(张伯江、方梅,1996:第十五章)。

Thompson(1988)对于形容词功能的经典研究指出,形容词在话语中的功能包括两个方面:1)对已经在话语舞台中的事物的属性进行述谓;2)将新的参与者引入话语。例如:

(2) a. And her parents weren't even that wealthy.
b. He had black and white stripped sheets in his bedroom.

(引自 Payne,1997:63-64)

其中前面一个功能接近典型的动词,后面一个功能接近典型的名词

(Hopper and Thompson，1984）。这说明形容词处在名词和动词之间，容易向其中一方游移。汉语中的形容词属于动词的一个次类，赵元任（1968）称其为"不及物性质动词"（吕译本，1979：292）。关于形容词作谓语，之前的研究主要集中于形容词次类的划分和句法上的限制，形成的共识包括：性质形容词作谓语时有比较或对照的意思，只有在语言环境中能显示比较或对照意义时，这一格式才能单独出现，在比较句中也不例外；状态形容词则可以单独作谓语（朱德熙，1982：118-119；刘月华等，2004：196-197）。性质形容词受到副词（如"很""挺"等）的修饰之后可以自由作谓语。非谓语形容词只能作定语，但是在使用过程中可以向性质形容词转变，如"主观、具体"等（张伯江、方梅，1996：第十四章、第十五章）。

从语义上说，形容词可以表示度量、色彩、年纪以及价值等范畴；这些范畴是人类认识的共性，汉语中典型的形容词历史悠久，是表达人们评价、态度的基本词汇（张伯江，1997）。当然，形容词表达的属性有不同的层次，张伯江（1997）根据属性词对事物内在本质的反映，提出了形容词在多项定语中的排序，同时也是形容词主观色彩的排序。

德性 > 价值 > 真假 > 新旧 > 属性 > 度量 > 色彩

形容词的主观性与评价表达有一定联系。评价被认为是体现说话人主观性的行为，因此一般来说，形容词的主观性越强，它在会话中就越倾向于被识解为评价；反之，主观性越弱，则越倾向于被识解为客观的描述。

总体上看，将形容词的句法表现及语义组合特点与互动行为相结合的研究并不多见。Thompson 和 Tao（2010）则是其中典型的代表。他们采用汉语会话材料，对形容词作谓语和作定语的具体用法进行了考察。结果发现，形容词在句法结构中的组合并不是开放自由的选择，而是作为组块（chunk）被获得和使用的，不管是作定语还是作谓语时都呈现一定的凝固性（fixedness）。具体表现为，形容词作定语时，与中心语名词形成三个固化等级的形名组合。

1）复合词：白细胞、长假等；

2）近复合词：年轻人、重要意义等；

3）一般形名搭配：年轻的时候、成功的例子等。

Thompson 和 Tao 指出，形容词作谓语包括组合性的小句谓语（82%）以及固化的回应性评价话轮（18%）。而组合性谓语中大部分又是以特定方式进行修饰的（78%），存在有限词项的高频复现，具有习语化特征。随后，作者从社会交际的角度就汉语口语对谓语形容词的偏好进行了解释：人们会话中采用谓语形容词，是为了对周围事物进行评价。相比于事件本身，人们在会话中更侧重谈论自己如何看待事物和事件；而评价就是人们协调立场、一致性以及视角的主要方式；用评价进行立场表达也是一项显著的人类社会活动。谓语形容词大部分是受到限定的，其原因在于评价一般会加剧会话参与者之间的立场交互协商，修饰语可以增强说话人立场和视点的表达，而单音节谓语形容词在充分表情的（expressive）方面显得过于薄弱。① 至于定语形容词，则主要用于会话中引入一个新的指称对象。

可以看出，Thompson 和 Tao（2010）对汉语口语中两类形容词的考察结果与之前 Thompson（1988）的结论基本相似。这一研究启示我们关注语言与语用－行为层面的关系，尽管形容词本身具有评价意义，但在实际使用中是否用于评价的语用功能、如何传递具体的评价，都与它们的句法位置、使用频率以及搭配情况等密切相关。

4.2.2　会话中的句子

形容词等评价性词汇传递评价行为，是发生于动态的交际过程当中的。因此讨论组合性评价表达的使用，就不得不对会话中的"句子"有个清晰的认识。句子被视为言语交际层面的动态语言单位，从交际的角度出发，"一个人一次说的话是一个交际单位，因此不管多短，都得算一个句子"（吕叔湘，2008：52）。Chao（1968：60）基于北京口语提出的"零句说"区分了整句和零句。整句有主语、谓语两部分，是连续话语中最常见的句型；零句没有主语—谓语形式，最常见于对话以及说话和行动掺杂的

---

① 这里需要指出的是，Thompson 和 Tao（2010）将谓语形容词分为小句谓语（clausal predicate）和回应性评价话轮。后者包括"好""对"等高度固化的成分。这些成分已经成为肯定性回应语（侯瑞芬，2010），与原有形容词的用法差距较大，并且很多情况下只表达对之前话语的一种反应。而我们本章考察的组合性评价表达中，将这类作为回应成分、高度固化的用法予以排除。

场合。整句中的主语和谓语作为一问一答，两个零句构成一个整句（Chao，1968：82-83）。但同时两个零句相连，不一定构成一个整句（Chao，1968：105），判断不同零句构成复合句还是别的句子，最重要的要靠语调和停顿。在赵先生看来，句子形式的"整"或"零"，与"说话的类型"密不可分。在无准备、互动性的言谈中，零句无疑是更为根本和普遍的句子形式。

汉语语法零句为根本的格局造成口语中有很多流水句，很多地方可断可连（吕叔湘，1979：27）。沈家煊（2012、2016a）从赵先生的"零句说"出发，进一步阐述了汉语语法的基本观点，包括汉语的主语就是话题，汉语谓语的类型不应基于名动对立，谓语都具有指称性，汉语的流水句是指称性零句的并置，等等。值得注意的是，沈先生还从英汉的问答方式差异入手，指出汉语的"主语—谓语"结构就是"话题—说明"结构，归根到底是互动型的"引发—应答"结构（沈家煊，2016b：11）。

放眼海外，西海岸功能语法的学者从日常口语出发，也对"句子"的传统认识提出了挑战。静态视角下的句子概念，一般是以动词为核心建立的，典型的及物句一般包含两个显性的论元（NP_1 + VP + NP_2），口语中这种高及物性的小句形式往往非常少见（Thompson and Hopper，2001）。说话人对于话语的切分往往反映了他们对认知或互动因素进行在线的、即景式的处理①（Chafe，1994：143）。也就是说，会话中基本分析单位的构建是非常局部化（localized）的，并且依赖具体的言谈语境，说话人在不同时间可能会对同样的信息做出不同的边界切分。基于这样的认识，很多功能语法学家开始从实际话语中的韵律边界角度对语法单位进行探讨。其中影响比较大的当属语调单位（intonation unit, IU）这一概念，它是指落在单个连贯的语调曲拱（intonation contour）的一段话语（Chafe，1994；Du Bois et al.，1993）。语调单位属于会话中直接感知的边界单位，它对应不同级别、大小的语法单位。Tao（1996）分析了汉语会话中语调单位的语法结构，发现其中小句形式（包括完整小句和省略性小句）平均只占

---

① Chafe（1994）的原文是"… an online, one time decision that something has been completed. What that something is may range from a single focus of consciousness, to a component of a topic, to an entire topic."我们理解"one time decision"就是指说话人根据当下的情景做出决策，因此称作"即景式的处理"。

47.9%，剩下的则是回应标记、话语标记、填充语、混合类结构等构成的非小句性语调单位。而基于互动视角的研究进一步揭示出会话中完整形式或扩展形式和减缩形式，在实施互动行为时具有不同的交际功能和意义解读（Fox and Thompson, 2010；Thompson et al., 2015）

乐耀（2016c）讨论了汉语会话中具有投射功能的话轮构建单位。基于王洪君（2011）及王洪君、李榕（2014）对语篇基本单位韵律特征的研究，他推论指出，带有停断[①]的韵律特征的话轮构建单位才是最佳话轮投射单位。而停断这一韵律特征可以加在单说的零句上，也可以加在主谓齐全的整句上。基于这样的认识，可以推知在汉语未经计划的自然会话中，零句可以作为具有互动投射功能的交际单位大量使用，而整句的使用则不像之前观念中认为的那么普遍。这一点也在研究中获得证实——完权（2018b）通过对汉语会话中话轮句法可投射性的考察，指出汉语中尽管同英语一样存在整句（完整小句）参与互动的情况，但零句才是汉语互动的基础，"小句互动是零句互动的特例"。

基于以上认识，笔者在考察汉语会话中组合性评价表达时，将"整句"和"零句"的区分作为一个重要的维度，探讨在会话局部环境中，说话人对这两类结构的选择受到哪些互动交际因素的影响。

4.3 评价表达式、序列环境与会话规程

4.3.1 两类评价表达式

我们关注评价行为中具有互动投射性的表达形式。下面的例子中，用"→"标示的话段，都独立实施评价行为。

(3) 1　　R：Bi Wuquan 那九百六
　　 2 → L：好值啊
　　 3 → R：反正挺好的。

[①] "停断"指"边界末有声段的时长缩短＋无声段"，区别于"边界末有声段的时长延宕"，对应于汉语语篇中的次小单位"句断"（王洪君，2011；王洪君、李榕，2014）。

(4) 1   A：我去跟他见了services,
    2   呃哟他对我一样特别特别好,
    3   B：哦,对,他还是特别好是啊?
    4 → A：哎他真是个特好的人。
(5) 1   D：我说怎么逗起这色了,啊?马先生。
    2 → M：这个色儿,这个这个,比较中性。
    3   就是［电-
    4 → D：   ［^这还中性,^是中性,［不像男的。
    5   M：   ［电视上,灰,灰的,
    6   呃,电视上是不能太白,对不对,不能太黑。
    7   D：啊::
    8   M：一般就是带点儿颜色。
    9 → Y：他比我粉。
    10 → D：对,［（比你粉点儿）
(6) 1   Y：你知道盲鼠吗?
              ……((省略3行,描述盲鼠的样子))
    5   Y：看着也很像死掉了,
    6 →   @因为特别小,特别秃,
    7   而且也特别-没有-
    8   F：而且也应该是那个-眼睛-(XXX)
    9 → Y：很不行的那种。
    10 →   @@@@@还挺逗的@@@
    11 →   超憨的夜行动物。

(自然对话语料)

可以看出,评价项是组合性评价表达的核心。我们把其中由谓词或体词性短语带上语调或语气词构成的语句,称为零句型评价,如"好值啊""特别小""超憨的夜行动物"等;把主谓齐全的语句称为整句型评价,如"他真是个特好的人""他比我粉"。具体的格式可归纳如表4-1所示。

表 4－1　评价表达形式

整句型评价	这个色儿，这个这个，比较中性 他比我粉 他真是个特别好的人
零句型评价　谓词性零句	还挺逗的｜反正挺好的 比你粉点儿
体词性零句	很不行的那种 超憨的夜行动物

笔者的讨论聚焦于零句型和整句型两种评价表达式的使用。传统的观点将这两种形式看作同一种结构的衍生品，认为像"好值啊"这样的短形式是完整形式（如"这套化妆品好值"）的省略；其中没有直接表达出来的名词短语一般可以在语境中还原。① 而根据功能主义语言学"一个形式一种意义"的主张，使用中不同的语言形式，一定具有独特的交际价值。国外已经有一些语言学家关注到口语交际中长短不同的语句形式在句法、语义和语用方面的独特性，并对传统上以完整形式为本的"省略说"进行了反思（详见 4.6 节）。秉承这一形义观念，笔者将对具体序列环境中整句型和零句型两种评价表达式进行细致分析，探讨说话人语言选择背后的偶发因素（contingency），并进一步归纳背后的交际动因。

4.3.2　两类序列环境

根据会话结构体现的交互性强弱，评价表达所在的会话序列呈现两种不同的格局，分别举例如下：

(7) 1　H：　去那个，叫 COOP。
　　2　Z：　噢 COOP。
　　3　H：　它里面虽然乱了点的话，
　　4　　　　但是相对，它离学校近啊（a）。
　　5　Z：　对对对，COOP 是最合适的（b），

---

①　根据我们的考察，其实也有不易还原的情况，比如后文讨论的对于扩展性讲述的回应，零句型评价无法补出一个唯一确定的主语。

```
     6            一个人[（XXX）]
     7   H：          [（XXX）] 它也比较乱（c）。
     8   Z：   @@
(8)  1   L：   然后一会儿那人回头儿就跟 ZhaoXin 说话，
     2        他就跟我们俩说话，
     3        那人还自来熟，
     4        就一说一聊起[来就聊（XX）]
     5   R：              [对，对，对]
     6   L：   然后聊得还挺好（d）。
     7        特逗（e），
     8        就说那那人他们家也住 YuQuanlu.
              （L 的话语，省略 23 行）
     31       说你知道是什么牌儿的吗？
     32       一般北京市校服都是春之花儿牌儿的。
     33       [@@@那人特逗]（f）
     34  R：  [（XXX）]
```

（自然口语语料）

像例（7）这样的会话，交际双方（各方）交替讲话，话轮较短，甚至存在一些交叠，体现了比较强的交互性，序列的推进呈现比较对称的格局。我们将这种交互性较强的序列环境称为高交互性谈话（highly-interactive talk）[①]。而例（8）所示的对话由 L 主导，讲述与一位男生认识并聊天的经历。第 1 至 4 行，第 6 至 33 行，讲述者 L 发出包含多个 TCU 的扩展性话轮（extended turns），而另一方 R 只提供反馈信号（backchannel）来体现对讲述的合作参与（第 5 行"对，对，对"），整个会话呈现不对称的格局。按照之前的研究（如 Thompson 等，2015），这类序列环境属于典型的扩展性讲述（extended telling）。扩展性讲述是会话分析领域探讨比较多的一种社会行为以及会话形式，其中典型的代表就是故事讲述（storytell-

---

[①] 在现有的会话分析及互动语言学研究中，对于这类序列环境并没有专门的术语。笔者这里的界定参考了陶红印教授的建议，特此感谢。

ing，参看 Sacks，1992；Mandelbaum，2013 等）。

我们考察的另一方面涉及评价表达在会话结构中的位置——是作为发起行为，还是作为回应行为。前面两个例子中，画线部分（a）（d）（e）（f）都是说话人主动发起的，即不是由他人话语、行为引发的评价，我们称为发起性评价（initiating assessment）；画线部分（b）（c）是由对方之前的评价所引发的评价，即会话分析中所说的第二评价，而我们的考察还包括说明、问句等所引出的评价，如例（3）、例（5），将它们统称为回应性评价（responsive assessment），相比于第二评价其外延更广。① 比起会话分析的第一、第二评价，我们的分类更加基于"引发—应答"这一会话中的基本结构。

根据上述两个维度，评价表达所在的序列环境可分为四类。

1）高交互性谈话中的发起位置；
2）高交互性谈话中的回应位置；
3）扩展性讲述中的发起位置；
4）扩展性讲述中的回应位置。

在此基础上，我们考察了整句型和零句型评价表达在不同序列环境中的使用，归纳如表 4-2 所示。

表 4-2　两类评价表达在序列环境中的使用 *

表达格式	序列环境			
	［交互］［发起］	［交互］［回应］	［扩展讲述］［发起］	［扩展讲述］［回应］
整句型	+	（+）	+	（+）
零句型	（+）	+	+	+

* "+"表示特定形式在该序列环境下自由出现，"-"表示特定形式在该序列环境下不出现；"（+）"表示在该序列环境下出现，但受一定条件制约。

前面已经指出，零句是汉语会话互动的根本。这一总体的倾向在评价中同样存在——零句型的评价表达总体上分布广泛，只在高交互性谈话中的发起位置上受到一定限制，在其他三种序列环境下均自由出现；而整句

---

① 在会话分析的研究中，学者们大多从评价的序列出发，把序列中首次出现的评价称为首发评价或第一评价，而把首发评价引发的评价称为第二评价。第一评价、第二评价构成了相邻话对。

型评价出现在高交互性谈话中的回应位置,在扩展性讲述中的回应位置比较受限。这种序列分布情况体现了两种组合性评价表达式的不同的标记性(markedness)——零句型评价是会话中更为常见、更无标记的评价表达式,整句型评价是有标记格式。具体地说,在回应位置上,零句型评价无标记,整句型评价有标记;在高交互性谈话中的发起位置,整句型评价无标记,零句型评价有标记①。而在扩展性讲述的发起位置上,两种评价表达式的使用有具体的分工。

4.3.3　评价表达式与会话规程

整句型的评价是主谓齐全的结构。而汉语中的主语就是话题(Chao,1968;沈家煊,2012),是句子关涉或者陈述的对象(Li and Thompson,1976);在连续的话语中,话题具有延续性,形成的"话题链"可以跨越几个小句甚至几个句子(Chu,1998;屈承熹,2006)。会话中做出评价的前提是明确评价的对象,并对评价对象有相当的了解(Pomerantz,1984)。由此可推知,带有话题的整句形式可以引入评价对象,自然适用于开启一个评价;不带话题的形式适用于回应位置上的评价,承接发起话轮中的话题,从而保持话题的延续性。

不过,两种评价表达式在实际会话中呈现的使用情况要复杂得多。整句型评价同样可以用于回应位置,零句型评价在高交互性谈话中用于发起位置,各自是受到什么因素的驱动?零句型评价同样大量出现在扩展性讲述中的发起位置,这又应该如何解释?显然,要回答这些问题,我们必须回到评价序列本身,考察交际中的偶发因素如何驱动说话人的形式选择。②

总体上说,评价中整句和零句形式的使用,与会话进行中的规程设定

---

① Givón(1995)指出话语中的标记性有三个方面的标准:结构的复杂性、频率的分布以及认知的复杂性。这里我们探讨两种评价表达式在不同序列环境下的标记性,主要是根据它们大致的出现频率。

② Couper-Kuhlen 和 Selting(2018)讨论了会话中的序列性(sequentiality)和话题性(topicality)。话题性来源于主题谈话的有序性,关涉谈话的内容方面;而序列性则来自对话轮或行为序列的组织。它们都与话轮之间连贯性(coherence)的保持有关,但也有不一致的地方——在话题上前后断裂的会话可能在序列组织上是连贯的;而同样统一的话题也可能延伸至几个序列。本章对于整句型和零句型评价在会话中选用情况的讨论,是从序列性出发,着眼于会话的组织结构;包括后文所依据的会话规程,都是评价行为或活动实施的组成部分。

有关。规程（agenda）是会话分析学者在讨论问题（question）对回答（answer）的限制作用时提到的一个重要方面（Clayman and Heritage，2002；Boyd and Heritage，2006；Heritage，2003）。规程关涉的是会话组织的走向，具体包括话题规程（topic agenda，当前正在谈论什么）和行为规程（action agenda，说话人通过问句在做什么）（Hayano，2013b）。前者主要与问句所采用的语言形式有关，而后者一般要联系交际者的身份以及会话场景才能确定。比如在访谈中主持人问一位政客是否喜欢他的竞争对手，他的问题所设定的行为规程就是对这位竞争对手的主观评论，而设定的话题规程就是讨论这位竞争对手（Heritage，2003）。一般情况下，答者会遵守问句所设定的规程，然而并不是所有的情况都如此。规程的设定是交际双方相互协调的结果，其范围可宽可窄。一般而言，内容性疑问句（特殊疑问句）所设定的规程范围要比一般疑问句或选择问句更广（Heritage，2003；Heritage and Robinson，2006）。

　　问答关系中对于规程的遵从与打破是互动视角下的问答研究关注的重点之一。谢心阳（2016b）从问句与答句的关系出发，探讨了汉语口语中的答句系统；根据答句对问句制约的遵循与突破，可以确定回应不同的标记性等级。他所归纳的答句类型中就包括规程转换型回应与措辞转换型回应并列。其中话题规程转换型回应反映了答者对于问句制约的最大限度的反抗，行为规程转换型次之——后者还是在问答相邻话对所限定的话题范围内进行的，而前者直接改变了问句所设定的话题。

　　现在，我们把规程设定适用的范围进一步推广，从狭义上的问与答扩展到会话中各类引发与应答的语言形式。在互动的行为序列中，交际双方所谈论的话题以及他们通过话语实施的行为是随着话轮的展开一步一步推进的，相应地，行为规程和话题规程也都处于动态之中。处于回应位置上的评价表达，在规程上受到之前话轮的制约；而处于发起位置的评价表达，标志着评价行为的开启，在话题规程上则可能是全新设立的，也可能是遵循之前的设定。

　　下一节我们将对两类评价表达式在不同序列环境中的使用进行具体分析。我们的基本看法是，零句型评价体现了说话人对会话规程的遵从，而整句型评价则体现了对会话规程的设立或反抗。而不同小类的评价表达在具体环境中又有不同的体现。

4.4 高交互性谈话中的评价表达式

4.4.1 整句型评价

我们发现，在高交互性谈话中，整句型评价表达用于评价行为的发起时，主要明确会话中的话题规程。先来看它对于规程的确立。

(9) 包饺子（A 是母亲，C 是她的儿子，B、D 均为 A 的朋友）
```
1   A：……他俩就坐在一个座位上了,
2       然后她侧身一看，她 [(往那儿一看-)
3   C：                  [好了妈妈
        ((C 拿包好的饺子给 A 看))
5   A：捏紧了儿子,
6       你要不饺子包完之后-
7 → 哎.hh 我儿子这包得↑真：漂亮。=
8   B：=真：好。=
9   A：=嗯。
10  B：我看看？=
11  A：你看。
12  D：(.) 进 [步-]
13  B：      [啊::]↑真 [的哎::
14  A：               [包得挺严实的还。
15  B：嗯。
16  A：很好,[非常好。
17  B：    [(还真的-) (自然对话语料)
```

这段谈话截取自过年一起包饺子的场景。第 1 至 2 行承接之前的谈话，A 在讲述一个朋友的经历。而这被第 3 行 C 所打断。而 A 首先是叮嘱儿子（第 5 至 6 行），随后在看清饺子的样子后产出了整句型的评价"我儿子这包得真漂亮"，其中评价成分在韵律上有明显的增强（音高提升、音长增长)。值得注意的是,这里 A 使用的称呼语是"我儿子",而非"你",表明这个评价并不是单纯对儿子的称赞,而是未指定接话人的开放评价。而这引起了 B 的第二评价(第 8 行"真:好"),随后直到第 17 行,几个说话人都继续谈论 C 包的饺子。由此可见,第 7 行 A 的整句型评价,不仅开启了一个评价行为,也引领了评价的序列,使得谈话由之前对经历的讲述,转向对当前饺子样貌的评论,确立了新的话题规程和行为规程。

这种对规程的确立同样体现在访谈节目中。如:

(10) 寿眉(D 是主持人,C、Z 都是节目的嘉宾)
 1 → D: 丹青兄我觉得真是越长越好了
 2   我突然发现,
 3   有一根儿眉毛长成头发了@
 4   C: [@@@
 5   Z: [@@@
 6 → D: 这个是瑞相。
 7   C: @@
 8   D: 真的。
 9   C: @@
 10   D: 长寿眉,啊。
 11   Z: 寿眉不能剪是吧,
 12   D: 哎
 13   Z: 我刚才还在建议 [应该,越剪越长
 14   C: [蟋蟀毛,
 15   蟋蟀毛。(谈话节目语料)

这段对话来自谈话节目开头的引入部分。主持人首先对其中一位嘉宾的相貌进行了整句型评价("丹青兄我觉得真是越长越好了"),并且紧接着对其进行了解释说明(发现了对方长出长寿眉,第 2 至 3 行)。接下来的会话(第 4 至 15 行),三人继续在"眉毛"这一话题之下展开评述——D 通过名词"瑞相"(第 6 行)、"长寿眉"(第 10 行)对其进行

79

了评价,而第 14、第 15 行 C 用"蟋蟀毛"的说法进行自我调侃。这段谈话实际上是对节目讨论话题的引入部分,因此其目的是与嘉宾寒暄,拉近彼此的距离,从而顺利过渡到正式的话题讨论。从行为规程上来说,主持人的整句型评价就开启了对嘉宾自身情况的讨论。另外值得注意的是,C 在之前就曾几次担任这档节目的嘉宾,这次再次作为嘉宾,有"老友重逢"的意味,这在一定程度上可以说明 D 的评价为什么采用了"越来越……"句式。

除了用于发起评价序列、确立话题和行为规程之外,整句型评价还用于对话题规程进行转换、调整、细化。从行为上说,往往是从讲述/说明、断言等转向评价,如:

(11) 四级考试（R、L 是一对朋友,在校大学生）
  1 R：哦,对了,好像说英语分儿出来了。
    （省略 23 行,谈论某个人如何查询到分数,并让她们知晓）
  24 L：四级八八八月份儿不才出来吗？
  25 分儿（…）肯定不是,
  26 后来我一想有可能是国家,呃,学校四级。
  27→R：学校四级真是挺容易的。
  28 L：嗯,我觉得那-虽然每次考学校那个又那个
  29 我都觉得挺容易的。
    ……

(12)《爸爸去哪儿》中的孩子们（师生关系,Z 为老师,W 为学生）
  1 Z：就从那几个孩子你就可以看到,.hh 一些家庭,[就是
  2 W：[对于一个孩子
  3 能反映出一个家庭,
  4 Z：对,一个孩子能反映出一个家庭的一个教育程度,
  5 你就比如说天天啊,或者是,石头,就是完全截然不同的。
  6 W：嗯。
  7→Z：天天就可能比较,暖男一点儿。
  8 W：嗯。

(13) 重男轻女（Z、H 是好朋友，均为在校大学生）

```
1    Z：然后反正，
2        在我们农村的话，
3        可能第一胎是女儿的都去想要再生一个，
4        但是并没有什么特别的，
5        .hhh 比如说偏心什么的，
6        都还好，没有。
7    H：奶奶那辈儿比较偏心。
8    Z：真的？
9    H：真的。
10 → 我奶奶她就挺偏心的，
11       对孙子，特别是对孙子。
```

（自然对话语料）

例（11）的片段中 R 在第 1 行开启的是一个告知行为，引出"英语分数"这个话题，随后直到第 26 行 L 和 R 都在讨论查询分数的过程，第 24 至 26 行 L 讲述了她的推断过程，指出查出的分数可能是学校四级的。随后 R 产出了整句型评价——学校四级真是挺容易的，将之前谈话中出现的关键信息设立为新的话题规程，从而将话题规程从查询分数转向了考试本身的难度（第 28 至 29 行）。例（12）中的两个人讨论亲子综艺节目《爸爸去哪儿》，Z 是话题的主导者，第 1 至 4 行，Z 在 W 的合作之下做出了断言——孩子的表现与家庭教育息息相关，并进行了进一步阐述，列举其中的两个孩子——天天和石头（第 5 行"你就比如"）。随后第 7 行就采用整句形式表达对天天的评价。可以看到行为上从总体的断言逐步向具体的评价过渡，所谈论的话题从"那几个孩子"到"天天或者石头"，再到"天天"逐步细化。例（13）中两个好朋友谈论对生男生女的看法。第 1 至 6 行 Z 说明了其所在农村的情况，并做出断言——他们那里并没有过于重男轻女。而第 7 行 H 产出了整句型评价"奶奶那辈儿比较偏心"，提出了一个新的话题；随后的第 10 行发起了第二个整句型评价，将话题进一步细化为"我奶奶"。

以上所说的对话题规程的转换、调整或细化，都可以归为明确话题规程，在行为规程上，都从之前的非评价转为评价，确立了行为规程。确定交谈双方共知的评价对象是评价行为顺利进行的前提，因此上述会话片段中的评价都不能采用零句的形式。

而在回应位置上，行为规程和话题规程都被之前的引发话轮所限制，而整句型评价形式可以用来体现说话人对之前话语所设定规程的进一步明确或某种反抗。其中最典型的就是对于问题的回应。当问题设定的话题规程不够明确时，说话人可以采用整句型评价对其加以明确，如前文例（5）。现呈现如下：

(14) 马爷的粉衣（D为主持人，M、Y为嘉宾）
1   D：你看，看这叶檀，马先生今天也粉一个。
2   啊 [@@@@@
3   Y：   [粉了，@@@
4   D：我说怎么逗起这色了，啊？马先生。
5 → M：这色儿，这个这个，比较中性。
6   就是 [电-
7 → D：   [^这还中性,^是中性,[不像男的。

(谈话节目语料)

这个例子中，M产出的形容词谓语句用于回应前一话轮 D 提出的问题。这个问题是关于 M 穿粉色衣服的原因，属于讲述性问题（telling question），即这个问题关联一个消息报道、故事或者解释（account；Thompson et al.，2015：37），没有确定的疑问点。因此从规程的设定来说，D 的这个问题在行为上是寻求原因，在话题上没有做出具体的限定，M 可以从谈话的场合、自己的喜好等不同方面进行回应。而 M 实际产出一个针对衣服颜色的评价，将问题规程设定中不甚明确的话题加以明确，从而限定之后的谈话——第 7 行 D 打断 M 的话语，同样对"这色儿"进行了评价（第二评价）。

更多的情况下，采用整句型评价回应对方的问题，则是对问题规程设定的转换。并且采用整句型评价的回应者往往对谈论对象具有更高的认识权威。① 如：

(15) 旧友相逢（A 和 B 是久未谋面的朋友，A 向 B 讲述之前的经历）：
  1   A：我前一段不是一直干导游吗？
  2   B：哦。
  3   A：干导游哎，我找过那个 Senfei，
  4   B：哦。
  5   A：也没有，我去跟他见了 services，
  6   呃哟，他对我一样特别特别好，
  7   B：哦，对，他还是特别好是啊？
  8 → A：哎他真是个特好的人。
  9   B：对，没错。
  10   A：呃，长得是特高，
  11   B：@@@你说大个子 Senfei 是吧？
  12   A：对。

(16) 电影情节（Y 和 F 是一对朋友，在校大学生）：
  1   Y：杀班长是怎么回事来着？
  2   F：就是有一个小姑娘，
  3   然后好像你感觉是班里面唯一一个理解他的那个人，
  4   Y：哦::其实还跟她-还不错哦（XXX）
          （省略 5 行，两人讨论剧情）
  10   F：砸-砸-砸瘫了之后掐死的，[然后::
  11   Y：   [很凶残吧？
  12 → F：对我觉得那一段还是挺难过的，

---

① 根据 Thompson 等（2015），认识权威来自接触某事物所获得的知识，是做出某种宣称的权利（right to claim something），与仅仅知道某事物的权利不同。根据其来源，认识权威又可以分为基于经验权限的（access-based）和基于身份的（status-based）。比如两个人同时在海边看日出，而这个地方对他们来说是陌生的，他们就拥有相同的基于权限的认识权威；而如果其中一个人来自经常能看到海上日出的地方，而另一人不是，那么前者就具有额外的基于身份的认识权威，尽管两个人具有相同的感官经验、相同的基于经验权限的认识权威。这里我们探讨的采用整句评价的回应者，都体现的是基于经验权限的认识权威。

13   就是因为我还记得这个-
14   嗯:看到那儿的时候,
      ……((继续讲述自己的观影经历))

(自然对话语料)

例（15）中 A 向 B 讲述之前做导游时，与两人都认识的 Senfei 接触的经历。第 1 至 6 行由 A 主要讲述，B 提供反馈信号"哦"（第 2、第 4 行），第 7 行 B 提出的问题"他还是特别好是啊？"是一个是非问句，设定的行为规程是对 Senfei 的为人寻求确认，类型相符的回应应当是"是、对"等。而 A 采用一个整句型评价作为回应，引起第 9 行 B 的赞同。随后 A 又对 Senfei 进行了评价（第 10 行），与 B 进行指称对象的确认（第 11、第 12 行）。结合整个序列来看，尽管 A 和 B 都认识 Senfei，也了解他"特别好"，但这里 A 讲述其与 Senfei 直接交往的经历，显示出自己更高的认识权威，而更有资格做出相应评价。也就是说，序列中 A 体现出对谈论对象更高的认识权威。例（16）也是一个类似的例子。F 和 Y 在讨论一部电影的剧情，在这段对话之前，F 曾表示之前给 Y 讲过，但是 Y 表示有点忘了，向 F 求证电影的细节（第 1 行）。在第 10 行 F 讲到男主人公用残忍手段害死小姑娘时，Y 就发出了简短的、寻求确认的提问（第 11 行"很凶残吧？"），而 F 在进行确认后紧接着补充了一个整句型的评价（中间没有停顿），明确了当前的话题（"那一段"情节），采用了不同的评价词语"难过"，并在随后进一步对自己的评价做出解释（第 12、第 13 行及以后）。可以看到这里 F 作为主要讲述者，对电影的情节更加熟知，表现出更高的认识权威以及对于会话规程的控制。①

例（17）略有不同。问句并不是针对某种评价向受话人寻求确认。而受话人采用整句型评价，在反抗问题所设定的行为规程的同时，也显示出自己对当前谈论对象的认识权威。

---

① 从"问句—评价"这个话对来看，回应者本身在认识状态的斜坡中就高于问话者［参看 Heritage（2013）关于问句编码方式与交际者在认识斜坡中地位的论述］。而这里笔者想指出的是，说话人采用整句形式应答，就是通过编码方式来体现其对认识差异带来的自身认识权威的关注。

(17) 电影《决裂》（D 为主持人，X 为嘉宾）
1　　X：你知道，我小时候看过一个电影叫《决裂》，
2　　　　我不知道你［看过没有
3　　D：　　　　　　［对对对对，《决裂》
4　　X：你看过？
5 → D：这个很有名。
6　　X：那个呢，是讲打倒走资派的。（谈话节目语料）

这个片段发生的背景是 X、D 在讨论一部热映的电视剧，其中 X 在表达自己观点时提到自己小时候看过的一部电影《决裂》。而为有效说明自己的观点，X 需要首先与 D 建立共享知识，即确认对方同样了解这部电影。因此 X 使用了话语标记"你知道"（第 1 行），唤起听话人的注意，引出谈论的话题；又采用了"我不知道"引导一个问句"你看过没有"，表达对于对方是否知晓的不确定（陶红印，2003），这些都体现出受话人取向（recipient-oriented）的话轮设计。而在问句产生的同时，D 就对 X 第 1 行的说明进行了肯定回应（"对对对对，《决裂》"），形成了交叠。于是 X 在第 4 行又发出一个问题"你看过？"，寻求 D 的确认。这表明 X 对 D 是否了解这部电影仍然不够确定。并且，这个问题限定了话题规程（这部电影）以及行为规程（寻求确认），如果 D 回答"嗯"或者"看过"，就是遵从了问题对于规程的设定，使回应附属于发起行为。从认识上来说，X 开启对这部电影的说明，并向 D 发出确认，通过"处于发起位置"获得了认识优先性。而 D 发出整句型的评价（主语"这个"承接之前谈话的话题），其作用在于显示自己对于这部电影独立的认识权威。这是互动惯例影响语法包装的结果——要对某一事物做出评价，必须具备该事物的知识；反过来说，说话人要表明自己对某一事物具有认识权威，应采用一个完整的评价形式来包装回应话轮。这种形式的回应同时改变了问句所设定的行为规程，从而在一定程度上脱离了问句的限制。这与 Heritage 和 Raymond（2005）讨论的显示认识独立性的第二评价表达式的动因是一致的。

此外，我们的考察也发现，整句型评价还可以用于对之前评价的回应，表达对其设定的话题规程的反抗，即用于对规程中的话题进行转换或

调整。看下面的例子：

(18) 休学女生（L和R为朋友，高校学生）
    1   L：结果后来休学又怎么着，调调调，
    2   家里又跟就是弄弄，
    3   然后就上咱们学校经管了。
    4   R：哇，真好！
    5 → L：可是，我觉得她那人特失败，
    6   你就学这个的（自然对话语料）

L与R讨论到有些学生自己专业知识学不会，相互分享有关的见闻。这个片段之前，L讲述了一位女生因为专业学不会而休学的事情。第1至3行交代了事情的结果。第4行R在L的讲述结束之后发出零句型评价，体现了对当前谈话话题规程的遵从（见下小节分析）。显然，这里R的评价是针对L所讲述的事情本身，确切地说是最终的结果（"上咱们学校经管了"）。第5行L采用了转折连词"可是"预示了她对R这一评价的不赞同，随即产出了整句型的评价——"我觉得她那人特失败"，将话题规程从之前讲述的事情转换到作为事件主人公的那名女生，表达了对她的高度负面评价，并且在之后进一步扩展其话轮，解释她做出这种评价的原因。

    另外需要指出的是，笔者还考察了对于说明的评价性回应。说明（informing）是一个总括性的概念，包括消息传递（news delivery）、对寻求信息的问题（information-seeking question）的回应、故事讲述中的一部分，等等（Maynard, 1997）。在高交互性谈话中，没有发现整句型评价用于回应说明的例子。高交互性谈话中所进行的说明，通常都是简短而明确的；对它们的回应性评价主要采用零句形式（详见后文论述）。而整句型评价所回应的说明，都是由多个小句构成的扩展性话轮，属于4.5节中即将分析的扩展性讲述环境。

4.4.2 零句型评价

    我们认为，零句型评价无论用于发起位置还是回应位置，都表示对之前设定的话题规程的遵从。在回应位置上，零句型评价是绝大多数，可以

用来回应之前的评价、说明以及提问。

(19) 好玩儿的男生（节选）
　　1　　L：嗯，长得也有点儿像小姑娘，
　　2　　　　挺好玩儿的。
　　3　　　　然后他说话巨逗无比:::
　　4 → R：特好玩儿。
　　5　　L：把我跟Zhao Xin给逗的。

(20) 护肤品
　　1　　R：BiWu Bi Wuquan 还有（XX）特贵::
　　2　　L：哇:::
　　3　　R：Bi Wuquan 那九百六。
　　4 → L：好值啊。
　　5 → R：反正挺好的。

(21) 观影
　　1　　Z：我去现场看的。
　　2　　M：怎么样？
　　3 → Z：真是好。

（自然对话语料）

其中例（19）第4行、例（20）第5行是回应之前的评价；例（20）第4行是回应说明行为；而例（21）第3行是对问题的回应。它们都是针对之前设定的言谈对象的评价，在话题和行为规程上都遵从了之前发起行为的设定。值得一提的是，用于回应的零句型评价往往带有修饰语，如例子中的"特""好"等。这与现代汉语中性质形容词单独作谓语受限有关①。对于回应评价的评价而言，它们往往是受修饰限定的，属于级差性评价（graded assessment；参看Thompson等，2015：179）。比如例（19）中L在

---

① 性质形容词作谓语时有比较或对照的意思，只有在语言环境中能显示比较或对照意义时，这一格式才能单独出现；受到副词（如"很""挺"等）的修饰之后则可以自由作谓语。（朱德熙，1982：118-119；刘月华等，2004：196-197）

讲述一位有趣的男生时产出了整句型评价"他说话巨逗无比:::"（第3行），从词语的选择以及末尾音节的延长都可以看出这一评价的程度很高，具有高度感情负载。而R采用零句型的评价回应"特好玩儿"（韵律上采用降调），单独地看"特"也是表达评价的程度高，但与之前话轮在词汇和韵律上的比较来看，这一评价无疑是降级性的（down-graded）。同样例（20）中第4行L产出了一个感叹性的评价，而R回应的是限定的形容词短语形式"反正挺好的"，"反正"表明这一评价是对情况的综合考虑做出的判断，体现了对立场的校准和调整[①]，也属于降级性的评价。

另外，需要指出的是，对于说明的回应中，评价并不是最为普遍、无标记的。根据Thompson等（2015）对英语的研究，对于说明最常见的回应是词汇性的（lexical），如"oh, really, wow"等。而在我们的语料中也有类似的例子——例（20）中第2行，对于R传递的信息"Bi Wuquan还有（XX）特贵"，L发出了感叹词"哇:::"。从我们所采用的分析视角来看，叹词等应答词对于说明的回应体现了对于规程设定最彻底的遵从——不仅是话题规程，还有行为规程（传递某一信息、情况）；而对于说明的评价性回应仅仅遵从了话题规程，而转变了行为规程，即从信息的传递—接收到对其中某个方面的评价。

从构成成分来看，用于回应的零句评价可以是形容词短语（如例19至例21），也可以是由名词短语构成的判断结构，如：

(22) 知识癖（X和D是同事关系）

    1   X：他就是有点儿，就知识癖。

    2   他他，呃::有一次说要去英国玩儿，

    3   D：嗯。

    4   X：然后说，这这，还带着几个：几个朋友。

    5   D：啊。

    6   X：这朋友他要给人负责讲解之类的。

[①] 关于"反正"表达的意义，参看董正存（2008）、Gao和Tao（2021）。例（20）之前的对话中，R讲述她在某时尚杂志实习，从而获得不少关于护肤品的认识，而当她说明这些产品的价钱（例子第1行、第3行）时，才引起了L的评价。而这里"反正挺好的"的回应，就体现了R对于之前会话呈现的背景情况的关注。

第四章 组合性评价表达与评价序列

((省略6行,讲述朋友导游的经历))
13   他说我会背那英王世系。
14   D:哇::
15   X:哎哟我,hh.
16 → D:真是神人啊。我崇拜,
17   X:他说我给你背一遍,
18   真从头到尾给背下来。
19   D:哇::(自然对话语料)

这个例子中X向D讲述他一位知识渊博的朋友的经历,当X讲到这位朋友去英国游玩时给别人讲英国历史、背英王世系时,引发了D的赞叹(第14行"哇::"),并在随后采用"真是神人啊"这一判断结构表达评价。[①]

零句型评价作为回应,还可以是针对对方话语所发出的候选的理解(candidate understanding),从而体现评价产出过程中对对方的协助。如:

(23)美国人的聊天(D为主持人,M、C为嘉宾)
1   M:我忽然发现美国人所有聊天儿的问题都是,
2   让我们说全浮在上面,
3 → D:很简单的。
4   M:对,很简[单
5   C: [啊::(谈话节目语料)

(24)资深教授
1   X:我,我上大学的时候他是那个:
2   当时还叫艺术系,
3   Y:哦。
4   X:的系主任。
5   Y:嗯,讲艺术史的啊。
6   X:她不是艺术史,她好像是戏剧啊:

---

① 后面的"我崇拜"包含心理动词,本书2.4.2.1曾指出,这在一些学者看来属于主观性评价。本书的讨论中暂不包括这类评价表达。

89

```
7    Y： Huang Huilin 是吗。
8    X： 对，Huang Huilin。
9        就资格，就是-
10 → D： 特老资格那种。
11   X： 对，就资格很老的。（自然对话语料）
```

上面两例分别展现了用作评价回应的谓词性零句和一个体词性零句。它们都是对上一话轮提出的可能的理解，协助对方完成对谈论对象的评价。例（23）中 M 在发表自己的论断时，在系词"是"之后产生停顿（第1行），而后进行了自我修正，重新开启了一个描述，而不是对之前话语所投射的定性判断。而第3行 D 所产出的"很简单的"并不是其做出的评价——从句法构成上看，它是接续第1行 M 所中断的语句（"都是很简单的"），是对对方话语的理解。而这在随后得到了 M 的赞同以及重复（第4行）。同理，例（24）中 X 在第9行试图对这位教授做进一步说明时，在名词"资格"之后产生了停顿，并使用了停顿填充词（filler）"就是"（张惟、高华，2012），说明其在进行评断产出时遇到了困难。而 D 在第10行产出体词性零句评价对此进行了修正——"特老资格那种"，在提供自己候选理解的同时，改变了 X 原先的编码方式；随后 X 表示了赞同，并遵照自己之前话轮的编码方式完成了评价。零句型评价这种用法，协助了前一说话人将谈话按照之前的规程顺利进行下去。

现在来看发起位置上的零句型评价。我们发现，在零句型发起的评价序列中，话题规程是在之前的谈话中确立了的，而不包含主语的零句型表明说话人遵从了当前谈话的规程，确保其延续。比如前文的例（19），其实处在一个更大的序列中，谈话双方在谈论她们在不同场合下遇到的一个男生。

```
（25）好玩儿的男生
1    R： 我怎么认识他的，
2        就我们俩上选修，
3        他坐我前边儿，
4        然后，他老回头儿看我，
```

5		我当时正坐 Lin Li 那儿，然后-
6	L：	然后我跟你一块儿上选修。
7	R：	对对对就是他。
8	L：	那叫什么选修来着（　）［西方美术］
9	R：	［西方美术］史。
10		［然后］
11 →	L：	［长］得特像小姑娘儿。
12	R：	就是就 Zhang Lin 也说，
13		说话特像小姑娘儿。
14	L：	嗯，长得也有点儿像小姑娘，
15 →		挺好玩儿的。
16 →		然后他说话巨逗无比:::
17	R：	特好玩儿。
18	L：	把我跟 Zhao Xin 给逗的，
19 →2		他说话特逗。（自然对话语料）

这段对话中第 1 至 6 行 R 和 L 双方在共同回忆认识这位男生的场景，第 7 行 R 的回应"对对对就是他"表明双方对谈论对象建立了共知。第 8 至 10 行双方就具体选修课程的确认可以看作一个插入序列（inserted sequence）。从第 11 行起双方开始对她们讨论的对象进行评论，L 说这位男生长得像小姑娘，R 说他说话像小姑娘，所采用的语言形式都是只包含谓语的零句形式（第 11 行、第 14 行），而后第 15 行也采用了零句型评价表达（"挺好玩儿的"）。这些都说明交际双方是承接之前谈话中确立的话题规程，不需要对言谈对象进行调整或转换。这与之后第 16 行的整句型评价形成了鲜明的对比——在以零句形式产出首个评价之后，L 使用了一个逻辑连接词"然后"引出了第二个评价，对话题规程进行了细微的调整，从这位男生的长相转到他说话的方式，并且在之后的序列对此进行了进一步扩展（第 18 行），以及再次评价（第 19 行）。

前文所举的例（6）和例（9）也是类似的情况。例（6）中第 1 行 Y 的问句（"你知道盲鼠吗？"）是开启讲述的前导序列（pre-sequence；Schegloff, 2007），设定了谈话的话题规程；随后第 6 行、第 9 至 11 行，说话人都采用了零句型的评价。例（9）在 A 通过整句型评价确立新的规程之后，第 13 行、第 15 行 A 都采用了零句型的评价"包得挺严实的还""很好，非常好"。

以上讨论的情况中，零句型评价表达可单独构成评价话轮，这表明说话人遵从序列中之前话轮所设定的话题规程。零句型评价还可以出现在多 TCU 话轮的中间以及末尾，所遵从的是话轮自身设定的规程，如：

(26) 好看的电视剧
1   D：最近这些日子在我们那个微博底下一直有人叫阵，
2   说敢不敢聊《人民的名义》，
3   [敢不敢聊《人民的名义》，
4   ?：[@@@
5 → D：哎我觉得好可笑，
6   X：就是。
7   D：他敢拍:，人家敢播，我有什么不敢聊的呢？
8   X：而且几十家的官方传媒都在赞扬。
9   D：哎哎。
10   X：这根本是一个主旋律了。
11 → D：所以我昨天晚上，一气儿，哎@真好看，一气儿看了
         九集。
12   X：嗯。（谈话节目语料）

(27) 讨厌中国菜
1   Y：啊我最近特讨厌吃中国菜，
2 →   好[奇怪。
3   H： [妈呀@@
4   Y：真的，[哇塞。
5   H：   [我觉得-我觉得你已经韩化了@@@
6   Y：啊我真-
7   我真的觉得我现在好喜欢吃大酱汤然后，
8   不喜欢吃中国菜=
9   H：=对，你你已经韩国的-同化了，

10　　　　　加入了韩国人的阵营了@@

11 → Y：好奇怪啊。（自然对话语料）

例（26）中 D、X 两位嘉宾讨论热播电视剧《人民的名义》。第 1 至 3 行 D 的话轮对会话话题规程做出了设定；第 5 行和第 11 行，D 两次产出了零句型的评价，都遵循之前设定的话题规程。其中第 11 行的话轮行使一个告知的行为，中间的零句型评价属于插入成分。例（27）会话片段的背景是，Y 有一个韩国的男朋友，她的饮食习惯也发生了改变。零句型评价遵循的话题就是它之前的话语（"我最近特讨厌吃中国菜"），并且之后的谈话也是在第 1 行所设定的话题规程（Y 的饮食习惯）之下展开的。第 11 行 Y 再次产出零句型评价"好奇怪啊"，仍然是在"自身饮食习惯"这一规程下进行，而不是针对 H 上一话轮的断言。这种处在话轮中间或末尾的零句型评价很好地诠释了会话展开过程中话语彼此联结的特点。①

此外，名词短语构成的零句，也可以用于评价的发起。比如前文例（6），截取如下：

（28）夜行动物

5　　Y：看着也很像死掉了，

6 →　　@因为特别小，特别秃，

7　　　　而且也特别-没有-

8　　F：而且也应该是那个 - 眼睛 - (XXX)

9 → Y：很不行的那种。

10 →　　@@@@@还挺逗的@@@

11 →　　超憨的夜行动物。（自然对话语料）

其中第 9 行、第 11 行的名词短语"很不行的那种""超憨的夜行动物"构成独立的语调单位，在句法上不与其他谓词产生关系，类似于 Ford、

---

① 沈家煊（2012）通过自拟的对话流说明汉语会话中的普遍现象——除了首尾两句，每一句既是引发的结果，本身又引发下一个回应。

93

Fox 和 Thompson（2002）所说的"非系连名词短语"，表示说话人对相关事物的信息补充、说明以及评价。这是汉语与英语类似的地方。与英语不同的是，汉语中存在丰富的句末语气词，它们既可以加在整句之上、含谓词的形式之上，也可以加在名词短语之上，用于评价表达。看下面的例子：

(29) 抠门的酒店（D 与 M 是母女关系）
1　　D：我说谁没事儿带一千五现金啊，
2　　　　划吧，从卡里划吧。
3　　M：嗯。
4　　D：就付了。因为我知道肯定我也住不－我也住不到二十
　　　　三号住四天。
5　　　　所以就划了。
6　　M：不是，他那什么呢，他是必须得拿现金结账。
7　　D：是这样的。
8　　　　他拿现金，就是，你拿现金给他一千五现金，
9　　　　比方说我就，我说第四天啊，我住三天，
10　　　 再把，把钱，一毛一毛付给你。
11　　M：嗯嗯。
12 → D：就是，<u>小地方嘛</u>。
13　　M：嗯嗯嗯。
14 → D：就是小-没（见过）钱嘛就是。（自然对话语料）

这段对话中 D 向 M 讲述自己在外住酒店的遭遇，第 1 至 11 行以 D 的讲述为主，指出酒店因不放心强制先交现金再退钱。在第 12 行，D 产出了"名词短语 + 语气词"的零句形式——"小地方嘛"，其中"小"这一音节带有明显重音，这一零句之前的"就是"表示解释说明，而语气词"嘛"表示情况道理显而易见［《现代汉语词典》（第 7 版）第 870 页］。结合之前的序列以及话轮设计的词汇、韵律特征，可以确定"小地方嘛"是从对事件经过的描述转向对酒店作为的评价。它并不是对空间大小的评价，而是在整体上激活对"小地方""抠门、行事不大气"等的印象，浮现出明显

的负面态度。而之后的第 14 行，谓词性零句"没（见过）钱嘛就是"，同样表明对酒店的负面评价。显然，以上所分析的名词短语构成的零句，它们的话题规程也都在之前的序列中得以明确。

关于话轮之中的零句型评价的发起，还有一个有趣的现象，即之前话语的最后一个成分恰好也可以作为形容词短语的主语（话题），形成类似于 Clayman（2012）所说的"枢纽性话轮扩展"（pivotal turn extension）。①

(30) 明星绯闻
    1   D：马爷有什么不一样的东西吗？
    2   M：我没什么不一样的，
    3 →   我看的让我震惊的就是那记者的阵容，
    4 →   超乎强大。
    5   D：没错。
    6   L：啊。
    7 → M：太：多了，
    8   怎么去那么多人，他们有那么多八卦记者吗。

（谈话节目语料）

这段会话的背景是三个人讨论明星的绯闻。第 3、第 4 行 M 谈到自己对这次事件的感受，采用了一个分裂句（cleft；"我看的让我震惊的就是……"）和一个形容词短语的形式。其中"那记者的阵容"既是分裂句的宾语，也可以分析为形容词短语系连的主语，也就是说，"那记者的阵容"是个枢纽，第 3、第 4 行的话语可以看作枢纽结构。这个结构整体的作用与我们前面分析的整句型评价有相似之处，即确立话题规程。随后的第 7 行，M 又一次产出了零句型的评价（"太多了"），仍然将"记者的阵容"作为话题。

通过以上分析我们可以看出，零句型用于发起评价，也体现了对之前话语设定的话题规程的遵从，具体来说，零句单独构成话轮，其话题在之

---

① Clayman（2012）讨论的是称呼语在话轮组织中的作用，指出在话轮构建单位衔接处的称呼语可以作为扩展话轮的资源之一，形成话轮构建的枢纽（pivot），如"Y'don't look it Jen ah must be honest"。

前的谈话序列中被明确；也可以在话轮之中或末尾，其话题可能就是该话轮之前的部分。从这个意义上说，零句型评价虽然可以用在发起位置上，但从更大的序列来看，仍然是附属性或回应性的。而零句型评价除了谓词性的，还包括体词性的，即名词短语单独或与语气词一起构成的零句。

4.5 扩展性讲述中的评价表达式

扩展性讲述中两种评价表达式的使用，同样与会话的规程有关，具体体现为对于讲述过程，也就是这一序列环境中的行为规程的关注——零句型评价和整句型评价分别显示说话人对讲述过程的参与和脱离。

具体来说，零句型评价体现说话人仍然处在讲述内容的参与当中，而整句型评价则体现说话人脱离讲述的主线，往往标志着一段新讲述的开始或结束。由于同一讲述序列中两种评价表达式经常同时出现，本节将两种表达式放在一起讨论，分别考察讲述性说明中评价的发起和回应。

4.5.1 发起位置上的评价

首先来看扩展性讲述环境中评价的发起。整句型评价往往用于开启新的一段讲述，而零句型评价则处于讲述过程当中。如：

(31) 卖盒饭
1　　Y：就像XXX老了一样，只好去卖盒饭了。
2　　D：这 [@@
3　　M：　　[@@@@
4　　Y：　　[@@@@ [@
5　　D：　　　　　　　[你挺替XXX打算
6　　　　将来怎么办是吗？
7　　Y：对。
8　　　　就是我-对。
9 →　M：这个卖盒饭很有意思。
10　　Y：啊。
11　　M：他那个我看了一下儿他那报道啊，

         12   他说那卖盒饭是，
         13   三十八的二十六的还二十八的我不知道，
                   (省略8行，M讲述饭店定价的过程)
         22   M：那么他这一卖盒饭呢，
         23 →   那底下的评论有意思，
         24   底下评论怎么说呢，
         25   说，你去卖盒饭了，
         26   那让卖盒饭的怎么活啊［@@@
         27   D：   ［@@（谈话节目语料）

(32) 语言牛人
         1   R：他那同学，然后上学第一天，
         2   一看到那教材，傻了，
         3   L：英语的。
         4   R：美国空运来的，全英文，
         5 →   够吓人吧@@
         6   结果我那朋友就说，
         7   啊，全英文的教材，
         8   好，哎哟，你们那同学有多好啊你说，
         9   他就是一上这个英语也会了，
         10   日语也也也会。
         11   L：嗯，嗯，嗯，嗯
         12   R：说大概就是比比别人花两倍的时间来消化。
         13 → L：.hhh 不过有人真是特厉害，
         14   就是我听，我听那谁，
         15   噢就是以前咱那高数老师，那个 Zhang Fang，
         16   他不是说了吗，
         17   说了那个他们一块儿工作……（自然对话语料）

例（31）的会话之前，几位嘉宾讨论某老牌餐饮企业近年来的窘境。第1行 Y 将其与 XXX 老了只能去卖盒饭类比，这引发了其他两位的笑声和调侃（第2至8行）。而第9行 M 发出了整句型的评价"这个卖盒饭很有意

思",随即在第 11 行开始讲述自己听到的饭店卖盒饭的逸事(第 13 至 22 行)。其中第 22 行是一个条件小句,随后 M 又再次产出了整句型评价("那底下的评论有意思"),引出了对于评论的说明(第 24 至 26 行)。从讲述的过程看,这里整句型评价都属于开启性的,预示后面进一步的讲述或解释。

例(32)中 R 先是讲述一位心理系的同学的学习经历,第 5 行在讲述中产出零句型的评价("够吓人吧");第 11 行 L 产出迭连的应答语"嗯"作为反馈,第 12 行 R 继续完成其讲述。随后 L 产出一个整句型的评价,其中主语"有人"是泛指的。这一评价开启了 L 自己的讲述——第 14、第 15 行,L 引出了讲述的对象,并在之后的序列中继续转述这位老师的经历。可以看出 L 产出的整句型评价使当前的言谈脱离 R 的讲述,而转换到自己的讲述当中。我们之所以把这个评价看作发起而非回应,是因为前面第 12 行的讲述并不关联一个评价行为。另外,转折连词"不过"的使用也显示 L 讲述主线的转移。

除了开启新的讲述之外,整句型评价还可以终结当前讲述的序列,作为序列完结性评价(sequence-closing assessment;Drew and Holt, 1998)。如:

(33) 有趣的同学

```
1      L: 然后一会儿那人回头儿就跟 Zhao Xin 说话,
2         他就跟我们俩说话,
3         那人还自来熟,
4         就一说一聊起 [来就聊(XX)]
5      R:           [对对对]
6  →   L: 然后聊得还挺好。
7  →      特逗,
8         就说那那人他们家也住玉泉路。
          ((省略 7 行,L 讲述聊天经过))
16        Zhao Xin 说我说哪儿都说在那北边儿@@@
17 →      特逗。
18        然后也不怎么聊起那学校来了,
```

((省略 9 行，L 讲述聊天经过))

28　　　一般北京市校服都是春之花牌儿的。
29　→　@@@ 那人特逗。
30　　R：那人那人当时给我发一短信。

(34) 电影情节：
1　　R：他老产生就是那幻觉里有三个人，
((省略 4 行，讲述电影情节))
6　　　反正他能看见这三个人出现在他的幻觉里，
7　　　实际上就没有这个人，
((省略 7 行))
15　　　但是在外人看来他就跟一堆空气说话。
16　→　特可怕。
17　　　但是就是这个人最后知道了自己是那个，
18　　　就是就是神经有问题的时候，
19　　　他有一阵儿不能接受，
20　　　但是他最后还是接受了。
21　→　就是其实我觉得这个人还是挺有头脑的，
22　　　他说了我知道你是幻觉就跟着他这幻觉里的人说话，
23　　　说因为你不会变老。
24　　L：Mm，他这你说这人是真事儿 [是吗　]？
25　　R：　　　　　　　　　　　　　　[真事儿] 美国的。

(自然对话语料)

例 (33) 中 L 讲述她和朋友某天碰到一个男生，并跟他聊天儿的经历。其中零句型与整句型两类评价形成了鲜明对比。L 在第 6 行发出了零句型评价"聊得还挺好"，第 7 行和第 17 行 L 在讲述过程中两次产出零句型的评价"特逗"。第一次"特逗"产出之后，L 开始讲述他们聊天的具体内容（第 8 至 16 行），从话语的组织上看，"特逗"这一评价是启后性的。而第二次"特逗"（第 17 行）是承前性的，是对之前讲述内容的评价。但无论是承前还是启后，在规程上都是参与到讲述过程中的，没有中断讲述的推进——在第二次"特逗"之后，L 采用连词"然后"衔接了第二段讲述

(第18至28行)。而第29行的整句型评价"那人特逗"发出后，则是终结了当前的讲述。其后的第30行，R也顺利接续了话轮（无明显停顿），讲述她与那位男生打交道的经历，这反映出无论从说话人还是听话人来看，整句型评价都标志对讲述主线的脱离，意味着讲述序列的结束。

例（34）中R在向L讲述一部电影的情节，第16行产出了零句型评价"特可怕"，指向之前所述情节（第15行的"跟一堆空气说话"），随后又继续情节的讲述，这个评价是讲述中的评价。而第21行R发出了整句型的评价，使用了立场标记"我觉得"以及表示认识情态的副词"还是"，表达自己对"这个人"的评价立场，并在随后进行了解释（第22、第23行），并且使当前序列走向终结。可以看到，这里整句型评价将谈话从讲述的情节中拉出，终结了讲述，并将故事的主人公确立为新的话题规程。之后L接续了话轮，就这个人存在的真实性发出疑问。

另外，整句型评价还可以处于扩展性讲述的中间，这时它表示对背景信息的补充，应该看作插入成分。

(35) 打表格
1   R：昨天我去那个那杂志社，
2   拿那个调查问卷儿，
3   不是要打成表格吗？
4   L：嗯。
5 → R：那书包巨沉，
6   一堆，攒了。
7   我打，我都我都我都快疯了。
8   哇，那就给您赚啦。
9   我坐那儿我就我就累，开始累，
10   就打了三页，就没打了。（自然对话语料）

这段会话中R讲述她所做的一份兼职工作，表示打表格的任务十分繁重，让自己抓狂。第5行她产出了一个小句型评价"那书包巨沉"，其中的话题"那书包"在之前讲述中并没有出现，而第6行之后的讲述R继续谈论对表格任务之多的感受。这说明这个评价是用来交代背景信息的，说明表

格累积之多，处于讲述主线之外，属于讲述中的插入成分。

4.5.2　回应位置上的评价

下面来看讲述的回应位置上的评价。零句型评价一般紧承之前的讲述，说话人认为讲述并没有结束，讲述的序列可以继续。而整句型评价则脱离之前的讲述主线，起到终结序列或转换话题规程的作用。看下面的例子。

（36）学习狂人
```
1      L：就咱们学校，
2        我认识一，一个就是我一个同学的同学，
         （（省略5行））
8        就是那人，每天早上起来，
9        五点多就起，
         （（省略11行））
21       他就是他本来就想考那学校的计算机系，
22       他就想考计算机系，
         （（省略13行））
36       就是他有一大堆那方面的书，
37       一天到晚就看啊看啊看。
38  →  R：［太强了］。
39     L：［（又）］特强，
40       他一个学期他们宿舍人都没见过他，
```

（37）考试趣事
```
1      R：就跟我们班@@@
2        我们班 Cui Mingqian 一次有一考试就是，
         （（省略14行，讲述其把答案写在草稿纸上的经过））
17       写在草稿纸上了。
18       特逗。
19     L：@@@喔，
20  →    这种人都是智商很高，
```

21　→　　　但是情商很低的。
22　　　　R：他就是脑袋——一直想那一个地方了。

(自然对话语料)

    这两个例子形成了鲜明的对照。例（36）中 L 讲述她所认识的一位同学的学习经历，第 1 至 37 行 L 都在描述这位同学学习如何刻苦，每天起早贪黑看书等，引起第 38 行 R 的零句型回应（"太强了"），表明自己对讲述内容的评价立场。这一简短的回应表示说话人对讲述内容的参与，这一点可以从之后的序列加以佐证——在 R 产出评价话轮的同时，L 也采用零句形式做出一个简短的评价（第 39 行），其中副词"又"的部分与第 38 行的零句型评价形成了交叠。而随后自第 40 行起，L 继续对这位同学的生活进行讲述。这说明在讲述者的解读中，对方做出的评价并不影响讲述主线的进行，双方仍然在讲述内容的共同参与之中。

    例（37）则展示了整句型评价作为回应的情况。在这个片段之前，L 和 R 在谈论考试中出现的意外情况，此处 R 是将自己听说的一个同学的经历作为实例进行讲述。在第 18 行 R 产出了一个零句型评价"特逗"，表明自己对于之前讲述内容的立场。此时 L 回应笑声和"喔"，表示由对方讲述带来的自己认识状态的改变。[①] 随后 L 就产出了整句型的评价（第 20、第 21 行）。通过这一形式 L 将"这种人"确立为新的话题规程，而 R 在之后的序列中也遵从了 L 所设定的新的话题规程，对经历的主人公（他）进行了评价。由此可以看出，整句型评价表达的使用使双方从对讲述内容的参与中脱离。再如：

(38) 小暖男（Z 和 W 为师生关系，Z 为老师，W 为学生）
1　　W：就是跟他爸在桌-呃饭桌上
2　　Z：对。
3　　W：爸爸↑哦你不吃饭，
4　　　　然后我就我就生气了，他就会去劝，

[①] Heritage（1998）的经典研究指出，"oh"在英语会话中是作为状态改变的词项（change-of-state token），我们这里所举例子中的"喔"有类似的功能。

5	Z：对对对［对对，他会说那个一-
6	W：　　　　［对。
7	Z：他爸一说，哎哟哪疼了，
8	W：啊，对对对，
9	Z：瞬间他就［不行了，创可贴］，
10	W：　　　　　　［哎创可贴，创可贴］
11	Z：然后给他爸吹吹。
12	W：对对［对。
13	Z：　　［然后，然后
14	［那个该吃饭：就是瞬间就该吃饭，让吃什么都吃，
15	W：［特别暖的°一个
16	对。
17	Z：他爸只要一装可怜，立马儿@@@ ＝
18	W：＝@@@
19	Z：@立马儿就变了@@@，eng:
20 →	W：他们家孩子挺逗的。
21	Z：对。
22	你包括，比如现在的，高考
	……（（继续谈论高考的话题））（自然对话语料）

这个例子展示了整句型评价回应用于终结序列的情况。它取自 W 和 Z 对子女教育问题的讨论。片段中涉及双方共同参与的一段扩展性讲述，描述双方共知的某节目中一个孩子与父亲之间的互动，其中包含很多相互的赞同（应答语"对"及其迭连形式）以及话轮交叠。从序列的推进来看，开始是 W 引起讲述内容，而从第 7 行起变为 Z 进行主要讲述，W 进行应答或补充。第 17 行到第 19 行 Z 从具体的事例转到一般的情形（关联成分"只要……就"的使用），而 W 发出一个整句型的评价回应（"他们家孩子挺逗的"），在重新提及谈论对象的同时也从之前的讲述中脱离，之后 Z 只是进行简短的同意（第 21 行），就开启了新的话题——"高考"（第 22 行）。因此，这里的整句型评价回应也是对之前讲述的终结。

值得注意的是，用于扩展性讲述回应位置上的整句型评价有一类形式，即采用"这/这个+形容词短语"格式的评价。如：

(39) 疯狂狗仔
  1   L：没有最重要的是我看见的那个相片儿，
        ((省略5行，L描述照片之清晰超过自己的想象))
  7   L：然后后来听说是被截停的。
  8   D：嗯::
  9   L：我当时心想这［怎么了
 10 →   M：   ［这有点儿过了。
 11   L：这，
 12 →   M：有点儿过了。
 13   追出去了，是吧。
 14   L：啊::就就就jie-我当时心想这是属于什么。

(40) 不念他乡求学地
  1   M：他尽管有很多同学啊，
  2   在那儿也因为七年也不能太短了是吧，
  3   但是他一点儿都不怀念，
        ((省略10行，M讲述自己的儿子如何不怀念留学国家，并让他不解))
 14   他就直接表达，没有意思。
 15   C：嗯:::
 16 →   D：哎这个很［有意思啊。
 17   M：   ［很多人到美国也是这样。

(谈话节目语料)

例（39）中L、D、M三人在谈论明星绯闻，L从第1行至第7行产出了一个多小句的话轮（multi-clausal turn），讲述了绯闻照片的样貌、来历。第9行L开始转向他的感受，此时M也发出评价作为回应（第10行）。形容词谓语句中的主语"这"指代之前L讲述的"截停"的做法。由于与L的话轮形成交叠，他又采用形容词短语形式进行了重复（第12行"有点儿过了"），并在随后对具体细节寻求进一步确认（第13行"追出去了，是吧")。而 L 在进行简短回应之后又继续讲述自己的感受，在行为规程和话题规程上都接续之前自己的话轮。例（40）中 M 讲述了他的儿子留学英国，却并不怀念那里的生活，认为那里没有意思。C 首先予以回应（"嗯"），随后 D 也采用整句型评价进行回应"这个很有意思啊"。而在这个评价产生的过程中，M 就将话题规程转向了其他到美国的人，并开启了下一段讲述。由此可见，用于回应扩展性讲述的整句形式"这/这个＋形容词短语"并不显示对讲述主线的脱离，不对会话的规程（话题规程和行为规程）进行调整，而是遵从之前的规程设定。主语"这/这个"回指之前讲述中的某种状况，并不包含太多信息。"这/这个＋形容词短语"所回应的说明一般都是多小句的扩展性话轮，包含一系列的讲述性信息；指示代词"这/这个"起到对评价进行定位的作用。也就是说，这种指示代词作主语的整句型评价用于扩展性讲述，与零句型评价类似。

4.6 小结

本章我们考察由高度规约化的评价词语构成的组合性评价表达。在回顾前人关于形容词评价功能以及会话中句子观念的研究的基础上，我们将汉语会话中的组合性评价表达形式分为整句型和零句型两大类。随后我们根据会话结构呈现的交互性强弱，将考察的序列环境分为高交互性谈话和扩展性讲述，并分别考察了两种序列环境下评价的发起和回应位置上说话人对两类评价表达式的选用情况。

我们的整体结论是，零句型评价体现了对会话中规程设定的遵从，它可以由谓词性成分构成，也可以由名词性成分构成；而整句型评价则体现了对会话规程的确立或反抗。反映在扩展性讲述的环境中，就是分别对应讲述过程的参与和脱离。两种表达形式具体的用法及交际互动功能可归纳为表 4－3。

本章对两种组合性评价表达式的研究体现了"位置敏感语法"的观念（参看 Schegloff，1996）。具体地说，会话序列中的不同位置对语言形式和功能具有重要的影响；不同评价表达式在特定位置上反映了说话人对于言谈的不同处理策略。通过对两类评价表达式在不同会话语境中的细致分析和归纳，我们也看出评价的不同社会行为模式在互动行为的组织中发挥的

表 4-3　两类评价表达的互动功能

序列环境		整句	零句
高交互性谈话	发起	确立会话规程； 对话题规程进行转换、调整、细化	（单独构成话轮，或处于话轮的中间或末尾） 遵从序列之前话轮或自身话轮之前话语设定的规程
	回应	对引发行为设定的规程进行反抗 ● 反抗行为规程 ● 反抗话题和行为规程 显示说话人的认识权威	遵从发起行为所设定的规程 ● 回应之前的评价 ● 回应说明 ● 回应问题 ● 提供可能的理解，协助对方评价的产出
扩展性讲述	发起	（出现在讲述的开头或末尾）开启或终结讲述序列，显示对讲述主线的脱离	（出现在讲述序列中） 显示说话人处于讲述主线之中
	回应	终结讲述序列或调整话题规程 ● "这/这个+形容词短语"：不脱离讲述主线，遵从规程设定	显示说话人认为讲述在进行中，体现对讲述过程的参与

不同作用；对于会话推进（progression）的整体把控、调整，决定了说话人在具体局部环境中的表达式选择。

另外，对于语法形式的研究，过去大多是从具体的句法结构类型的角度出发，主要围绕谓词及其相关成分；而本章的研究启示我们，还应当关注交际中十分重要的"整"与"零"的区分，它们形成的长形式和短形式在实际自然会话的行为组织当中同样有重要的意义。

事实上，口语中长形式和短形式的区分一直受到话语功能语法学家的关注。Heine（2011）就讨论了一系列由长到短建构的话语。

(41) a. Would you like some coffee?

　　b. You like some coffee?

　　c. Like some coffee?

　　d. Some coffee?

　　e. Coffee?（引自 Heine, 2011: 56）

她通过对 BNC 语料库的考察指出这种由长到短的一系列形式应当看作

彼此不同而又相互关联的构式（construction），它们在实际话语中具有各自独特的句法、语义和语用特征。也就是说，说话人使用特定的形式，是受到不同的话语-语用因素驱动的，从而使这些构式实例具有一定独立性。Hopper（2011：36）进一步指出，"很多情况下我们默认的省略形式和完整形式之间的关系其实应该颠倒过来——所谓省略的话语才是基本的，而假定中更加完整的形式则具有特殊的语用功能"[①]。汉语交际中零句是根本，而通过评价表达中的整句和零句形式在具体序列环境中的分析，我们也可以颠覆传统的"省略观"——"整"与"零"两种形式并不是相互衍生的关系，而是在特定语境中具有独特的互动功能和交际价值。与此同时，我们也看到汉语和英语语法特点所带来的交际中社会行为模式的不同。汉语中的名词短语可以独自构成话轮，也可以直接加上句末语气词，在特定的序列环境中浮现评价意义、实施评价行为。

此外，我们也可以对话题在汉语会话中的表现有一个更加清晰的认识——话题的确立、延续与转换在行为互动层面同样发挥着重要意义，并且是在会话序列中彼此相连的"引发—应答"中进行的，具有动态特征。语言形式与社会行为之间存在一定的不对称，行为上发起性的评价在语言中也可能在一定程度上是回应性的。

[①] 关于自然口语中非小句形式的相关背景和讨论，另见 Thompson 等（2015：5-9）。

第五章　语气词的评价功能及规约化
——以"着呢"为例

5.1　引言

语气词在交际互动中具有重要作用。朱德熙（1982：208）将语气词分为三组。第一组表示时态，如"了""呢₁""来着"；第二组表示疑问或祈使，如"呢₂""吗""吧"；第三组表示说话人的态度或情感，如"啊""呕（ou）""呢₃"。方梅（2016b）指出这个语气词层次系统中同一词形的不同类别，如"呢₁""呢₂""呢₃"并不存在内部差异。她根据是否依赖言谈参与者，将语气词分为互动语气词和非互动语气词。互动语气词体现言者意图和言者立场，可以作为表达评价的一种手段。

本章探讨语气词"着呢"及其组成的评价表达式"形容词+着呢"（以下简称"A着呢"）。如：

(1) a. 咳，我们那工作<u>累着呢</u>。
　　b. 咱们这个牛街<u>烂着呢</u>，没有马路，就是坑坑洼洼都不平。
　　c. 那大黑沫子<u>臭着呢</u>。
　　d. 过去国民党那当儿，不净坐着那上头招兵吗。一天多儿钱，说得<u>好着呢</u>。（1982年北京话调查资料）

《现代汉语八百词》（以下简称《八百词》）将"着呢"的意义概括为"用在形容词或类似形容词的短语后，表示肯定某种性质或状态，略有夸张意味"，"多用于口语"（吕叔湘主编，1999：524），并与"动词+着+呢"做出区分，指出后者表示动作持续。相比于不带"着呢"的形容词谓语句，带上"着呢"后则在句法上受到很多限制。请看下面 A、B 两组的对比：

（2）　　　　A 组　　　　　　　　　　　B 组

　　a. 我们那工作很累。　　　　　a'. *我们那工作很累着呢。
　　b. 我们那工作可累了。　　　　b'. 我们那工作可累着呢。
　　c. 你们那工作很累？　　　　　c'. *你们那工作累着呢？
　　d. 你们那工作不累。　　　　　d'. *你们那工作不累着呢。
　　e. 我们那工作又累又差。　　　e'. *我们那工作又累又差着呢。

《八百词》中这样表述"着呢"前形容词的句法限制："形容词加'着呢'后，不能再受程度副词和否定副词的修饰，也不能再带表示程度的补语。"（吕叔湘主编，1999：524）这体现在例（2）中 a、d 两组句子上[①]。而例（2）还进一步揭示出，加上"着呢"之后，形容词不能进行并列式扩展（e'），整个句子也不能变为疑问形式（c'）。由此可见，加上"着呢"之后形容词失去了其自身所具有的句法范畴特征，整个句子也失去了句类上变换的自由，"A 着呢"构成了相对固化的格式。而值得注意的是，虽然"着呢"不能与表示程度高的副词"很"共现，却可以与意义相近的副词"可"共现[②]（b'）。"着呢"这些句法表现体现出它与"了""的""吗"等单音语气词的差异，后者决定语句的语气类型，但对语句内部构成成分的句法变换没有过多限制[③]。

显然，将"着呢"的语法意义概括为对性质或状态的肯定与夸张，无

[①] 需要指出的是，不能受否定副词修饰是对于像例（2d'）这样的组合性句法结构而言的，而对于相对固化的形容词否定式（如"不高兴、不乐意、不容易"等）来说，在"A 着呢"格式中的限制就没有那么严格，如：他嘴上不说，心里可是<u>不愿意着呢</u>。
[②] 根据《八百词》的描述，"可"表示强调语气，程度由轻到重都有（吕叔湘主编，1999：243）。这里的例子是用于感叹句，表达程度高的"强调"。
[③] 以"吗"为例：a. 你们那工作累吗？b. 你们那工作很累吗？c. 你们那工作不累吗？d. 你们那工作又累又差吗？

法很好地说明"形容词+着呢"以上这些句法表现。按照我们的理解，"夸张"是一种言者的主观态度，表示将相应的情况往大里说。但是表达夸张为何就不能与表达程度的副词共现？为何形容词的否定形式不能被夸张？为何夸张不能用于并列结构？以上这些问题，都是"夸张说"所无法解释的。对于虚词的研究，清晰地描写其用法（什么情况下能说，什么情况下不能说）只是第一步；更为重要的是对其语法意义进行恰当的概括，从而将其用法（形式表现）解释清楚，实现形式、意义、功能的相互验证。

更为重要的是，"夸张"是一种相当模糊、宽泛的说法，它并不能有效说明"着呢"（以及"A着呢"格式）与其他句式的差异。比如感叹句式"真是A""太A了""真是太A了""多（么）A啊"等，同样具有程度夸张的含义，体现说话人的主观态度。那么"A着呢"与这些句式的区别在于什么？"A着呢"格式中形容词受到的限制是上述这些句式所不具备的，这也说明它与这些表达"夸张"的句式有所不同。

鉴于以上分析，我们认为对于语气词"着呢"意义和功能的探讨还有待进一步深入。从评价意义的识解角度看，"A着呢"中包含表达评价意义的形容词，这一部分是语义透明的。而加上语气词"着呢"之后形成的"A着呢"整体上具有怎样的意义和功能，体现了说话人在评价中的态度和意图，这些则是需要我们仔细分析的。也就是说，由"着呢"带来的附加意义的部分是不透明的，需要结合其使用环境进行细致分析。根据3.5节所提出的判别标准，"A着呢"格式包含表达评价的形容词，但同时也具有一定的构式化特征，因此可以归入半规约化评价表达。它的功能以及意义解读与语气词"着呢"的功能密切相关，受到会话语境的影响。

接下来，我们将首先对前人的研究进行梳理和评述。随后将重点考察语气词"着呢"在不同语境中所体现的互动功能，从而揭示在形容词表达的评价意义上，"A着呢"在人际互动层面所体现的评价功能。

5.2 作为评价表达的"A着呢"

5.2.1 前人的研究

最早对"着呢"进行专门研究的是孟琮（1962）。他分析了位于动词后的"着+呢"与位于形容词性成分之后的"着呢"的异同,指出"着呢"是一个完整的成分,"表示程度高,有强调和夸张的意味;因为它本身表示程度,因此不能再带有程度副词或表示程度的补语,也不能进行重叠等构形变化"。这虽然可以解释相当的用例,但仍然无法解释例(2)中a与b的对立。并且,之后的一些研究进一步揭示出,即使是普通的性质形容词,它们在"A 着呢"格式中的出现也存在不对称现象(王雯、王娜,2009;王彦杰,2010;胡承佼,2012;周金雷,2016)。李文山(2007)认为意义相反的性质形容词都可以附缀"着呢"。而王彦杰(2010)则指出只有表大量的形容词才能够进入"着呢"格式,表示小量的形容词则不行,如例(3a)、例(3b);从主观性来看,强主观性形容词更容易进入"着呢"句式①,如例(3c)。

(3) a. *钱少着呢,不能去饭店。
　　b. *那个地方近着呢,不用骑车。
　　c. 现在的姑娘可精着呢,对她们一定得特别小心。

(引自王彦杰,2010)

王雯、王娜(2009)则将"还 A 着呢"格式分为三组,指出根据说话人的着眼点是现在还是将来,是起点还是终点,表示程度浅和程度深的形容词在"着呢"格式中被允准的情况也有所不同。

(4) a. 她还<u>小着呢</u>,上学还不够岁数!(*还大着呢……)
　　b. 这位少年得志的小老板心气还<u>高着呢</u>。(*还低着呢……)
　　c. 可当时天气还<u>热着呢</u>。/在北满的时候还<u>冷着呢</u>。

---

① 王彦杰(2010)所说的形容词主观性是依照张伯江、方梅(1996)对本质属性词的排序来确定的,排序中比较靠前的表德性(如"笨、横、傻"等)、价值(如"臭、好、坏"等)的形容词主观性较高。他通过分析"A 着呢"格式所出现语句中的相关语言成分——指示代词、人称代词、时间词语,以及方所词语,指出强主观性形容词进入"A 着呢"格式相对自由,而弱主观性形容词进入"着呢"句式,需要搭配远指对象或表示抽象事物。

此外，胡承佼（2012）指出，表示情态意义的"A 着呢"中的形容词需要具备"可度量"的特征。周金雷（2016）则指出，之前研究中显示不能进入"着呢"格式的形容词类别，如状态形容词、判断形容词（对、错），在实际语料当中并不是绝对不能出现；而具有"可度量"特征的形容词却未必都能进入"着呢"格式。形容词在"A 着呢"格式中的不对称现象进一步说明，将"着呢"的语法意义概括为"程度高"或"夸张"是并不充分的。

关于"着呢"的意义以及"A 着呢"的整体功能，学者们做出的概括还有"程度高/增加"（宋玉柱，1989；齐沪扬主编，2011；李延波，2019）、"强调"（李文山，2007；李文浩，2013）、夸张型主观大量、申辩（王彦杰，2010），等等，这些看法涉及状态、程度、语气等不同的表意层次，究竟什么才是"着呢"最根本的功能？什么是它在不同语境下体现的具体含义？目前的研究并没有给出清晰的解答。

另外，在探讨"A 着呢"的过程中，往往涉及它与"V 着呢"之间的联系。早在 1962 年孟琮就曾注意到某些"着呢"格式具有"A + 着呢"和"V 着 + 呢"两种解读。李文山（2007）和王彦杰（2010）都从体标记"着"与形容词所表性状在"有界性"上的搭配来解释"A 着呢"中形容词的限制。笔者认为，"A 着呢"中"着"已经和"呢"黏合成一个语法单位，不再是一个表示持续状态的体标记，因此，上述论证缺乏足够的说服力（详见 5.4.1 节的讨论）。还有一些研究讨论"A 着呢"与"V 着呢"在历时与共时层面的发展演变关系（萧斧，1964；孙锡信，1999；翟燕，2005；徐晶凝，2008；魏玉龙，2009；王彦杰，2010；胡承佼，2012；李文浩，2013）。大部分研究所公认的是，"着呢"与形容词搭配用于表达情态意义①，与表达时体意义的"着 + 呢"有关；但主要限于描述外部的过程，对情态意义产生的具体机制却没有细致的解释说明。

总体上看，之前对于"着呢"以及"A 着呢"格式的研究，都局限于单句层面，分析"A 着呢"的构成成分或其所在的句子，而忽略了"A 着呢"格式在更大的话语环境中的使用条件。极少数的例外是赵元任

---

① 《现代语言学词典》（第四版）（克里斯特尔编，沈家煊译，2000）对于情态（modality）的解释是："语法和语义分析术语，指由动词和相关范畴表示的语气的对立。"（第 225 页）我们这里所说的"情态意义"就与特定语气的含义类似。"着呢"用在形容词成分之后，传递说话人的情感和态度，表达特定的语气。

(1968）的研究，赵先生将"着（着）（的）呐"①看作"复合小品词"（compound particle），即作为整体而非依次在句子层面使用，"表示高度，'非常非常'的意思"（吕译本，1979：364），表示对某一性状 A 的断言，用于驳回可能的"非 A"的断言，说明某物不仅具有 A 的属性，而且正处于 A 的状态②。

(5) a.——他不快活吧？——不，他<u>快活着呐</u>！
　　b. 他们俩<u>好着着呐</u>！（引自 Chao，1968：810）

对于例（5a），吕译本（1979：363）解释为："你说他不快活吗？你错了，他不但是快活，而且是非常非常快活。"赵先生的观点给予我们很大启发。与之前的研究不同，他对"着呢"功能的分析涉及语言使用中的交际双方的因素——"驳回"，以及释义中的"你错了"，都体现了发话人与听话人的交互。而这一层意义的观察是基于对话的例子做出的。

我们将沿着赵先生的观察思路，从互动交际的视角对"着呢"做进一步探讨。从语言使用来看，"A 着呢"用于表达评价行为。我们在绪论中已经指出，评价本质上是一个互动性的行为和活动；那么考察评价表达式，也要联系评价在会话序列中的实施过程。因此，作为一个语气词，"着呢"的具体功能，以及对"A 着呢"一系列问题的解答，也要诉诸它在互动中的使用环境。要看在更大的会话语境中，"A 着呢"所处的位置，分析它体现说话人的何种立场和交际意图。

5.2.2 "着呢"的连续统

我们发现，围绕"着呢"的争议，有些是由于对"着呢"本身认定的模糊导致的。因此在分析"着呢"在话语中的用法前，我们仍然要对现代

---

① 赵先生这种表示方法涵盖了"着呢"的变体形式"着着呐""着的呐"，还提及了"着着哩"和"着的哩"。其中"呐"是"呢"的音变形式，而"哩"在现代汉语中被"呢"取代（魏玉龙，2009）。
② 译自 Chao（1968），原文如下：(This) comes from the assertion of a quality A, in retort to a possible assertion that it is not A, that it not only *is* A but is actually *being* A。(Chao, 1968：809–810)

汉语中的"着呢"进行厘清。

　　对于"着呢"的结构与表达意义的内部差异，之前的研究大多有所关注。尽管具体处理方式不同[1]，但学者们普遍承认现代汉语中"着呢"这一形式与不同词类搭配存在表达时体意义和表达情态意义两种功能。

　　(6) a. 你等一会儿再来，他现在<u>睡着呢</u>。
　　　　b. 这几天阴天，昨天晾的衣服今早还<u>湿着呢</u>。
　　　　c. 别为我担心，我一个人过得<u>好着呢</u>。

其中 a 句表示动词对应的行为状态的进行或持续，b 句表示形容词所对应的状态的持续，而 c 句表示对形容词所对应的性质状态的主观认识，语义上的这种差异可以通过测试手段加以证明。

　　(6') a'. 你等一会儿再来，他现在还在睡着。
　　　　b'. 这几天阴天，昨天晾的衣服今早还是湿着的。
　　　　c'. *别为我担心，我一个人过得好着。

从结构上说，a、b 两句应该分析为"V/A 着 + 呢"，而 c 句则是"A + 着呢"；前者中"着呢"联系相对松散，中间可以插入动词的宾语（如吃着饭呢），而后者中"着呢"已经凝固为一个词。从言语行为的角度说，a、b 两句分别是对当下持续的客观事件和情状的陈述；c 句则是主观的评价。

　　不过，"着呢"的同形异构体在实际使用中并不是泾渭分明的。胡承佼（2012）指出，即便联系具体的语境，"A 着呢"仍然可能有上述两种不同的解读。

---

[1] 不同的学者对于"着呢"的功能划分有所不同。有学者认为是只有一个"着呢"，"V 着呢"和"A 着呢"可以进行统一解释（李文浩，2013；周金雷，2016）；大部分学者与《八百词》做出的区分一致，认为存在两个"着呢"（宋玉柱，1989；李文山，2007；徐晶凝，2008；王彦杰，2010）。也有人将"A 着呢"的两种功能与"V 着呢"并列，提出三分的方法（孙家鑫，2010）。

114

(7) S又说了一大堆失之东隅收之桑榆，得之吾幸失之吾命等等安慰我鼓励我的话，大诗人，您就不能省省，此刻我难过着呢。

(引自胡承佼，2012)

这个例子包含时间指示性成分"此刻"，"难过着呢"既可以理解为自己处于心情难过的状态，也可以强调难过的程度。可见，"着呢"在不同结构体中的功能是一个连续统，一端是表达进行、持续的时体意义（睡着呢），另一端则是与性状有关的情态意义（好着呢），而中间的情况则是两种意义的混合，它们在意义解读中的隐显取决于具体语境中听话人/读者的识解方式。"着呢"的连续统见表5-1。

表5-1 "着呢"的连续统

时体意义 ←		→ 情态意义
吃着呢 坐着呢 写着呢 ……	忙着呢　烦着呢 <= 困着呢　亮着呢 => 高兴着呢　难过着呢 ……	大着呢 冷着呢 好着呢 ……
A组	B组	C组
【事件陈述】		【主观评价】

我们将连续统左端表时体的"着呢"称为"着呢$_1$"[①]，将右端表情态的"着呢"称为"着呢$_2$"，而连续统中间的"着呢"是"着呢$_1$"还是"着呢$_2$"，需要根据语境中的具体线索加以明确。"着呢$_2$"只与形容词性成分搭配。

表时体的"A着呢$_1$"前面都可以加上时间副词"还"。之前研究中提到的"A着呢"格式允准小量形容词（王雯、王娜，2009；王彦杰，2010）以及一些状态形容词（周金雷，2016）的情况，其中的"着呢"其实都是"着呢$_1$"。

(8) a. 去的时候年纪(还)小着呢，根本也不想结婚，不过借着找人

[①] 这只是一种方便的称呼。其中时体的意义主要是由"着"承担，且"着呢"的结合还比较松散，放在一起称为"着呢$_1$"主要是便于与语气词"着呢"（"着呢$_2$"）比较。

的名义在外面玩。
　b. 我甚至荒谬地觉得，妈<u>还年轻着呢</u>。
　c. 她的脸色*（还）苍白着呢！
　d. 树叶儿*<u>（还）葱绿着呢</u>，已添了新雪。

（引自王彦杰，2010；周金雷，2016）

例（8）中形容词的情状都是以时间结构为背景的，即表示形容词情状中某个临时状态的持续。上述 a、b 两句去掉"还"以及其他时间指示的词语（如"去的时候"），"A 着呢"就倾向于理解为表情态的"A 着呢$_2$"了；而 c、d 两句去掉"还"，"状态形容词 + 着呢$_2$"的组合不能成立。

"着呢"不同功能的凸显还可以从"A 着呢"中形容词取本义还是引申义加以佐证。我们以颜色词"红"和"黑"为例进行说明。

　（9）红着呢 => a. 表时体：小脸到现在还红着呢$_1$。（红：本义，颜色）
　　　　　　　　b. 表情态：她刚出了新专辑，红着呢$_2$。（红：引申义，受欢迎）
　（10）黑着呢 => a. 表时体：起床的时候，天还黑着呢$_1$。（黑：本义，颜色）
　　　　　　　　b. 表情态：这家小卖部可黑着呢$_2$。（黑：引申义，坏、坑人）

可以看到，在和"着呢$_1$"搭配的时候，"红"和"黑"倾向于理解为本义；而与"着呢$_2$"搭配时则倾向于理解为引申义。两类"着呢"在主观性上有差异，前者倾向于客观表述，后者则是主观评价。

本章讨论用于主观评价的"A 着呢$_2$"格式。沿着赵元任（1968）的观察继续深入，不难发现"着呢$_2$"的使用蕴含了与实际或虚设的言谈参与者的交互，而并非说话人单方的情感表达。因此可以将"着呢"看作互动性语气词（方梅，2016b）。为叙述简便，后文中如无特殊说明"A 着呢"一律指"A 着呢$_2$"。

需要指出的是，对两类"着呢"的划分并不意味着将它们完全割裂看待。恰恰相反，两个"着呢"共存的现象反映了语言中时体表达向情态表达的渗透（徐晶凝，2008）。比如前文提到的例（8a）、例（8b）在表示状态持续的同时也具有情态意义的解读。笔者认为，在"着呢₂"功能产生和发展的过程中，其源形式"着呢₁"的基本语义发挥着重要的作用。具体的产生机制将在 5.5 节中论述。

5.3 语气词"着呢"的用法与互动功能

本节我们重点讨论"A 着呢₂"在各类话语语体中的使用情况，首先分析会话语体中"A 着呢"用于表达评价时在不同序列位置中的用法；接着将涉及独白以及书面语篇当中"A 着呢"的用法，从而得出语气词"着呢"的互动功能及其浮现意义。

5.3.1 用于回应与"着呢"的交互性

"A 着呢"作为评价表达，在会话序列中是自由的，可以出现在发起话轮，也可以出现在回应话轮。本节讨论"A 着呢"出现在回应话轮的情况。我们发现，当"A 着呢"用于回应之前序列中对方的陈述性话语时，它往往与对方话语中的某种观点、看法形成对照，用来提醒对方注意谈论对象具有 A 的性质，体现对对方认识的纠正。看下面的例子：

(11) 傅老：这些日子我翻阅了一些中医和气功方面的专著，对过去一般练功者视为畏途的硬气功居然有了一定程度的了解，并且打下了相当的基础。也算是病中偶得吧！

和平：那那硬气功？就是头撞石碑、银枪刺喉那套吓人的玩意儿？当年我爸爸闯江湖的时候倒练过几招儿，<u>可不容易着呢那个</u>！

(12) 志国：尤主编您是说这出国手续不好办？

尤主编：也倒不是，没什么不好办的，世上无难事，只要肯登攀……啊，反正这个退了休以后也没什么事儿干，慢慢办吧……

和平：我离退休还早着呢我三十岁我还……

(13) 志新：嘿我一向认为这世界上财貌双全的姑娘压根儿就没有，刚才你算把我这观点给改变了，也好，明儿我娶媳妇这方向就更明确了。

莉达：瞧你，净拣人家爱听的说，其实呀，我离你的标准远着呢，你应该啊，把这光荣艰巨的任务交给更合适的同志去办。

(电视剧《我爱我家》)

这几个例子中，说话人使用"A着呢"形式，分别对"硬气功""我离退休（的时间）"以及"这事"进行了评价。而这些评价都与之前的序列中对方表明的看法不一致。例(11)中，傅老谈到自己在生病当中学习硬气功；其讲述中一方面提到硬气功难练："练功者视为畏途"，另一方面则凸显自己成效的显著："一定程度的了解""相当的基础"，最终用"病中偶得"对自己的练功成果做出评判。这些都显示出在他看来，练功过程比较轻松容易。而和平的回应中用"A着呢"形式做出评价，提醒对方硬气功并不容易，体现了对对方认识的纠正。例(12)中，尤主编表示志国、和平夫妇退了休以后可以慢慢办护照，预设了夫妻二人已经或即将退休，和平以"A着呢"形式对自己的年龄做出评价，表达了对尤主编认识的纠正，提醒对方现在远没有到她退休的时候。例(13)中志新表达了对莉达的恭维，认为她才貌双全，并表示对方就是自己择偶的标准。莉达对此先是发出了嗔怪（"瞧你，净拣人家爱听的说"），随即用"A着呢"形式做出自我评价，提醒对方自己远不及对方的高标准；引导这一评价的连词"其实"也体现了话语前后的转折关系，即说话人并不赞同对方的看法。

"A着呢"还可以用于回应对方的提问，在表达评价的同时提醒对方注意谈论对象具有A的性质，暗示谈论对象A的性质是对方没有认识到的。看下面的例子：

(14) 被妈妈打（L是主持人，Y是节目嘉宾）

Y：我一看见老师来我家就知道大祸临头了，老师一走，我就被妈妈打了一顿。

L：你妈妈还打你？

Y：怎么不打？打得<u>狠着呢</u>，打了我以后，她也哭了。

（访谈节目语料）

(15) 小张：哇！这脏兮兮的东西是什么啊？

和平：这是油条这不脏这个。

小张：油条？什么叫作油条？

圆圆：油条就是把一根软不拉叽的面扔油锅里那么一炸，<u>香着呢</u>。（电视剧《我爱我家》）

例 (14) 中 Y 讲述了暑期练唱歌偷懒，被老师和家长发现的经历。当她提到被妈妈打时，L 发出一个是非疑问句，对"打你"这一情况进行确认。从问答的角度看，该问句表明问者在认识上并不确定其真实性。而答者 Y 在回应中使用了反问句，做出了升级性的肯定回答（反问句：怎么不打？），突破了问句所设定的规程（肯定/否定，关于会话规程以及答句对问句规程的反抗，详见 4.3.2、4.4.1 节）。随后用"狠着呢"对打的程度进行评价，从而提醒对方更新认识——妈妈不仅打，而且打得狠。例 (15) 中涉及对小张不了解的事物（油条）进行说明、解释。从小张的问话来看，她不仅不了解油条是什么，还对它持负面评价（"脏兮兮的东西"）。而圆圆在解释油条的做法之后，对其评价"香着呢"，在传递相关信息的同时，纠正对方对油条的认识。

综合以上两方面的讨论，我们看到作为评价表达，"A 着呢"无论是回应陈述性话语还是疑问，都与交际双方的认识有关。序列中谈话双方展现的认识往往形成前后对照，请看表 5-2。

表 5-2　"A 着呢"体现的认识对照

	对方的认识及预期	说话人的认识（A 着呢）
例 (11)	傅老：也算是病中偶得吧！ （预期：练功的过程轻松容易）	和平："可**不容易着呢**"
例 (14)	L：你妈妈还打你？ （预期：不会打孩子）	Y："打得**狠着呢**"

由此可见,"A着呢"形式用于回应对方的话语时,不仅仅是自我评价的呈现,还表现出与对方话语的关联,暗示对方的认识不正确或不充分,提醒对方更新认识,注意谈论对象的性状(A)。这种提醒,就是"着呢"互动功能的体现,我们称为"纠偏性评价"。这属于元话语层面的评价,说话人在借评价词语表达自身评价立场的同时,也传递了对对方认识的负面态度——在说话人看来,对方显示的认识不正确或不充分,需要额外提醒。在这种回应语境中,"A着呢"这一评价表达式具有更强的交互性。前面谈到赵元任先生对"着呐"意义的概括,也是针对其在回应位置上的用法。

会话互动过程中,对于认识状态的关注和调节是会话推进的一个主要动力(Heritage,2012、2013);双方的认识会随着谈话的展开发生变化,彼此协调;也就是说,认识是在会话序列中构建的。"A着呢"用于回应对方的认识,也是从之前序列的展开中建构起来的。即使自身主观性不是很强的形容词,在特定的序列中也用于"A着呢"形式,表现出较强的主观性,比如例(16)中颜色词"白"的使用。

(16) 家庭用餐(T:宝宝;P:爷爷;M:奶奶;J:爸爸)
1　M:宝宝,你说咱们家谁黑啊?
2　T:哼。
3　P:咱家谁最黑?
4　T:爷爷最黑。
5　P:你说谁比谁最黑,咱俩比比谁最黑,你自己看。谁最黑?
6　T:爷爷黑。
7　P:你是最黑的。你是最黑的。
8　T:我不黑。
9　P:怎么不黑,多黑啊。看看谁最黑。
10　T:我不黑,我不黑,我不黑。
11　J:其实你原来挺白的,
12　M:其实我们宝宝挺白的。
13　J:这个缝儿是白的,其他地方都晒黑了,你看看。这缝儿是白的。

14　P：我们宝宝最白了。

15　J：你说我们白着呢。

16 → T：我们白着呢。（亲子互动节目语料）

这个例子取自真人秀节目。在之前的节目中爸爸就说过 T 黑，此时饭桌上爷爷又旧事重提，将自己与 T 比较，强调 T 是最黑的，受到 T 的多次反驳（第 8 行、第 10 行）。而后 J 和 M 分别用"其实"引出相反的看法，而 T 也在爸爸的引导之下说出"我们白着呢"，与爷爷之前的话语形成对照，体现对于自己肤色判断的反驳。[①]

对方所具有的认识，有时也直接体现在话语中的词汇形式上，如例（17）中认识动词的否定式"不知道"。

(17)"我不知道你还是文学爱好者。""我当然是，"胡亦白我一眼，"我兴趣广着呢"。（王朔《一半是火焰，一半是海水》）

其中"兴趣广着呢"是相对于对方"不知道"自己相关爱好来说的，提醒对方注意自己兴趣之广泛，对对方的认识做出了纠正。处在回应位置上的"A 着呢"对于对方之前话语的否定和纠正，也就是之前研究中所说的"申辩"[②]功能的来源（王彦杰，2010：239）。

5.3.2　用于发起与"着呢"夸张功能的浮现

"A 着呢"在会话中处于发起话轮，往往与新信息的传递、告知、警示等行为有关。它同样表示提醒对方注意相关的性状 A，更新自己的认识。看下面的例子：

---

① 需要说明的是，这里的"A 着呢"结构虽然并非 T 自主产出的，但节目中这一会话片段整体上是自然的。并且 J 以这一结构进行引导，恰恰说明"着呢"具有"纠偏"的互动功能，并且交际参与者对这一功能具有元语言意识。

② 需要说明的是，"申辩"的说法虽然也关注到发话人与听话人之间的关系，但在笔者看来未免程度过深，容易理解为对对方指责的反抗。而在笔者考察的对话例子中，"着呢"仅仅针对对方认识的不正确或不充分，向对方做出提醒，以引起对方注意。

|汉语口语评价表达研究

(18) 和平：您瞅瞅他对我妈的态度，完全是阶级偏见，是种族歧视，你看不起劳动人民你，我妈没文化能怨我妈吗？

志国：怨我！

和平：怨那万恶的旧社会！她又没出生在好人家，只好认命呗。新中国成立以后经过扫盲，我妈多少也能识两字了。如今那琼瑶的小说看得<u>溜着呢</u>。

志新：她老人家那么大岁数，还看那东西，也别说咱圆圆她姥姥还真有点人老心不老的意思，还挺花花的。

(19) 陈大妈：老傅，我把您的伴儿给带来了。

傅老：我的伴儿？

陈大妈：就是跟您一块儿唱二重唱的。来来来，进来……这位啊，就是吴颖同志，早先在中学啊，教过音乐课，唱起歌来<u>可豁亮着呢</u>，比那帕瓦罗蒂都不在以下。

傅老：原来是吴颖老师啊，久仰久仰。

(20) 小晴：我从没见过这么枯燥的日记，日复一日年复一年，全都大同小异，上班回家，吃饭睡觉，从五十年代到九十年代，一脉相承。

志新：我说要没什么线索咱就赶紧把这箱子给拿回去吧，出来的时候差点儿让我爸看见，他们这从事地下工作的都<u>贼着呢</u>！

（电视剧《我爱我家》）

例（18）中和平对其母亲的评价"如今那琼瑶的小说看得溜着呢"同时作为新信息的传递，引起对方认识状态的改变。在之前的谈话中，和平控诉志国对她母亲态度不端，在争论中提到其母亲"没文化"这一情况。按照常理，没文化的人自然不可能小说读得溜。和平用"溜着呢"这一表达更正了对方的预期认识，并提醒对方对其母亲这一特点的注意。之后志新的回应说明，这对他来说是之前没有意料到的。例（19）中陈大妈向傅老介绍与他一起唱二重唱的搭档。在此之前傅老不认识这位搭档，因此也没有对她的相关认识，陈大妈用"可豁亮着呢"进行评价，提醒傅老注意搭档的这一显著特点，并在后面用一个比较句对这个特点做出夸张阐述：

"比那帕瓦罗蒂都不在以下",体现了夸张的语用效果。例(20)的对话发生之前,志新和小晴想了解志新母亲日记的内容,就把日记本从傅老的房间偷出来查看,结果却一无所获。志新表示要留意、避免被傅老发现,并用"A着呢"格式发出警示:"他们这从事地下工作的都贼着呢",提醒对方没有意识到的一个方面——需提防偷看日记行为被警惕的傅老发现。

例(21)出现在自然会话中的讲述部分,同样与依据常识的认识不相符,作为一种显著的反常情况。

(21) 1　L　说咱们上医院看看她去。我们仨上医院看的她。后来上
　　　　　　医院看的=
　　　2　　　=当时,当时那个脸色什么的,都<u>好着呢</u>,
　　　3　R　哦
　　　4　L　就跟,就跟平常人=就跟她平常人一样,
　　　5　R　哦
　　　6　L　结果,好家伙,人家说了,
　　　7　　　说她那个那个,说她那个,
　　　8　　　呃:::住院,
　　　9　　　住院呢,那个@hhh@ (自然对话语料)

这段会话中L讲述去医院看望一位朋友的经历。按照常识,在医院的病人不可能脸色好,而讲述者L用"好着呢"引导听话人注意这一反常情况,同时也为之后讲述自己的惊讶和意外(故事的高潮,第6至9行)做了铺垫。

由此可见,"A着呢"用于行为发起时,同样包含与(说话人所预期的)对方认识的参照,提醒对方更新自己的认识,注意A所表示的性状。由于"A着呢"处于发起的位置,对方的认识并不是在之前的话语中直接显示或建构出来的;对于对方认识的判断可能是基于常识,如例(18)、例(21)。更多的情况下则是对方不了解相关信息,处于认识缺省(default)的状态,比如例(19)、例(20),说话人假定听话人对当前谈论对象没有相关认识,使用"A着呢"是为了提醒对方A所代表的性状,使对方对此获得充分的注意,从而调整谈话中对方的预期。

此外，认识还可能来自客观的情理。① 如：

(22) 志国：你小点儿声，（指圆圆）能听见。
　　 圆圆：你们说吧，多小的声儿，我都能听见。
　　 和平：你就听这你用心着呢你，在学校听老师讲课怎么不这么用心呐？（电视剧《我爱我家》）

这个例子中"用心"原本是正面的评价，但用于"A着呢"格式，是表明对方当下表现出的状态特征，与源自客观情理的认识不符——小孩应该专心念书，不应该用心听大人之间的讲话，而圆圆在很用心地注意听——从而体现出对圆圆的批评。其中句末重复的"你"，进一步加强了说话人负面情感的表达。

当"着呢"所针对的认识不是来源于话语本身而是默认的缺省状态时，"A着呢"就具有了在会话语境中更大的自由度。

(23) a.（这把刀）爷爷当年挖河塘捡的，用了几十年不卷刀，劈柴火<u>好使着呢</u>！（《1994年报刊精选》）
　　 b. 只听她说她的发廊在朝阳区，朝阳区<u>大着呢</u>，我到哪里去找她！（中国北漂艺人生存实录）
　　 c. 小伙子，生活中无聊乏味的事<u>多着呢</u>，要学会自己寻找乐趣。（1995年《人民日报》）
　　 d. 现在那些姑娘一个个儿的，<u>机灵着呢</u>，一遇这事儿，有几个明白的？（电视剧《我爱我家》）

这种情况下，"A着呢"成为说话人表达评价时的一种包装手段——当说话人认为对方对谈论对象的性状认识不充分、想要突出该性状时，就用"A着呢"的形式进行包装，提醒对方加以注意。

---

① 李先银（2017）认为，情理是人们行为做事的道理、理由，包括社会道德、法律规则、社会行为准则等，涉及社会因素与人们行为之间的关联，比如中国人一般中午会午休，就沉淀出"中午不应该打扰别人"这样的时间—行为情理关联。

从释话人[①]的角度说,说话人单独说"A"时也可以表达自己的主观评价,用"A 着呢"进行提醒,表明说话人传递额外的话语含义。一般来说,对于性状特征的表述,只有当其很显著,而对方没有注意到这种显著性状时,才需要提醒对方注意。在言语交际中,释话人往往通过回溯推理(abduction)进行推断——说话人提醒自己注意 A 所代表的性状,说明在说话人看来,A 所代表的性状是显著的。随着这一形式的反复使用,这一语用推理的结果就被纳入"A 着呢"的意义解读当中,即说话人强调性状 A 是凸显的、显著的。这就是之前很多研究指出的"A 着呢"表示程度的强调、夸张的来源。也就是说,所谓的强调、夸张等都是"着呢"的语用浮现意义,它本身的互动功能就是提醒对方注意相关的性状。此时,"着呢"本身并不表示对之前对方认识的负面态度,不再具有"纠偏性评价"的功能。

5.3.3 独白性语篇中的表现

正因为"A 着呢"体现说话人与听话人认识的交互性,提醒谈论对象的性状(A)与对方的认识不符(相反或不充足),它在独白性语篇中使用,往往出现在前后对比的复句的后一小句中,体现了语力(也称言外语力,illocutionary force)[②]的逆转和对比强调的含义。

(24) a. 当今有人为作家纷纷下海忧心忡忡,其实,文坛稳着呢,别担心它会沉入海底。　　　　　　　　(《1994 年报刊精选》)

　　 b. 别看他年纪轻轻,喜欢玩乐,他的才能大着呢。

(《中华上下五千年》)

　　 c. 桥保看上去像是老实巴交的工人,可他心里细着呢。

(《1994 年报刊精选》)

　　 d. 农民与"造市"直接关系虽然不大,但间接关系可大着呢。

(1994 年《人民日报》)

---

① 这里仿照完权(2018a,2018b),采用"释话人"这一术语与说话人相对,是为了体现听者在语用推理、意义建构互动过程中的积极地位。
② 这一术语来源于言语行为理论(Speech Act Theory;Searle,1969)。言外语力对应言外行为,也称施为性言语行为(illocuationary act),体现说话人的交际意图。

例（24）中，复句的前一小句交代相关情况，而基于这些情况得出的认识与后一小句"A 着呢"所示的情况不符，因此前后形成对照——a 句的"作家纷纷下海"与"文坛稳"、b 句"年纪轻轻，喜欢玩乐"与"才能大"、c 句"老实巴交"与"心细"；而 d 句直接在用词上形成对照："不大"与"大"。二者中间用"其实""别看""看上去""看上去……可……""可""虽然""但"等表示转折的成分连接。

在口语独白中，说话人用"A 着呢"做出评价，体现对性状 A 显著性的凸显。正因为在说话人看来性状 A 值得引起注意，因此在用"A 着呢"表达评价之后，往往有进一步的详述（elaboration）。

(25) a. 咳，我们那工作累着呢，我那道机最累，因为合这个包儿的大片儿。

b. 这地深着呢。不是沟，就是用土啊，北京市里头盖房用土取土的……

c. 我一到这儿的时候吧，就是咱们这个牛街是烂着呢，没有马路，就是坑坑洼洼都不平，那个走路呢都走不了，就得挑着走。

d. 孩子就姑娘就嫁给王府里头，那规矩多着呢，就是说嫁给他，她干嘛去呀，她，结婚的时候……

（1982 年北京话调查资料）

从社会交际的角度说，关于"某事物具有性状 A"的提醒，暗含对方当前的认识不正确或不充分，是一个潜在的面子威胁行为（face threatening act，FTA），因此需要进一步的解释。"A 着呢"在表达评价的同时还体现了互动功能，相比于"程度副词+形容词"的形式，具有更强的主观性以及交互主观性。在独白语体中，存在两种形式连用的情况，都是"程度副词+形容词"形式在前，"A 着呢"形式在后，而不能颠倒顺序。

(26) a. 就是说到这来呢，就是牛街呀挺破，烂着呢。（*烂着呢，挺破）

b. (我们家住得) 差不多都挺近的反正，特别近，过年特别热闹，小孩儿，哥哥小孩儿，姐姐小孩儿都了一大帮，<u>特淘</u>，<u>淘气着呢</u>，得有二十多个人吧。（*淘气着呢，特淘）

(1982年北京话调查资料)

在说话人单独的讲述中，在前的"副词+形容词"形式侧重于对相关事物进行描述，与讲述内容关系更加密切；而"A着呢"形式则侧重于说话人的评价，提醒对方注意性状A，从而凸显A的程度。虽然二者都具有主观性，但后者的主观性以及互动性更强。从语义表达上说，后者比前者体现出更高的语义强度。[①]

"副词+A"不涉及其他言谈参与者，是一种单向的描述，而"A着呢"蕴含与其他言谈参与者的交互，是交互主观的断言。当说话人采用"A着呢"提醒对方，凸显相关事物特征时，他是将形容词代表的性状作为一个整体从外部审视的；而程度副词对相关性状的量做出认定，是从内部将性状作为一个由强到弱的连续统。因此，无论是从语用功能还是识解方式来看，都不能将"副词+A"与"A着呢"糅合为一个结构，即"A着呢"中的A不能受"很、特、非常"等副词修饰。同样的道理，带有程度量、具有摹状功能的状态形容词（雪白、翠绿等）也不能进入"A着呢"形式。[②] 形容词的否定式（如"不大"）[③] 与并列结构（如"又快又好"）都是对形容词表达性状的限定或描述，同样不能进入"A着呢"形式。

与此相对应的是凸显交际者预期的交互性副词"可"——主观性强的修饰成分"可"在形容词之前可以表现说话者正面预期得到满足，也可以表现超出说话人预期的负面信息，进一步引申出表达程度的意义（张旺熹、李慧敏，2009）。"可"加在"A着呢"的A之前，构成"可A着呢"，体现了说话人做出该评价时与对方认识（说话人所认定的对方的预期）的对照，从而进一步增强了主观评价的语用效果，如：

[①] 关于语义强度，参看张伯江、方梅（1996）第九章关于问句连用顺序的研究。
[②] 状态形容词中表示描摹的语素就是对形容词所示性状程度的具体描述。
[③] 有些用例虽然表面看A包含否定词"不"，但实际上并不是组合性的否定式，而是作为词汇化的整体使用，比如下面一例中"不饶人"并没有对应的形容词肯定形式（*饶人）：
(1) 等话出口，他们才发现：是她！不饶人着呢！（《读书》第41期）

(27) a. 当年我爸爸闯江湖的时候倒练过几招儿，可不容易着呢那个！

b. 吴颖同志，早先在中学啊，教过音乐课，唱起歌来可豁亮着呢。

c. 哎哟许老四啊，哎哟那孩子可淘着呢。

（电视剧《我爱我家》）

另外，"着呢"提醒对方注意性状 A、更新对方认识的互动功能还蕴含着一层意思，那就是使用"A 着呢"的说话人对性状 A 是确定的、具有充分认识的，这是"着呢"互动功能得以实现的前提。因此如赵先生所说，"A 着呢"在语气上是一种断言（assertion），而不能用于疑问句〔见前文例（2c'）〕。

5.3.4 本节小结

本节我们讨论了"A 着呢"在不同话语/语篇环境中的功能。笔者认为，"着呢"是互动性语气词，具有提醒对方注意的功能；"A 着呢"用于评价体现互动性，即说话人提醒对方注意谈论对象 A 的性状，更新自己的认识。而在不同话语/语篇环境中，这一功能有不同的具体体现。在会话中的回应位置，对方的认识可以通过之前的序列显示出来。此时"A 着呢"就具有"纠偏性评价"的功能，说话人在做出"某事物 A"评价的同时，也通过与对方话语的对照，表达了对对方认识的负面态度，即认为对方的认识是不正确或不充分的。在会话中的发起位置，"A 着呢"针对自己所设定的对方认识，而这种预设可能来自特定语境下的常识判断，也可能是一种默认（缺省）的状态，或者基于客观情理。当针对认识默认状态时，"A 着呢"就作为说话人的一种包装手段，表达对性状 A 的凸显，实现夸张的语用效果；针对客观情理时，"A 着呢"往往表达对不合情理的情况的负面评价。在书面语篇中，"A 着呢"往往出现在转折复句中的后一小句，与前一小句中体现的对方认识形成对照，表达对比强调。"A 着呢"在不同语体、语境中的使用反映了它的互动性强弱，详见表 5-3。

表 5-3 "A 着呢"不同语境下的功能及互动性

总体功能	语体及语境		认识来源	用例	浮现功能	互动性
提醒功能	口语	对话中回应语	序列语境	例（11）至（17）	纠偏性评价	强 ↓ 弱
		对话中发起语	语境+常识推断	例（18）	负面评价	
			客观情理	例（23）		
			默认状态	例（19）、例（20）	夸张	
		独白	默认状态	例（25）		
	书面语篇		转折复句的后一小句	例（24）	对比强调	

"A 着呢"中的形容词在基本话语层面，本身表达评价；而在会话回应的位置上，"着呢"还体现着元话语层面上的纠偏性评价，体现对对方认识的负面态度，体现出强互动性。也就是说，"着呢"所体现的纠偏性评价对会话序列具有依赖性。

5.4 "A 着呢"中的不对称现象

5.4.1 对已发现现象的解释

之前的研究中，对于"A 着呢"中形容词所受的限制及不对称现象，大都是从形容词的量性特征以及"着"作为时体标志本身的意义入手的。比如李文山（2007）从有界与无界的角度，指出表示进行的持续体标记"着"带有［无界］特征，要求与无界的性质形容词搭配，而状态形容词及受副词修饰的形容词都是有界的，所以不能进入"A 着呢"格式；王彦杰（2010）从同样的角度出发，进一步区分了大量形容词（高、长、大等）和小量形容词（低、短、小等），并从认知上分析大量形容词与"着"的［无界］特征相匹配，而小量形容词则是有界的，因此不能进入"着呢"格式。我们认为，这种解释的问题在于"着呢"的同一性。在 5.2.2 中我们曾讨论"着呢"表时体意义和情态意义的连续统，"大/高/长着呢"中的"着呢"显然是"着呢$_2$"，其中的"着"不再是"着呢$_1$"中的体标记，其作为体标记的有界特征能否保留值得怀疑。

按照笔者之前的分析，从互动视角理解"A 着呢"的话语功能，即用于提醒说话人注意 A 表达的性状，更新自己（与 A 相反或不充分）的认识，那么王彦杰（2010）提到的那些形容词不对称现象其实也很好解释（在排除与"着呢₁"混淆的前提下，详见5.2.2节）。一般来说，显著度高的事物、事件、性状更容易引起人们的注意，而说话人采用"A着呢"，就是因为在他看来，A的性状是显著的；对于表度量的形容词（大—小；高—低；长—短）来说，当它们用作本义时，总是表示大量的形容词显著度更高①。因此，"A着呢"这一格式就与认知上显著的大量形容词匹配，而比较排斥认知上不显著的小量形容词。

5.4.2 新的不对称现象的发掘

从互动的角度看待"A着呢"格式，除了可以解释之前研究中已经发现的现象，还可以引导我们去发现之前未充分注意到的新的语言事实。

5.4.2.1 表德性的形容词在"A着呢"中的不对称倾向

在张伯江（1997）所列出的形容词主观性的等级序列中（见本书4.2.1节的引用），表德性的形容词属于主观性很强的一类，表示对人的品德、性格等的评价。前文指出，在缺乏语境支持的情况下，说话人采用"A着呢"格式所参照的往往是一种默认状态下的认识。而默认的认识主要源于生活常识和客观情理。在情理系统中，一个人的品德、性格等应该符合社会的规范和普遍认同，比如"善良""谦虚""勤劳""勇敢"等褒义形容词，都是符合客观情理系统的；而"A着呢"的表达恰恰是提醒对方A的性状，与对方符合情理的认识进行参照。因此可以推断，表示贬义的德性形容词更容易进入"A着呢"格式②，而相应的褒义德性形容词则不太容易进入。

这一点可以从两个方面得到佐证。一是实际使用的考察。王彦杰（2010）对照张伯江、方梅（1996：226）列出的本质属性词分类，考察了

---

① 形容词的显著度（可别度）在语言层面有所体现。当我们就某事物的量进行提问时总是使用其中表示"大量"的形容词：
(1) a. 那张桌子有多大/高/宽？　b. *那张桌子有多小/矮/窄？
在表达一个量级名称时，我们也往往使用表示"大量"的形容词：
(2) 长度——*短度　高度——*低度/矮度　难度——*易度

② 这个论断有一个前提，那就是形容词要在语体色彩上与"着呢"格式相吻合，即偏向于口语、非典雅的。

与"着呢"共现的形容词的情况,指出表示"德性""价值"的强主观性形容词更容易进入"A 着呢"格式。而笔者进一步发现,他列出的进入"A 着呢"格式的德性形容词都是负面的:"笨、狠、横、倔、精、傻、凶、严"。也就是说,实际使用中,在评价品德个性时"着呢"总是与表负面的德性形容词共现。

二是在中性语境下的测试。下面两组句子,含有贬义德性形容词的左栏可接受度很高,而含有褒义德性形容词的右栏则接受度较低,需要更多语境信息的支持。

(28) a. 他这个人啊,狠毒着呢。　　b. ?他这个人啊,善良着呢。
　　　c. 他这个人啊,狡猾着呢。　　d. ?他这个人啊,诚实着呢。
　　　e. 他这个人啊,骄傲着呢。　　f. ?他这个人啊,谦虚着呢。

虽然实际语料中并未出现太多德性形容词与"着呢"共现的情况,但上面测试的两组句子说明,在评价品德个性时,相比于褒义形容词,贬义形容词进入"A 着呢"格式是更为普遍的、无标记的情况。右栏这些句子并非绝对不能说,但需要创设合适的语境,即对"他这个人"存在某种相反或不一致的认识,"A 着呢"用于纠正这种认识,提醒并凸显积极正面的德性。这种恰恰是语气词"着呢"的功能。进一步说,在语言使用中,只看形容词本身的褒贬倾向是不够的,还要联系德性评价的主体、双方关系、对话中建构并调整的双方认识等进行判断[①],这些使得德性形容词在"A 着呢"形式中的褒贬对立并不绝对,但这不影响德性形容词褒义贬义在"A 着呢"形式中的不对称倾向。另外,这种不对称倾向体现在德性形容词之中,而对于主观性偏低的形容词,"A 着呢"形式中的褒贬倾向没有这么明显。最为典型的褒义形容词进入"着呢"形式的例子就是"好着呢"。对此我们的解释是,一方面情理只是"A 着呢"所参照的认识的来源之一,特别是对于德性之外的形容词来说,序列语境中的其他因素对于

---

① 比如,情理系统对于品性的判定并不是非黑即白、一成不变的,如"老实""聪明"等,一般被认为是正面的品质,但在某些交际场景中可能被看作负面、不合情理和预期的,从而可以进入"A 着呢"格式。

双方认识的建立和协调可能发挥着更重要的作用。另一方面，像"好""坏"等高频形容词，在使用中往往具有习语化、固定化的倾向（参看 Thompson 和 Tao，2010）；其语义面很宽，在不同句法语义组配形成的表达中，具体含义更加多变，因此造成使用倾向的模糊性。

5.4.2.2 "A 着呢"所搭配人称的不对称倾向

"A 着呢"体现评价表达中与对方认识的关联，这就涉及交际过程中的认识状态与信息领地（territory of information）（Kamio，1997；Heritage，2012、2013）。我们在第四章曾经提到认识权威，它关注的是声称自己具有某种知识的权利；而认识状态则是说话人对某事物具有知识的多少。互动中谈论的认识可以根据其所属的信息领地进行划分，说话人知道的内容属于"说话人领域"（speaker domain），受话人知道的内容属于"受话人领域"（recipient domain），而两者有所交叉，构成了双方共知的领域，见图 5-1。

自己的狗喜欢的食物
自己与家人的谈话
希望月底还清信用卡
……

说话人领域（Speaker domain）　受话人领域（Recipient domain）

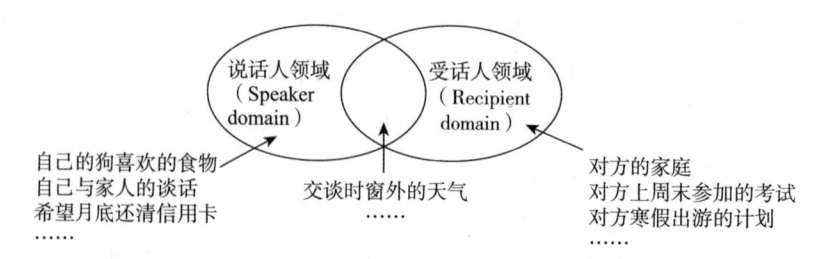

交谈时窗外的天气
……

对方的家庭
对方上周末参加的考试
对方寒假出游的计划
……

图 5-1　"说话人领域"与"受话人领域"

对于不同信息领域的内容，双方的认识权限和认识状态有所不同，而这又进一步影响对于他们话语的解读。对于对方认识领域内容的表述（如对方的个人情况、经验阅历等），属于 Labov 和 Fanshel（1977）所说的"受话者领域事件"（B-event）[①]，即使不以疑问形式产出，也倾向于被理解为一个寻求确认的问句。因为一般来说，说话人对于对方的认识无论如何并不会比对方对自己的认识程度更高。

[①] Labov 和 Fanshel（1977）将互动中交际双方（说话人 A，受话人 B）的认识状态分为五种：1）A-事件：A 知道，B 不知道；2）B-事件：B 知道，A 不知道；3）AB-事件：A 和 B 都知道；4）O-事件：所有在场的人都知道；5）D-事件：可知性有争议。这五种不同的状态对交谈中话语的解读具有重要影响。其中的 A-事件和 B-事件就分别对应于"说话人领域事件"和"受话人领域事件"，这是本书为术语意义明晰考虑进行的翻译。

基于这种认识，笔者推断，用于提醒对方更新认识的"A 着呢"，其所涉及的一般不是受话人领域的内容，因为受话人领域内的知识并不需要说话人加以提醒。其中最为典型的表现就是，"A 着呢"不倾向于与第二人称主语搭配。而对于说话人自己（我，第一人称）以及第三方（第三人称，其他普通名词）的情况，没有类似的限制。

前文也指出，提醒对方、暗示其认识的不当或不充分已经是潜在的面子威胁行为了，而如果还涉及对对方自身的认识，面子威胁的程度无疑会更高。这些都导致"A 着呢"与第二人称主语搭配极其受限。

实际语料的考察也支持了我们的推断。王彦杰（2010）考察了带有人称代词标记的"A 着呢"句式，55 个用例中只发现第二人称"你"的用例 1 例，而第一人称与第三人称的用例数量大致相当，分别为 32 例和 22 例。并且王文所举的第二人称用例按照本章之前的分析，属于"着呢"功能连续统中间的情况，即同时叠加了状态持续的含义，因此并非完全是就某种性状提醒对方注意，主观性程度有限。如例（29）。

（29）我是说你长大了，可离老还远着呢！（引自王彦杰，2010）

另外，"A 着呢"用于对方（第二人称，受话人认识领域，B-event）或第三方（第三人称以及普通名词，一般为双方共知领域，AB-event）时，可以表示对方或某第三方呈现出的状态与认识中的客观情理不符，从而体现说话人的负面评价，如之前的例（22）"你就听这你用心着呢你"。

5.4.3 本节小结

透过"着呢"的互动功能，笔者对之前研究中提到的"A 着呢"中 A 的不对称现象进行了解释。笔者认为表度量的形容词中小量的一类在"A 着呢"中受限，主要源于"提醒注意"这一互动功能对形容词语义的要求——性状在认知上显著。进一步，我们沿着"纠正认知""提醒注意"的互动功能推论，揭示出之前没有充分关注到的两个倾向——表德性的形容词在进入"A 着呢"时的不对称以及"A 着呢"与不同人称搭配的不对称。

5.5 互动功能的产生机制

之前我们指出了"着呢"用于提醒对方更新认识的功能,以及在会话回应中体现的纠偏性的元话语评价。本节我们将表达交互性评价的"A着呢"(着呢₂)与表达时体意义的"V/A着呢"(着呢₁)联系起来,探讨"着呢"从时体意义发展出情态意义的机制。笔者认为,"着呢"提醒注意的功能主要来自语气词"呢",而其搭配对象从动词成分到形容词成分,伴随着"着"表时体功能的弱化,向知域和言域的发展,以及它与"呢"的融合。

5.5.1 "着呢"的历时发展与"呢"的互动功能

从历时的角度看,"呢"在不同来源形成的过程中时体意义(表示进行/持续)与语气意义(疑问或夸张、肯定)往往纠结在一起,在发展出进行/持续意义时,几乎总带有语气的意义(参看徐晶凝,2008)。[①] 关于"着呢",魏玉龙(2009)指出,宋代时表示动作持续的助词"着"与"裏/里/哩"开始共现,形成了"动词+着+(宾语)+裏";而后该用法从动词扩展到形容词上,在元代形成了"形容词+着哩";而从明代起语气词"呢"开始逐渐取代"哩",到了清代"哩"已基本被完全取代,形成"A着呢"格式。这说明现代汉语中"着呢"的两种同形异构体是同时产生的;在"着哩"阶段,就已经形成了与5.2.2节提到的连续统对应的三种用法了。

(30) a. 佛向经中说着裏,依文便请唱将来。(《敦煌变文集》)
b. (老千户云)俺哥哥,你还健着哩。(《全元曲》)
c. 这厮倒聪明着哩。(《元曲选》)(转引自魏玉龙,2009)

王彦杰(2010)也提到从元代"形容词+着哩"("形容词+着呢"

[①] 方梅(2016b)指出,"VP呢"具有持续的解读,但在状语小句中不能用"呢"表达持续意义;"呢"的持续义是一种浮现意义,来源于言者提醒当前状态这一基本功能。

的前身）出现，一直到现代汉语中"形容词＋着呢"，兼表状态持续义的例子逐渐减少，只表示程度夸张义的例子逐渐增多。另外，在"着呢"开始出现的近代汉语中，它还存在很多变体，并不稳定（魏玉龙，2009）。可见"着呢"时体意义的弱化、语气意义的增强，是一个渐进的过程。

"A 着呢"互动功能的形成，首先与"呢"的提醒功能有关。现代汉语中"呢"可以用于陈述句也可以用于疑问句。它的言谈互动功能已经引起很多学者的注意。吕叔湘（2014［1944］：369）在讨论表达"传信"的语气词时，谈到"呢"的用法："呢"字之表确认，有指示而兼铺张的语气，多用于当前和将然的事实，有"诺，你看！""我告诉你，你信我的话"的神气……"呢"字是说事实显然，一望而知……偏于叫别人信服。

吕先生还分析了常用"呢"的几种句子，包括"有"字句、"在"字句、"还"字句、"才"字句等，也包括"形容性谓语"，并且指出这种情况下常用"着呢"①。

(31) a. 早呢（/着呢），再谈一会儿再去。
　　　b. 天下山水多（着）呢，你那里都知道？

（引自吕叔湘，2014［1944］：370）

此后的研究中，胡明扬（1981）指出，"呢"的作用在于"点明某一点，提请听话人注意"；邵敬敏（1996）认为"呢"在陈述句中的语法意义是表示"提醒"。Wu（2005）进一步指出"呢"具有调节交际者认识的作用，在陈述句中提请听话人注意"呢"所表示的事实或事态，主要用于两类话语：1）反驳对方论断或表示与对方期望不同的观点；2）表明理由、支持说话人观点的话语。方梅（2016b）指出，"呢"属于互动性语气词，可以传递说话人的信念，也可以用于表达说话人的评价。完权

---

① 值得注意的是，吕先生说"常用'着呢'"，并不意味着这种情况下"着呢"可以自由替换"呢"，比如他所举的另一个例子：
(1) 这个药粉灵的很呢（*着呢），敷上就不疼。
再如，例（31a）中的形容词带上程度副词，就只能用"呢"，不能用"着呢"：
(2) 挺/有点早呢（*着呢），再谈一会儿再去。
这说明相比于"呢"，复合语气词"着呢"使用的范围小得多，用法的限制也多得多。

(2018a)在评述前人对"呢"的种种认识的基础上,进一步阐述了吕先生的论断,指出"呢"是表现信据力的交互主观性成分,表明希望听话人(完权文中称"释话人")确信并重视发话人的信息,并且对预期的言语或行动反馈具有较高的主观期待。

以上这些关于"呢"的看法都与本章讨论的"着呢"具有功能上的高度一致性。但是从句法语义上说,"A 着呢"中的"着"也是不可或缺的。"着呢"互动功能的形成,是句末语气词功能的叠加强化,还与其搭配的形容词的识解方式,以及时体标记"着"的主观化有关。

5.5.2 "着呢"的形成机制

笔者认为,"时体—情态"连续统中间的用例构成了"着呢$_1$"向"着呢$_2$"发展的过渡语境。张国宪(2006a、2006b)讨论了不同认知扫描方式所形成的形容词的三种情状类型:性质、状态和变化。对于过渡语境下的"A 着呢",其中形容词都具有性质和状态两种"意象"(image)。"A 着呢$_1$"中,对形容词的识解与时间连续性相关,表明当前状态下性状程度的持续,是次第"连续"扫描形成的情状片段,此时"着"是不完整体的标记①。这种情况下"着"是附着在形容词之上的,构成"A 着 + 呢"。

而其中的形容词也可以进行总括扫描,即凸显作为整体的性质,不参与时间过程。这种情况下形容词就与表示状态持续的"着"构成了错配,造成形容词(A)与"着"的分离,为"A 着呢"的重新分析提供了基础。

进一步,"A 着呢"格式扩展到情状只凸显性质的形容词上,使整体表达进一步与时间过程分离,而这也促使"着"的功能发生主观化。作为时体标记的"着"是对当前事态的描述——某事物正处于某种状态;而当与其搭配的形容词在情状上不涉及时间而表达静态属性、特征时,"着"就转变到"知态"和"言态"的层面,即确立说话人关于性状 A 的认识以及宣称(言语行为)——我认为某事物 A、我要告诉你某事物 A。此时

---

① "体"(aspect)涉及动词所指示的情状在某一时刻所处的状态。所谓不完整体(imperfective),即着眼于情状的某一片段,不把它看作一个有始有终的整体。"着"表达持续状态的情状,属于不完整体。

"着"所关涉的范围就从命题内部（事件过程）转变到整个命题，成为一个主观化的成分。其功能的主观化以及作用域的扩展（由形容词情状到整个话语），促成"着"与表达言者提醒当前状况的语气词"呢"结合，产生了主观互动功能的叠加和强化，成为一个专用于形容词之后的互动性语气词"着呢"，也就是我们所说的"着呢$_2$"，"A着呢"结构则被分析为"A＋着呢"。由于"着"来源于与形容词的搭配，复合语气词"着呢"的用法也相对比较单一，"A着呢"具有一定构式化特征（详见5.1节）。

5.5.3　互动性的进一步加强

现在我们已经清楚，语气词"着呢"的互动功能源自三个方面的因素：1）过渡语境中形容词不同的识解方式；2）"着"与形容词的分离及其主观化；3）"呢"的互动功能与"着呢"的叠加强化。

形成的"A着呢"格式在表达评价的同时关联对方的认识，提醒对方对评价特征的注意。这种言语行为的效力还可以通过语气词"呢"的变异形式进一步加强。方梅（2016a）指出，北京话中"啊、呢、了"的变异形式"呀、哪、啦"主要体现互动功能，将述谓句变成一个施为句（performatives）。我们发现，在实际使用中，"A着呢"中的"呢"也说成变异形式"呐"或"哪"，增强提醒、断言宣称的互动强度，体现出更强的互动性。

(32) a. 产权改变带来机制转换，过去这请示那汇报，干点事难<u>着哪</u>！
　　　b. 蒸好后，包子皮被馅里的油浸透了，一咬一股水，<u>香着哪</u>！
　　　c. ……搁一个椅子，坐椅子上头。（坐椅子上，哈哈…）哈哈，也寒碜<u>着哪</u>！
　　　d. 他呢就觉得好象我呢就挺爱说人的是的哈，就不乐意跟我一块儿，<u>逗着哪</u>。（1982年北京话调查资料）

5.6　小结

本章讨论了半规约化评价表达"A着呢"的使用。其中不仅涉及口语，也涉及书面语篇。通过对不同语体、不同序列环境的具体分析，我们指出"着呢"是互动性语气词，表示说话人就某种性状 A 对对方的提醒。

在会话的回应位置上，"A 着呢"进一步体现为元语性的纠偏评价功能，表示对序列中之前话语所建构的对方认识的负面态度。而在会话发起的位置以及独白中，"A 着呢"则主要针对常识推理、缺省状态或客观情理，体现为对程度的夸张或负面评价；在书面语篇中参照的认识往往体现在转折复句的前一小句当中，互动性依次减弱。

方梅（2016b）、方梅、乐耀（2017）指出，互动性语气词是言者即时交际的手段，用于对受话人施加话语影响。具体到本章讨论的"着呢"，观照到评价行为中受话人的认识，在不同使用环境中有不同的表现；其自身的评价功能则是依赖回应这一会话语境的。而我们将"A 着呢"与"V 着呢"联系起来，对"着呢"产生机制的探讨进一步说明，使用中词语搭配类别的变化、扩展所造成的形义错配，可以触发与事件状态（命题层面）相关的成分向言语互动的方向（人际层面）虚化。

本章从互动行为的视角出发，讨论语气词"着呢"及其构成的"A 着呢"模式，说明一些语言形式在句法方面的限制是与其在交际互动上的功能密切相关的。从互动角度对"着呢"的功能进行概括，不仅有助于我们对表达式的意义功能有更清晰的认识，对之前有争议的问题做出进一步解释，而且还能引导我们去发现更多新的语言事实和倾向。

第六章 副词评价意义的浮现及规约化
——以"合着"及其近义副词为例

6.1 引言

本书第三章提到表评注或肯定的副词小类——Chao（1968）所说的"估价副词"和"肯定副词"——可以表达说话人的主观态度或评价。方梅（2017a）在讨论负面评价规约化的词汇手段时，就曾列举分析了"一味""动不动""倒是""横是"等副词所表达的负面评价意义。对于相当一部分评注性副词而言，其评价意义是作为它字面意义之上附加的意义，而这种意义往往是在特定的句法位置、序列位置或话语条件之下浮现的。本章以北京话中的"合着"及其近义词"敢情""横是"为例，探讨副词评价意义的浮现及规约化。

"合着"一词经常出现在北京人的日常谈话以及北京话小说、影视作品中。在高艾军、傅民主编（2001）的《北京话词典》（增订本）中，"合着"的含义被解释为："经过思考，有所领悟，对某事做出新的判断，全句蕴含着'闹了半天'、'实际上……'、'竟然'等意味。"

(1) a. 咱一走，家里也少一个人嚼谷；给老二娶个媳妇，<u>合着</u>是去一口添一口，正合适！（《老舍剧作全集》）

　　b. <u>合着</u>这药铺哇，就三个人：东家窝心，掌柜的假行家，学徒的窝囊废。（《单口相声选集》）

我们发现,"合着"的使用往往还与说话人的评价、态度有关。

(2) a. 傅老:这个虽然说我已经掏了五十了,合着里外里我除了肚子疼什么也没有落下,而且我们老年人身体恢复起来也很缓慢。
（电视剧《我爱我家》）
b. 志国:合着看准咱家是免费饭店了。(电视剧《我爱我家》)
c. 吕齐叹了口气,表情茫然,"护照还没批下来呢"。我舒了一口气:"这不还早着呢吗。""合着你他妈高兴了",吕齐骂我。
（范伟《我的倒儿爷生涯》）

上面各例,"合着"引出的是说话人对客观事件、事态的某种判断。而这些事件或事态,有些在人们的共有知识中是负面的,如例（2a）"里外里我除了肚子疼什么也没有落下";有些孤立地看无法确定是正面还是负面,如例（2b）"看准咱家是免费饭店了";还有些则是正面的,如例（2c）"你高兴了"。但是加上"合着",语句整体就表示说话人的负面评价——在说话人看来,"合着"引出的事件或事态是不好的。对于例（2c）来说,詈语"他妈的"的使用也体现出说话人的负面态度;但即使去掉"他妈的","合着你高兴了"仍然是表达负面评价的。这一点可以通过更多"合着"加上表正面事件或事态的语句加以证明。

(3) a. 合着他大获成功了。
b. 合着你是步步高升啊。
c. 合着现在形势一片大好啊。

例（3）三句,单纯看"合着"之后的内容,都是人们通常认识中希望发生的正面事件,而加上"合着"之后就必须在相关语境支持下解读为:在说话人看来,相关的事件是不好的（比如 a 句"我"是"他"的竞争对手,对"他"有所妒忌等）;相应地,句中的正面评价词语（步步高升、一片大好等）也应理解为带有反讽之意,否则这些句子就不自然。

由此可见,"合着"在表达"经过思考,有所领悟,对某事做出新的判断"的同时,也往往传递说话人的负面评价;在某些情况下,"合着"

甚至可以作为负面态度标记，如例（3）。可见，"合着"在口语交际中可以作为立场表达的手段。它所表达的评价意义无法从其字面意义上推出，而需要特定的句法和话语条件。根据方梅（2017a），它属于典型的词汇性规约化评价表达形式。本章通过对"合着"在口语中用法的描写，探讨其评价意义的浮现机制和动因。具体来说，"合着"表达评价、态度的功能是在什么样的话语条件下产生的？有哪些认知、交际的因素在起作用？在考察过程中，我们还将"合着"与同样具有溯因含义的北京口语词"敢情""横是"进行对比。

6.2 从折算到评断

"合着"在当代北京话中的基本用法是，表示基于之前所述情形或对方话语做出进一步推断、阐释或总结。如：

(4) 三大妈：老阎，你这嚷什么呢，跟谁发火呢？
三大爷：我，我跟谁发火，谁，傻柱呗，咱们家那自行车轱辘是傻柱偷的。
三大妈：啊！
冉老师：阎老师，那，<u>合着</u>这自行车轮子是您的。

（电视剧《情满四合院》）

(5) 孟朝阳：这公司都开张好几天，一笔买卖都没做成，他妈活急死我。
圆圆：哎哟您别着急急坏了身体可不上算。
孟朝阳：我不光着急我还生气呢，就咱这中国人，平时这口号喊得比谁都响，什么振兴民族文化啦，弘扬民族传统啦哎哟喊得那叫一热，等我把这公司给他们办起来把这文化传统都给他们预备齐了，一个一个全往后撤，什么人品呢？
圆圆：<u>合着</u>到现在一个上当的都没有。（电视剧《我爱我家》）

例（4）中三大爷意识到傻柱偷了他的自行车而对傻柱发火，冉老师用

"合着"引出据此的推断——傻柱卖的自行车轮子是三大爷的。例（5）中孟朝阳抱怨大家都不买他的账，公司买卖做不成，圆圆用"合着"引出自己对此情况的阐释——"到现在一个上当的都没有"，暗示了"这买卖是骗人的"的看法。我们将"合着"这一用法概括为表"评断"义。

笔者认为，"合着"表示评断的用法与动词"合""合计、折合"的义项有关。与合计、折合有关的"合着"最早见于清代和民国①，最初总与数字搭配，表示"折合、算起来"。

(6) a. 列公，这话却得计算计算那时候的时势。讲到我朝，自开国以来，除小事不论外，开首办了一个前三藩的军务，接着办了一个后三藩的军务，紧跟着又是平定西北两路的大军务，通共<u>合着</u>若干年，多大事！（《儿女英雄传》）

b. 我积蓄的外国金洋百余元，藏在身边内地既无可换，明日想送来姊姊这里放着，姊夫要有正用尽可托人到上海去换了使用，大约<u>合着</u>本国洋钱也有一千多呢。（《新小说》）

我们将"合着"这种用法概括为表"折算"义。这一用法延续到现当代。

(7) a. 不管你怎样吧，反正给你留下五百，对给个铺子，哪时用哪时取。<u>合着</u>咱们还有三千五。（老舍《牛天赐传》）

b. 熬炼成啦往纸托上一抹，卖两毛钱一张，五毛钱三张。卖三张还送一张，<u>合着</u>五毛钱您就可以买四张。（相声精选）

c. 我的天哪！一百多万乘以一万八、一万九，两百个亿哪。诶，

---

① 我们考察了CCL语料库古代汉语部分，发现清代以前的"合着"与动词"合"的其他义项联结，表示"联合、连同""共有""符合"等意义，如以下三例。
(1) 闻知众人遇鬼之事，又闻说不见了张委，在园上抓寻，不知是真是假，合着三邻四舍，进园观看。（明《醒世恒言》）
(2) 我是有丈夫的，若和你合着个老公，岂不惹人笑杀！连姐姐也做人不成了！（明《醒世恒言》）
(3) 此虽是一个笑话，正合着古人云：常将冷眼观螃蟹，看你横行得几时？（明《今古奇观》）

咱们全市人民一人合着得两千多斤萝卜，怎么吃啊？

(电视剧《编辑部的故事》)

除了与数字有关的计算之外，"合着"也可以是对前后语境中所交代的不同方面的合算或综合，比如本章开头的例（1），交代了家中两方面的变动，并用"合着"引出对二者的综合。再如：

(8) a. 天赐有了奶吃，纪妈的娃子没了奶吃，合着是正合适。

(老舍《牛天赐传》)

　　b. 这大马路上的人，除了看他的，就是不看他的，合着都对您先生有意思。（电视剧《我爱我家》）

例（8a）说明了两个孩子"天赐"和"纪妈的孩子"的情况，"合着"引出的分句是对两方面情况的综合；例（8b）例则指出了两类路人——"看他的""不看他的"，并用"合着"引出对"这大马路上的人"的总体认识。这一认识显然是不符合事实的，说话人通过推断出的反事实信息，实际上表达对对方想法（怀疑别人对她先生有好感）的质疑。（详见下一小节）

现当代语料中，表折算的"合着"作为副词使用，可以位于主谓之间，如例（7c）、例（8b），也可以位于分句开头，如例（7a）、例（7b）。位于主谓之间时，"合着"后面引出折算的数量或综合的情况；而位于句首时，则引出某个命题，反映对某主体与这些数量、方面之间关联的认识，如例（7b）"五毛钱您就可以买四张"，就是对"五毛钱—四张"数量分配关系的认识。

当"合着"位于句首，引出反映某种认识的命题时，它就具有了脱离客观数字折算或情况综合向更为抽象的认识推理发展的可能。"合着"倾向于不再被理解为具体指示某些数字、某些方面，表示对它们的合计、综合；而是泛化为指示之前的某一事态、观点，引出对其推测、阐释或总结，即表达"评断"义。如下面的例子。

(9) 志国：那我呢，您是怎么夸我的呀？

　　傅老：你在事业上也没什么成就，到现在还是个小小的公务员，我就省略不提了。

志国：嘿，<u>合着</u>我这姑妈到现在还不知道有我这么一个人呢。

（电视剧《我爱我家》）

（10）傻柱：聋老太太，五保户，是，政府管，可是政府那俩钱干不了什么事儿，谁管，一大爷管……一大爷教我的，比我爸爸多了去了，老了老了，自个儿现在也没人管了，好，我管，你教的我嘛，你怎么对你的老人，我怎么对你。管来管去，我明白他们怎么想的了，<u>合着</u>他们哪，是怕孤单，兹说不孤单，你领着他吃糠咽菜，他没意见。

（电视剧《情满四合院》）

例（9）中"合着"位于应答话轮的开头部分，从对方"省略不提"推断出"姑妈到现在还不知道有我这么一个人"。例（10）"合着"位于长叙述之中，从说话人傻柱照顾老人的经历，得出"他们是怕孤单"的结论，前句中"明白"一词也显示出说话人认识上的变化。从表折算到表评断，"合着"语义发展的机制是隐喻，即从现实层面的不同数量、不同方面的估算，投射到认识层面的推导、判断、评述的过程。其中"合着"的辖域从语句中的谓语部分扩大到全句，表述的基点是说话人（言者），而不再是句中的主语，在例（9）这样的对话中还体现着前后话语的衔接。这种情况下"合着"放在主谓之间就显得不够连贯自然了。

（9'）傅老：你在事业上也没什么成就，到现在还是个小小的公务员，我就省略不提了。

志国：*嘿，我这姑妈合着到现在还不知道有我这么一个人呢。

（10'）*管来管去，我明白他们怎么想的了，他们合着哪，是怕孤单。

从语用功能上说，"合着"表折算义时，语句偏向于客观的描述；表评断义时，则偏向于主观的认识。当代北京口语中，纯粹表折算义的"合着"用例已十分少见；而表评断义时，一些用例同时体现出说话人的负面态度，如例（9），有些则只是单纯引出推断或评述，如例（10）。可见"合着"负面评价意义的解读，有赖于特定的话语条件。这就需要我们对

"合着"在各类话语中的用法进行具体分析。

6.3 评断用法、评价意义的浮现与规约化

6.3.1 "合着"的表达模式

表示评断的饰句副词"合着"在话语中连接两个部分：Ⅰ.某种事件、事态或情况；Ⅱ.推断或阐释的结果。其基本的表意框架为：（Ⅰ），合着+（Ⅱ）。对话中，Ⅰ和Ⅱ两个要素大多处于不同的话轮，但也可以位于同一话轮之内，我们分别称为话轮间衔接和同话轮衔接。

1）话轮间衔接。此时"合着"位于回应话轮，表示基于上一话轮所述相关情况做出评断。前面可能有感叹成分（interjection），也可能有传信语，交代做出评断的信息来源。如：

(11) 文良：我愿意跟他们聊，（Ⅰ）<u>我有好长时间没有深入普通劳动人民生活了</u>，啊。

志国：咳！！合着（Ⅱ）<u>上咱们家深入生活来了</u>。

（电视剧《我爱我家》）

(12) 傅老：你爸的意思啊，是夸你呢，（Ⅰ）<u>说你不单能把主要精力集中在学习上，还能积极参加家庭的社会的劳动</u>，多好的优点呐。

志国：嘿嘿

傅老：哼！

和平：我这么听着合着（Ⅱ）<u>咱圆圆除了学习就是劳动</u>。

（电视剧《我爱我家》）

"合着"也可以位于其他回应成分之后、话轮中间，如：

(13) 志新：那BP机呀，我一不是偷的二不是抢的，我是捡的，我现在已经托警察啊，赶紧给我寻找失主，您呐，在家等着接表扬信吧。

145

傅老：（Ⅰ）不可能不可能不可能。

志新：怎么就不可能啊？噢，合着（Ⅱ）<u>好事儿搁我身上就不可能</u>，那您养我这么大干吗，您还不从小就把我掐掐掐掐死。（电视剧《我爱我家》）

这个例子中志新表示BP机是他拾金不昧的表现，而傅老并不相信（连说三个"不可能"）。志新首先采用反问的形式进行了反驳（"怎么就不可能啊"），随后用"合着"引出自己对于傅老话语的推论——"好事儿搁我身上就不可能"，因此仍可看作对傅老话语的回应。

此外"合着"还可以用于应答话轮的末尾，作为一种追补，标记说话人的推测。

(14) 1　A：然后（Ⅰ）<u>她就发现哎哟旁边儿这个洋人长得^真帅啊</u>
　　 2　B：　　　　　　　　　　　　　　　　　　[@@@@@
　　 3　C：　　　　　　　　　　　　　　　　　　[@@@@@@
　　 4　A：把我笑得不行了 [知道吗。
　　 5　B：　　　　　　　[@@
　　 6　B：有剪子吗？
　　 7　A：有。
　　 8　　(2.1)
　　 9　C：（Ⅱ）<u>从第一眼就惦记上人家了</u>合着。（自然对话语料）

例（14）是A、B、C三人边包饺子边谈话的片段。A讲述了他们共同认识的一个朋友与一个美国人结婚的经历。其中第1行A讲述了朋友与这位美国人第一次见面时这个朋友的感受，引起B和C的大笑。随后在第6、第7行的一个插入序列以及第8行一个长停顿之后，C表达了自己的判断："从第一眼就惦记上人家了"，而追补的"合着"表明这一判断是基于之前A的讲述做出的。

"合着"所构成的话轮间衔接模式中，Ⅰ部分也可以通过之前会话序列的展开加以呈现。

(15) 孟朝阳：啊对，咱就说圆圆，你们家人除了小凡，我对圆圆的感情是要多深多深。

傅老：嗯？
孟朝阳：啊，当然除了伯父。
志国：哼。   ｝（Ⅰ）
孟朝阳：也除了大哥。
和平：嗯？
孟朝阳：除了嫂子。

圆圆：哦，合着（Ⅱ）<u>在我们家我排最后一个</u>，可不得对我下手吗。（电视剧《我爱我家》）

例（15）中孟朝阳表示和圆圆的感情深，先后遭到傅老、志国、和平的质疑，因而在每个人依次质疑之后不断附加新的限定条件——"除了伯父""除了大哥""除了嫂子"。最终覆盖了圆圆一家所有人，随后圆圆才根据整个会话序列做出总结性推断——"在我们家我排最后一个"。

2）同话轮衔接。即Ⅰ、Ⅱ两部分处于同一说话人产出的话轮之中，此时"合着"位于某个分句的开头。如：

(16) 和平：爸您别罢演哪，您别介呀，您怎么着您得替我想想啊，我活的容易吗？让"四人帮"起根儿上我就给耽误了，（Ⅰ）<u>学学让志国给上了，国国让小凡给出了，生意生意让志新给做了</u>，合着（Ⅱ）<u>到我这儿就剩没劲了</u>，好容易有一机会说上电视出出名，我不管你们怎么想，反正我今天我是绝不放过了我。（电视剧《我爱我家》）

(17) 阎解成：不不不，傻柱，是这样啊，早晨中午你还在厂里上班，晚上带着徒弟过来，你就说多少钱吧。

傻柱：您听见没，这叫算计，你跟谁算计呢我说，中午有人吃饭吗？（Ⅰ）<u>吃饭都在晚上，干活也在晚上</u>，合着（Ⅱ）<u>里外里我算一半班儿</u>，你们这么算计，这怎么合作呀这个。（电视剧《情满四合院》）

以上两例说话人均表达了对对方的不赞同,并为自己的观点提供论据。例(16)和平面对傅老的罢演,却一门心思要上电视,并以她活得不容易为理由,Ⅰ部分举了志国、小凡等人各自都有好的选择,而后由"合着"引出自己并不如意的结果("到我这儿就剩没劲了");例(17)傻柱不赞同对方提出的工作模式,指出对方在算计他,Ⅰ部分表明吃饭与干活时间重合,由此得出"里外里我算一半班儿"的推论。

在独白性话语中,"合着"的话语模式主要与对话中的"同话轮衔接"模式相似,即"合着"承接的相关事件或事态以及引出的评断认识由同一说话人(作者)产出。如:

(18) a. 钱掌柜卖给我的是一只老鸟。老得连这个杠子都抓不住。(Ⅰ)也不知道什么时候就摔死了,旁边还掉了一块年轻的粉盘,合着(Ⅱ)钱掌柜还替它化过妆了。(口语独白语料)
b. 大半夜打算参加某宝双 12 活动,正兴致勃勃打算抢货,(Ⅰ)看了一下活动规则,合着(Ⅱ)不是那么爽的,算了,姐姐我还是想啥时候买啥时候买吧,不凑热闹了。(微博语料)
c. 话说(Ⅰ)9 月 27 日在北京,10 月 21 日在承德,11 月 17 日在济南,合着(Ⅱ)一个月折腾一次,赶上大姨妈折腾人了。(微博语料)
d. 骑着没牌照的电瓶车前往球馆,(Ⅰ)一转弯发现 N 位交警。迅速掉头回家开车出来,警察叔叔们已不见踪影。合着(Ⅱ)你们是专门等我的吗?(微信语料)

不过,独白性话语中还存在一类特殊的情况,即"合着"之前是对对方话语的引述(quotation),这种情况下说话人做出推断的内容仍然来自除说话人(作者)之外的其他角色,形成"拟对话"的语境①。看下面的例子。

---

① "拟对话语境"由李宇明(1996)在讨论"是的"的用法时提出。他指出有一类"是的"不是出现在对话中,但是"读起来似乎有一种对话的感觉",并把这种现象称为"拟对话"现象。这种现象可模式化为:"A。是的, B。"这与我们这里讨论的独白体包含引述的"合着"的用法一致。

(19) a. 真不知道你这是捧他还是臭他，你说（Ⅰ）他是真性情，那合着（Ⅱ）他的真性情就是这么低劣的人品？

b. 我这客人是极品，看我上微博居然跟我说（Ⅰ）想用我的手机上网，还要不要脸了，合着（Ⅱ）你们一个没买我还得搭一个？（微博语料）

这两个例子都由言说动词"说"将对方的话语内容用间接引语的方式呈现出来，而"合着"引出的推测、总结，就是基于对方话语及其表达的行为做出的。

由以上分析可见，"合着"在对话体和独白体中的表达模式具有很大平行性——"合着"评断的来源可以是（实际或虚设的）交际对方，也可以是说话人自身的话语。我们称前一种情况为交互模式，后一种为非交互模式①；后者主要体现主观性，而前者除了主观性以外还体现交互主观性（见表 6-1）。

表 6-1 "合着"的表达模式

	交互模式	非交互模式
对话体	（Ⅰ、Ⅱ）话轮间衔接	（Ⅰ、Ⅱ）同话轮衔接
独白体	（Ⅰ）为引述性	（Ⅰ）为非引述性

6.3.2 "合着"关联的认识和预期

"合着"表达的评断义，蕴含着说话人认识的改变。具体分析"合着"关联的会话参与者认识，是理解它负面评价解读的关键。前文提到高艾军、傅民（2001）对"合着"的释义中，指出它所在的"全句蕴含着'闹了半天'、'实际上……'、'竟然'等意味"，而"竟然"本身带有反预期的意味。所谓的预期（expectation），是在特定语境下说话人的认识与客观情形的参照之中形成的某种判断或假设。

---

① 互动性是语言的本质属性，尽管在不同语体中互动性的强弱会有所差别。这里提出"交互/非交互"的区分，主要着眼于"合着"的表意框架下是否有受话人的直接参与，"非交互模式"并不等于不存在互动。

正如 5.3.4 节指出的，认识的来源多种多样，有些来源于客观情理，比较稳固确定；有些属于基于常识的推断；有些则是随着会话序列的展开形成。如果说话人对某种情况并不知晓，那么他（她）就不具备关于这方面的认识（认识处于缺省状态），基于认识建立的预期自然也就不存在。

根据语境中话语描述的事态情形或相关行为与说话人认识的关系，我们可以将预期分为以下三类情形。①

1）合预期：话语描述的事态情形或相关行为与说话人认识相符。

2）反预期：话语描述的事态情形或相关行为与说话人认识不一致或相对立。

3）非预期：说话人对话语描述的事态情形或相关行为并不知晓，无从与认识进行参照。

这里笔者提出"非预期"的概念，将预期看作一个动态概念，作为相关信息（事态、行为等）在交际活动中的产物。讨论预期的情形，首先应该明确有无（某一方面的）预期，然后再区分与既有的认识相符还是不符。也就是说，从说话人预期角度对信息的划分应是一个层级系统，如图 6-1 所示。

$$\left\{\begin{array}{l}\text{预期信息}\left\{\begin{array}{l}\text{合预期信息}\\ \text{反预期信息}\end{array}\right.\\ \text{非预期信息}\end{array}\right.$$

图 6-1　基于预期的信息层级系统

本章讨论的"合着"，在构建交际双方的预期方面发挥着重要作用。它引出的命题可以是非预期信息，可以是反预期信息，也可能参与交际者认识的形成，并与语境中某种情形和行为形成对照。"合着"引出非预期信息如前文例（10），"合着他们哪，是怕寂寞……"说话人傻柱此前并不知晓"他们"（孤寡老人）的内心想法。"合着"引出反预期信息是比较常见的情况，如前文例（9），说话人志国的姑妈到访，志国向傅老提问

---

① 乐耀（2020）在讨论预期时，区分了与预期无关（nonexpectation）、反预期（counter-expectation）、与已有预期相反（anti-expectancy）和没有预期到（unexpected）。本章提出的"非预期"大体对应于"与预期无关"，而"反预期"既包括与预期相反的情况，也包括超过预期或不足的情况。

"您是怎么夸我的",预设了傅老向姑妈谈论过自己,而后"合着"引出推断得出的反预期信息,"我这姑妈到现在还不知道有我这么个人呢"。"合着"引出的信息还可以作为说话人预期的基础,同言谈语境中的某种情形或行为形成对照,如:

(20) 傻柱:我什么呀我,我问问你,人家秦淮茹在冉秋叶老师面前替我解释几句,你怎么说的,你怎么说的?

三大爷:我,我说那个,你跟冉老师交往上不合适。

傻柱:你管得着吗,你管得着吗,合适不合适你管得着吗?
……

三大爷:我们这儿在谈论政治。

傻柱:我谈的是婚姻大事。

三大爷:这风马牛不相及。

傻柱:滚蛋。

三大爷:你,你怎么骂人呢你。

傻柱:骂你是轻的,三大爷,合着你是有老婆孩子,我还打着光棍呢,知道吗,等我娶了媳妇儿,我天天跟你谈国家大事……(电视剧《情满四合院》)

例(20)中,"合着"引出的傻柱还单身的信息是交际双方所共知的。而根据这一信息,作为长辈且成家的三大爷应该为傻柱着想,不应该在他找对象这件事上泼冷水(说话人预期);但联系之前的对话语境,三大爷的行为(说他与冉老师交往不合适)与这一预期相反。此例中虽然"合着"引导的命题本身不涉及交际者预期,但由该命题引出的推断形成了语境当下的预期,从而使之前对话中体现的行为被回溯性地理解为反预期的。也就是说,这种情况下"合着"仍然与"反预期"的构建有关。

考察发现,"合着"负面评价的解读与它在话语中构建的"反预期"情形有关。当"合着"引出的说话人认识在语境中构建起某种"反预期"时,"合着"一般浮现出负面评价的解读,如例(9)、例(20);而当"合着"引出的是非预期信息,它就只是引出说话人就某种事态的评断,如例(10)。那么进一步的问题是:"合着"所在的表意框架中,是否存在某种预期以及反预期信息？不同的反预期情形下"合着"具体的评价意义又有何不同？

6.3.3　交际者预期与"合着"的语义解读

对"合着"进行语义解读时，首要的问题是"反预期"与"非预期"的区分。尽管相当一部分反预期信息都带有不如意的意味，如例（2a）、例（9）、例（16）、例（17）等，但反预期并不都是不如意的。郑娟曼（2018）在讨论习语"我说呢""我说吧""我说嘛"时，将预期分为"所言预期"和"所含预期"，其中所含预期需要结合语境和语用原则推理得出。也就是说，说话人的预期，有时需要结合会话语境等因素做出辨认；某种情况是否属于反预期并不是非此即彼的。如：

(21)　三大爷：哟，傻柱，你怎么上学校来了？
　　　　傻柱：合着忘了，头两天跟你说的事儿。（电视剧《情满四合院》）

对话中傻柱通过三大爷对他的提问推断三大爷忘记了之前说过的信息。单独看"忘了"，并不一定是反预期——尤其考虑到老年人本身记忆力较差，容易忘事。但"合着"分句之后傻柱进一步指出，这是"头两天"说过的，根据一般常识，新近的事情不应该忘记，因此"忘了"才被视作反预期信息，表达负面评价。

再如前文例（14），A 描述了朋友对一个美国人一见钟情的感受，最后一行 C 的推断"从第一眼就惦记上人家了"也未必是反预期，当前语境并未提供足够的判断信息——讲述者只是表示非常好笑（第 4 行"把我笑得不行了"），而两位受话者爆发出笑声，也将描述的感受视为搞笑的。对交谈参与者而言，如果他们共同享有类似"两个人走到一起应该细细了解，逐渐相知相恋"的观念，那么这个推断就是反预期，整句也显示出对"她"的负面评价。由此可见，"合着"是否具有负面评价解读，以它引出或参与构建的认识是否具有"反预期"特征为条件。

6.3.1 节指出"合着"的两种话语模式——交互模式和非交互模式在关联交际者预期方面存在差异，交互模式下既可关联说话人的单方预期，也可关联说话人与听话人双方的预期或认识，而非交互模式下只能关联说话人的单方预期。先来看交互模式下关联说话人预期的例子。

(22) 傅明：哎，和平啊，他没向你提什么要求吧？
　　　和平：他说他过得很好。也就是，三天没吃东西，八个月没洗澡，不记得上回在屋里睡觉是哪年的事了。
　　　志国：<u>合着看准咱家是免费饭店了</u>。（电视剧《我爱我家》）

例（22）的背景是和平引来一位不速之客纪春生，进了家门就直奔厨房吃东西。面对傅明的问题，和平交代了这位不速之客潦倒流浪的情况，随后志国采用"合着"引出纪春生来他们家白吃白喝的推断。这显然与符合情理的"外人不能随便拿人家、吃人家"的预期相反，因此就体现了志国对这种做法的不满。在非交互模式中，"合着"同样可以关联说话人单方预期。如：

(23) 您想啊，前年我跟和平装修这屋子花了八千，这回还得花一万，这里外里合着<u>我们花一万八弄一个贫困户当</u>，这不有病吗？
　　　　　　　　　　　　　　　　（电视剧《我爱我家》）

例（23）中志国说出他们装修屋子前后的开销，用"合着"引出推论，表示付出很大经济代价却获得了贫困户的资格，这不仅与"付出回报应成正比"的情理预期相反，而且与对"贫困户"的普遍预期（经济拮据）明显不符。说话人据此表达了对投入资金最终结果的强烈负面态度。

此外，交互模式下还可以关联说话人与听话人双方的预期。

(24) 秦淮茹：什么叫我指使的，咱这么说，棒梗有没有拿过别人家一根葱？
　　　傻柱：这该怎么说怎么说，除了我这儿，雨水东西一个手指头都没动过。
　　　秦淮茹：就是说呢，不拿你当外人儿嘛。
　　　傻柱：那合着<u>我见外了</u>呗。（电视剧《情满四合院》）
(25) 和平：贾志国！你交代实质性问题！你们俩，都干什么了。

153

志国：我什么也没干呀我，她是落花有意我是流水无情啊，我能跟她干什么呀？我就是批评了她教育了她，从而避免了一场阴阳大裂变，使两个家庭幸福美满大团圆啊。
和平：噢合着你还净干好事儿了你。（电视剧《我爱我家》）

例（24）中，傻柱因为棒梗偷拿了他的花生米愤愤不平，而秦淮茹在确认棒梗丝毫没有拿过别人家东西之后指出，这是不拿傻柱当外人的表现。言下之意，棒梗并无过错。傻柱则用"合着"引出了对对方话语的进一步推论——"我见外了"，即这件事是他的态度有错（听话人预期）。但这显然与他自己的预期判断（对方偷拿是有错，自己没错）相反。同样，例（25）中和平由志国的辩解引出他"净干好事儿"的推论，即志国是怀着良好的初衷（听话人预期），而这显然与她看到丈夫与另一位女性交往产生的预期相反。这种情况下，说话人并非要表达对相关情况的不满，而是通过推论呈现双方预期的对立，从而表达对对方的否定或质疑。

值得注意的是，这里涉及的"听话人预期"并不一定是听话人真的希望发生的，而应理解为说话人假定的听话人的认识。即"按照你的说法，那么会有XX的结论"。而得出的"结论"不仅与说话人预期相反，而且往往违背常识甚至是荒谬的。如：

（26）老头：小时候啊听爷爷说呀，他是啊起初啊是给栾一位呀当的差，后来从太监呀小太监，一步一步往上爬呀。
志国：哎嗨嗨，合着你们家祖宗是一太监。（电视剧《我爱我家》）

（27）圆圆：我吃饭休息我是为了长身体，我长身体为了什么了？还不是为了现在更好地学习，将来更好地劳动。
志国：噢，合着你玩儿就是学习，学习是为了劳动，吃饭休息也是为了劳动，所以你整天没别的，你净劳动了你。

（电视剧《我爱我家》）

例（26）中老头在给志国等人讲述自己祖上的传奇故事，讲到自己祖上从小太监步步高升，此时志国打断了对方的讲述，并用"合着"引出这一讲述隐含的预设"你们家祖宗是一太监"。这显然是不合情理的。例(27)中圆圆辩解自己吃饭休息都是为了学习和劳动,志国据此进一步推断,休闲娱乐"就是学习""为了劳动",所以"整天净劳动了"。而这显然也是不符合事实的。通过由对方话语推断出的反事实、反常理信息,说话人实际间接表达了对对方的质疑和否定。

无论是关联单方预期,还是关联听说双方预期,"合着"所在对话语境中都与说话人预期的不一致,因此"合着"引出的命题还可以以疑问形式传递,体现说话人对相关信息的不确信;其中的问句实际上是反问,表达对于对方的语用否定。

(28) 志新:纪春生,你活糊涂了吧?这儿不是信访站。
春生:我知道,我刚从那儿回来。人家说只管一顿午饭,晚饭呢,非要我们食宿自理。
志新:那你也不能理到我们家来呀?
春生:那你烧了我那精心设计,赖以生存的行头那谁还可怜我呀?
志新:合着还是我断了你的生路啊?(电视剧《我爱我家》)
(29) 戈:哎,那个时候儿那机器人儿造得是不跟真人似的。
李:那当然了,根本看不出来。你没瞧美国电影里不净这事儿?
戈:啊,合着我跟你说话看着你,还得怀疑你是不是人?
(电视剧《编辑部的故事》)

总之,"合着"的负面评价解读与其参与构建的交际参与者预期相关。非交互模式下,由于语境中除说话人自身并不存在其他的预期来源主体,因此只能关联说话人的单向预期;而交互模式下,说话人可以基于听话人的话语或行为对其预期或认识做出进一步推论,从而凸显对方与自身预期的不一致。关联说话人单向预期时,"合着"主要体现主观性;关联双方预期或认识时,"合着"还体现交互主观性。

6.3.4 评价意义的浮现与规约化

从以上分析可以看出,"合着"负面评价解读与它所构建的"反预期"紧密相关。这种关联在之前的研究中也有谈及(周莉、曹玉瑶,2018),其背后的理据要从"预期"的来源进行理解。前文谈到,预期是与情理、常识或随对话展开显示出的某种事实状况进行对照得出的认识。也就是说,预期可表述为"某人/某事物/事件是如何的"或"应当如何的";那么当某种情况或行为与这种预期不符时,就倾向于被解读为负面的。不同的是,关联说话人预期时,负面解读体现为对相关情况或行为的不满;而同时关联双方预期或认识时,负面解读体现为对对方认识或行为的质疑。

(30) 傅老:义务劳动,家务活儿那不是有的是嘛,哪干的完啊,就是干的完,还有院子里的,胡同里的,大街上的,这个活儿还不是有的是嘛

志国:(向和平)合着<u>上一天班,回到家也不让闲着</u>?

(电视剧《我爱我家》)

(31) 一男的挂水时感到头晕眼花全身发麻,并告诉一名护士自己的状况。护士听后的回答是仨字"所以呢?"之后就走开也没有采取急救和通知医生。这男的当时就抽了就倒在我面前。我就想问这护士您毕业了吗?学校就是这么教你对待病人的吗?合着<u>不是自家人不知道着急是不是</u>?(微博语料)

(32) 三大爷:今天让你媳妇儿骑车上班去吧。

阎解成:爸,前轱辘都没了,怎么骑啊?

三大爷:你就不行上那个自行车铺,买一个旧轱辘装上。

阎解成:合着<u>您丢了自行车轱辘,让我们赔</u>,我不管。

(电视剧《情满四合院》)

例(30)、例(31)显示出说话人对相关情况或行为的不满。例(30)傅老提倡四处义务劳动,与志国"上完班回家要休息"的预期相反,"合着"隐含表达了志国对傅老有关行为的不满。例(31)博主讲述护士看到患者出状况而无动于衷的事情,用"合着"引出"不是自家人不知道着急"的推论,这与普遍观念中护士对所有患者一视同仁,积极对待的预期相反,同样也传递了说话人对护士做法的负面态度。例(32)阎解成

从三大爷的话中推断出对方丢了车轱辘想让他花钱赔的想法（预期），与他"自己丢的自己赔"的预期相反，从而表达了对三大爷的反驳和批评。像例（32）这种关联双方预期或认识凸显不一致并表达语用否定的情况，源于对话中的交际策略。当说话人发现对方话语所反映的认识与自己不一致时，不直接否定对方的言论，而是在对方话语的基础上进一步做出推断、总结，从而展现对方认识或行为不合情理，或是与自己预期不合之处。正因为如此，"合着"引出的命题涉及说话人自身往往是负面陈述，涉及听话人则是正面陈述，如例（33）两组相反陈述是由听话人话语推断得出的，显然与说话人的预期相反，不为说话人所认同。

(33) a1. 合着我没有对的地方了。　　a2. 合着什么都是你对。
　　　b1. 合着我是要害你啊。　　　　b2. 合着你是为了我好啊。
　　　c1. 合着是我坏了你们的事儿。　c2. 合着是你成就了我们哪。
　　　d1. 合着我说你还说错了？　　　d2. 合着你说我还没错了？

以上各句"合着"之后关于说话人和听话人的评价倾向不能倒转（如*合着什么都是我对），均表达说话人对相关陈述的否定与驳斥。

由于"反预期"与负面解读之间的联系，"合着"引出的命题大部分是负面或不如意的。

(34) a. 合着<u>上一天班，回到家也不让闲着</u>。（电视剧《我爱我家》）
　　　b. 合着<u>里外里我除了肚子疼什么也没有落下</u>。
　　　　　　　　　　　　　　　　　　　　　　　（电视剧《我爱我家》）
　　　c. 你这一年辞了五个老板，合着<u>没干几天活</u>。
　　　　　　　　　　　　　　　　　　　　　　（电视剧《情满四合院》）
　　　d. 那，那合着<u>我是媳妇没有，钱也没了</u>。
　　　　　　　　　　　　　　　　　　　　　　（电视剧《情满四合院》）

由于大部分情况下"合着"引出的评断命题是负面的，在反复的使用过程中，这种负面意义就渗透到"合着"的语义解读中，"合着"作为一种包装手段，将其后本身是中性或正面的信息标示为说话人认为不好、不希望发生的，从而传递出说话人对相应命题的负面评价。这样，"合着"就具有了负面态度标记的功能，成为一个规约化的词汇性评价表达手段。这种情况下，"合着"在对话中不仅限于回应位置，而同样可以用于起始话轮；而在句子层面，"合着"除了位于句首还可以位于句末，同样都是表示说话人对某种事件、事态的负面评价。

(35) a. 合着你得意了。/ 你得意了合着。
　　　b. 合着只有咱俩去了。
　　　c. 合着你挺愿意帮助别人的。
　　　d. 合着他又要升官了。

这些例子"合着"引出的命题，本身来看是正面或中性的，而前面加上表示评断的"合着"之后，则将这些信息包装为负面的，从而解读出说话人的负面评价。

6.3.5　小结

本节从"合着"在话语中的使用情况出发，区分了它的两种表达模式——交互模式以及非交互模式，并对"合着"所关联的预期进行了细致分析，指出"合着"引出非预期信息并无负面评价解读，只有引出或参与构建"反预期"时才具有负面评价解读。交互模式下"合着"可以关联说话人的单方预期，也可以关联听话人、说话人双方的预期或认识；而非交互模式下只能关联说话人的单方预期。而"反预期"强烈倾向于被解读为负面评价。因此，在关联双方预期时，"合着"凸显的是对对方认识或行为的质疑，表达语用否定；而关联说话人单方预期时，则可进一步规约化为负面态度标记，表达说话人的负面评价。"合着"的语义解读与评价意义浮现，如图 6-2 所示。

综合 6.2、6.3 两节的论述，可以看出"合着"从表示折算到表示评断并产生负面评价解读，再到成为态度标记，在位置分布和语用功能上存在差异，见表 6-2。

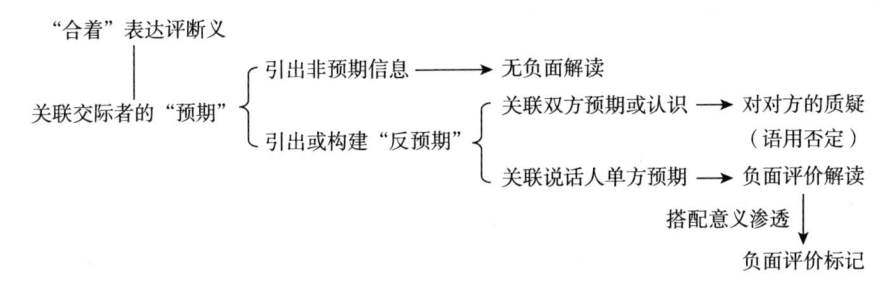

```
"合着"表达评断义
                          ┌ 引出非预期信息 ──→ 无负面解读
关联交际者的"预期" ┤
                          │                              ┌ 关联双方预期或认识 ──→ 对对方的质疑
                          └ 引出或构建"反预期" ┤                                          （语用否定）
                                                         └ 关联说话人单方预期 ──→ 负面评价解读
                                                                                      搭配意义渗透↓
                                                                                      负面评价标记
```

图 6-2 "合着"的语义解读与功能扩展

表 6-2 "合着"的用法

意义	表示折算	表示评断	表示负面态度
位置分布	句子层面：主谓之间	句子层面：开头或末尾	句子层面：开头或末尾
	话语层面：／	话语层面：对话中回应位置	话语层面：对话中回应或始发位置
语法范畴	饰谓副词	饰句副词	态度标记（语用标记）
语用功能	客观描述	主观认识 （大多带负面解读）	主观评价
例句	合着五毛钱您就可以买四张	合着他们哪，是怕孤单。 合着上一天班，回到家也不让闲着？	合着上咱们家深入生活来了。 合着你得意了

"合着"表示评断义时，其负面评价意义属于附加意义，是具有序列依赖性的，只能位于会话中的回应位置，承接对方上一话轮；而当其规约化程度进一步增强，则不依赖回应位置，也可以处于对话的开头位置。这一点再次验证了方梅（2017a）关于评价表达的规约化程度与它的语境依赖性的关联的论断。

6.4 "合着"与近义词"敢情""横是"

在归纳"合着"在口语中用法的基础上，本章将"合着"与北京话中意义相近的"敢情""横是"进行对比。

6.4.1 "敢情"与"合着"

《现代汉语词典》（第7版）对"敢情"的释义有两条：①表示发现

原来没有发现的情况:"哟!敢情夜里下了大雪啦";②表示情理明显,不必怀疑:"办个托儿所吗?那敢情好!"(第424页)高艾军、傅民(2001)的释义为:①原来,自然;②当然。当"敢情"表示第二种含义时,还可以单独成句,用于回应话轮中。

  (36) 傅老:这样的老同志我最佩服!她现在怎么也得有60多了吧?还在关心人教育人做人的工作,真是宝刀不老啊!
    老和:**敢情**!是金子搁哪儿都发光!是葵花长哪儿都向阳!

(电视剧《我爱我家》)

说话人用"敢情"作为回应,表示对方所说的情况或事实显而易见;并且在实际口语产出中,"敢情"的"敢"往往带有重音、拖长的韵律特征,表示说话人加强的情感。

  同本章讨论的"合着"有所交叉的是"敢情"的第一种用法。这种情况下"敢情"是饰句的评注性副词,张谊生(2000/2014)、韩晓云(2014)将"敢情"这一用法概括为"溯源性释因"。比如:

  (37) 他以为自己是铁做的,可是,**敢情**他也会生病。

(老舍《骆驼祥子》,转引自张谊生,2000:57)

不难发现,"敢情"同样包含了说话人认识的改变——它所引出的情况或原因是说话人之前没有意识到的。因此我们进一步将"敢情"概括为表达"恍悟"义。所谓"释因"中的原因,只是恍悟的内容之一。除原因之外,"敢情"还可能引出其他的恍悟内容。

  (38) 傅老:我呀,这个病一句两句也说不清楚,反正就一生下来就先天不足。
    和平:哎哟那可了不得喽,(向志国小声)我还以为什么病呢**敢情**是一先天不足,谁足啊我出生的时候还不够分量呢。

  (39) 和平:那可不吗,我连他们俩小时候事我都知道。

老和：噢我说呢，<u>敢情</u>这小时候就有事啊。

(电视剧《我爱我家》)

例（38）、例（39）中"是一先天不足"和"这小时候就有事"都是说话人恍悟到的情况。语境中，"敢情"之前的语句往往包含"以为"，引出说话人之前的看法；"敢情"也可以与其他表示恍悟的话语成分合用，如例（39）中的"我说呢"（张先亮、倪妙静，2015；郑娟曼，2018）。从预期的角度来说，"敢情"所引出的主要是非预期信息或反预期信息，这与"合着"比较一致。因此像前文例（22）、例（23）中的"合着"就可以替换为"敢情"。

(40) 和平：他说他过得很好。也就是，三天没吃东西，八个月没洗澡，不记得上回在屋里睡觉是哪年的事了。

志国：<u>敢情</u>看准咱家是免费饭店了。

(41) 您想啊，前年我跟和平装修这屋子花了八千，这回还得花一万，这里外里<u>敢情</u>我们花一万八弄一个贫困户当，这不有病吗？

"敢情"同样也可以关联对方与说话人自己双方的认识，如：

(42) 志国：我考虑吧你妈挺诚实的，把什么都跟咱说了，她要真有什么想法呢，天要下雨，娘要嫁人，你拦也拦不住，顺其自然，听天由命吧。

圆圆：听天由命？<u>敢情</u>这是我妈不是你妈！

(43) 傅老：噢这倒有点意思啊，也省得每回我想教育他们的时候，老想不起证据来。

和平：我坚决反对啊，爸本来记性就够好的了还买台电脑来帮他教育我们还让不让人活了这个。

志国：就是。

圆圆：就是，<u>敢情</u>你平常不在家。

(电视剧《我爱我家》)

例（42）中圆圆由志国对她妈妈（和平）"听天由命"的态度，意识到志国之所以这样说，是因为"是我妈不是你妈"，对于自己的母亲，一般不会秉持听天由命的态度（说话人预期）；例（43）的对话之前，志新提议给傅老买一台电脑，和平、志国和圆圆纷纷表示反对，圆圆还用"敢情"引出她恍悟的原因——志新"平常不在家"，不知道被傅老教育的痛苦，才会提出那样的建议，平时在家的人定然不会提议买电脑（说话人预期）。两例中说话人借"敢情"引出的内容，实际上表达了对对方话语或行为的不满。这种用法也与"合着"关联双方预期或认识的用法类似，这两例中的"敢情"也都可以替换为"合着"。

不过，"敢情"并没有像"合着"那样进一步发展出负面态度标记的用法，它不能用于话语的发起，表示说话人的负面评价；也就是说，"敢情"总是要接续之前的话语（不论是说话人自身的还是对方的），前文例（35）中的"合着"替换为"敢情"，就不能单独成立。

(44) a. *(＿＿＿＿＿＿,) 敢情你得意了。
　　　b. *(＿＿＿＿＿＿,) 敢情只有咱们俩去了。
　　　c. *(＿＿＿＿＿＿,) 敢情你挺愿意帮助别人的。
　　　d. *(＿＿＿＿＿＿,) 敢情他又要升官了。

另外，"敢情"表达说话人的恍悟，说话人对其引出的命题内容是确信的，因此它无法引出明显不符合常识情理的语句，也无法引出对于说话人自身的负面陈述。

(45) a. *敢情你们家祖宗是一太监。
　　　b. *敢情我没有对的地方了。
　　　c. *敢情我是要害你啊。
　　　d. *敢情是我坏了你们的事儿。

综上所述，北京口语中的"敢情"有两个基本意义：1）表示对某种原因或情况的"恍悟"；2）表示某种情况显而易见。第二种意义及相应用法——作副词、独立成句，是"合着"所不具备的；而第一种意义及相应用法则与"合着"有所重合——"敢情"也可以关联说话人预期,或引出非预期信息,或构建"反预期"情境从而获得负面解读。有所不同的是,"敢情"后不能引出不合常识的情理,或对自身负面陈述的语句;并且"敢情"没有发展出态度标记的用法,不能用于发起。

6.4.2 "横是"与"合着"

北京话中的副词"横是"是副词"横"与"是"构成的复合词。《现代汉语词典》(第7版)对其释义为:"表示揣测;大概",如"今天下雨,他横是不来了"(第536页)。高艾军、傅民(2001:108)将其解释为"大概,可能是"。

方梅(2017a)指出,现代北京话的"横是"后音节弱化,"是"说成轻声 héngri,具有负面评价解读,表达言者不认可的态度或者对立的立场。因此,在传递人们通常所认为的正面信息时不能用"横是"。

(46) a. *横是你中大奖了啊!
　　 b. 我要是摔死了,你横是连哭都不哭一声!(老舍《龙须沟》)

在表达言者揣测时,"横是"可以位于主谓之间,以谓语动词为辖域,表示对主语代表的人或事物进行揣测,如例(47);也可以位于句首,以整句为辖域,表示对总体情况的揣测,如例(48)。而"合着"在表达与"横是"类似的评断意义时,必须位于句首或句末。无论"横是"位于主谓之间还是句首,都带有负面评价解读,就相关情况表达言者态度和立场,如例(49)各句。

(47) 你不用管好了,我们俩搬;你看看门横是行了吧?(老舍《牛天赐传》)
(48) 横是你打着晃涮爷们儿玩呐。
(49) a. 我要是摔死了,横是你连哭都不哭一声!
　　 b. 横是我/我横是一个人照顾了老的还得照顾小的,你要累死我啊!
　　 c. 横是你/你横是不敢说桐芳闹得不像话!

其中例（49a）是一个假设条件句，"我要是摔死了"提出一种假想的情况，"横是"引出的是说话人的揣测，同时显示自我对揣测结果（整个命题）的负面评价。假设句代表未然事件或情况，不能作为说话人做出评断的依据，因此其中的"横是"也不能替换为"合着"。

(50) a. 我要是摔死了，横是/*合着你连哭都不哭一声！
    b. 你要是中了大奖，横是/*合着得乐得上了天！

另外，"合着"在表达意义时，是基于某种情形、事态（I）所做出的推测、阐释或总结（II），使用环境中一般包括I、II这两个部分。而"横是"则未必具有揣测推断的前提，比如前文的例（49）。正因为"横是"使用的语义背景中缺乏推断的前提要素，因此下面各句中的"横是"都不能换成"合着"，即使它位于句首。

(51) a. 祥子，你先别走！等我去打点开水，咱们热热的来壶茶喝。这一夜横是够你受的！（老舍《骆驼祥子》）
    a'. *合着这一夜够你受的。
    b. 他顺手拿起书来："喝，你还研究侦探学？"小凤笑了；他仿佛初次看见她笑似的，似乎没看见她这么美过。"无聊，看着玩。你横是把这个都能背过来？"（老舍《新时代的旧悲剧》）
    b'. *合着你把这个都能背过来？

反过来，表示评断的"合着"都可以替换为"横是"，不管它是处于交互模式还是非交互模式。以下a、b两句分别改编自例（22）、例（24）。

(52) a. 和平：他说他过得很好。也就是，三天没吃东西，八个月没洗澡，不记得上回在屋里睡觉是哪年的事了。
       志国：横是看准咱家是免费饭店了。
    b. 志国：我什么也没干呀我，她是落花有意我是流水无情啊，我能跟她干什么呀？我就是批评了她教育了她，从而避免了一场阴阳大裂变，使两个家庭幸福美满大团圆啊。

和平：噢横是你还净干好事儿了你/你横是还净干好事儿了你。

由此可见，"横是"与"合着"都表达言者揣测判断等含义，与"合着"一样，即使评断揣测的命题所示情形一般来看是正面的（如"你高兴"），"横是"仍然体现说话人对它们的负面态度（"横是你高兴了"）。方梅（2017a）指出"横是"不能用于报喜讯，笔者认为主要是源于语用功能上的矛盾——"横是"表达的言者揣测，是说话人的主观认识，而并不是对某一情况的说明、报道，对于"合着"来说同样如此，如例（53a）、（53a'）；但是只要我们附加某种前提，或将后续语句由事件报道转变为可能性判断，整个句子就可以说了，如例（53b）、例（53b'）、例（53c）、例（53c'）。

(53) a. *横是你中大奖了！
　　　b. 看你得意的，横是你/你横是中大奖了。
　　　c. 横是你/你横是能中大奖。
　　　a'. *合着你中大奖了！
　　　b'. 看你得意的，合着你中大奖了。
　　　c'. 合着你能中大奖。

与"合着"相比，"横是"的分布更加不受限，并且前文的所有用例，无论位置分布还是后续语句性质，"横是"在表达言者揣测的同时，都传递了负面评价。也就是说，负面评价的解读较为固定，成为"横是"词义的一部分。这说明"横是"表达评价的规约化程度更高。

6.5 小结

本章我们讨论了"合着"一词在口语中的使用以及评价意义的浮现，并将其与近义副词"敢情""横是"进行了对比。我们梳理了"合着"的三种用法——表示折算、表示评断以及负面态度标记，并通过用例分析对"合着"意义发展的机制动因做出了解释。"合着"从表折算义到表评断义

(推测、阐释、总结），背后的机制是从现实层面到认识层面的隐喻，由于"合着"句法位置的变化（主谓之间到句首或句末），造成了其关涉对象的泛化和抽象化。表示评断的"合着"引出的命题与"预期"有关，当引出的命题是非预期信息时，只单纯地表示评断；而当引出的命题包含或参与构建"反预期"时，则往往具有负面评价的解读。"合着"呈现交互和非交互两种话语模式，前者可以关联说话人的单方预期，也可以关联听话人、说话人双方的预期或认识。关联双方预期是会话策略实施的结果，"合着"所在的句子整体凸显交际双方的不一致，浮现出语用否定的功能。"反预期"意味着与一般常识、情理的相悖，强烈倾向于解读为负面评价。由关联说话人单方预期，引出负面不如意信息的用法进一步发展，"合着"可以作为一种信息包装手段，标示说话人的负面态度。评断用法的"合着"的负面解读依赖回应位置，而作为态度标记的"合着"在对话中则既可作为回应，也可作为发起。

与之相近的"敢情"表达恍悟意义，可以与表情形评断的"合着"互换，但其表达的负面评价倾向并不强烈，也没有发展出态度标记的用法，不能用于话语的发起。"横是"则表达说话人的揣测，无论位于主谓之间还是句子之首，都有负面评价解读；所有关涉"反预期"的"合着"都可以替换为"横是"，反过来，在缺乏评断必要前提的情况下，"横是"不都能替换为"合着"。"横是"的评价解读受到的语境制约最小，规约化程度最高；带有评价解读的"合着"必须位于句首或句尾；而"敢情"（第一种用法）不仅只能位于句首，而且在会话结构中只能用于回应，是序列依赖的。三个与评价有关的近义副词可归纳为表6-3。

表6-3 "合着、横是、敢情"评价意义的规约化程度

	横是	合着	敢情
句内分布	句首或主谓之间	句首/句尾	句首
序列分布	序列自由	序列自由	序列依赖
评价的规约化程度	较高	较低	最低

跨语言研究中，副词性成分（adverbials）作为语言中表达人际意义的重要手段，被证实是表达各种认识、态度、风格立场的重要来源（Biber and Finegan, 1988、1989；Conrad and Biber, 2000）。本章重点分析的"合

着"作为一个表示评断意义的饰句副词,发展出态度标记的功能,是用于表达负面评价的词汇性手段;句首分布、反预期以及高频使用,是造成其评价意义浮现并规约化的主要因素。而只有对它在实际会话、话语及书面语篇中的使用情况做出细致分析,才能有效区分它的不同用法层次,反映其功能浮现的过程。

第七章　句式的减缩与规约化[*]

——以立场标记"这话说的"为例

7.1　引言

本章讨论表达说话人言语评价的固定格式"这话说的"。请看对话中的例子。

(1) a. 妈的胸口跟海啸似的汹涌起伏，一口怒气咽不下去，压低着声音说："这像什么话呀！"亚平妈："这像什么话呀！<u>这话说的</u>！简直！简直！"丽鹃假装没听见，径直上楼，锁上书房的门。（电视剧《双面胶》）

b. 爸爸，你<u>这话说的</u>，怎么像临别赠言啊！等以后我遇到困难的时候你再教导我也不迟。（小说《蜗居》）

c. 亚平：妈！<u>你这话说的</u>！以后你一个人还能孤单自己过？肯定跟我们呀！（电视剧《双面胶》）

d. 冯世杰愣了一下，尴尬地说："呵，<u>看你这话说的</u>。"

（小说《遥远的救世主》）

---

[*] 本章曾以《"这话说的"的负面评价主场表达功能及其形成动因》为题，发表于《语言教学与研究》2019年第6期。收入本书时有增补。

上面的例子中，"这话说的"前面可以加上第二人称代词"你"，以及感官动词"看"，构成"你这话说的""看你这话说的"等形式。语料中"这话说的"前面的人称代词还有"您"，动词还包括"瞧""听"等，从而构成多种变体。这类形式中"这话说的"可以构成一段独立的话语，不依赖后续成分，整体上被说话人用来表达对之前话语的不赞同。韵律上，单独使用的"这话说的"重音在"这话"上。

我们在第四章曾讨论过组合性评价表达中完整形式和非完整形式的区分。当作为组合性表达时，"这话说的"并不是一个完备的（well-formed）句法结构，而只是"主语+动词+补语"的一部分。这种情况下"这话"绝对不重读。

(2) a. 不过，我总记住一句话，人心换人心，黄土地也能变成金。这话说的多好啊！（《1994年报刊精选》）
b. 生产结合钞票，钞票结合积极，工资搞好了，生产就提高了！这话说的一点不错！（周而复《上海的早晨》）

其中"的"是组合式动补结构中的助词，一般也写作"得"。按照传统语法的层次分析法，"这话说得（的）+形容词"中，动词"说"和状态补语是直接构成成分（immediate constituent），首先构成动补结构"说得adj."，然后再与主语结合。而"这话说的"不同于"主-动-补"结构，它整体所表达的不赞同含义无法从其构成成分推出，因此可以看作一个构式性的规约化评价表达。

本章将从"这话说的"在对话中的使用出发，具体分析它所表达的负面言语评价功能及其话语条件，并联系会话模式、语用原则，对其负面评价功能产生的机制做出说明。"这话说的"其实是更抽象的构式"这NV的"的一个实例。通过对"这话说的"用法的探讨，我们还将说明它在"这NV的"构式中的独特地位。本章的最后，我们还将简要讨论"说"类语用标记的进一步扩展。

7.2 相关研究

7.2.1 言说动词"说"及其功能扩展

现代汉语中"说"是一个高频动词，不仅在词义上具有不同义项，而且在使用中发生去范畴化，在语法功能上产生相当程度的扩展。具体包括两个方面，一是获得了新的范畴特征；二是由独立的词变为词内成分，或与其他成分组合形成话语 – 语用标记。

方梅（2006）讨论了北京话中"说"的语法化问题，指出"说"存在两条语法化路径：1）言说动词 > 引语标记 > 准标句词 > 标句词；2）言说动词 > 话题标记 > 列举标记 > 条件从句标记 > 虚拟情态标记。她又从认知的角度出发，讨论了这两条路径"说"的演化机制，包括隐喻和转喻两个方面。从表示言语行为的动词，发展到引介言谈内容的标记（引语），或者标记言谈对象的成分（话题标记）、确立双方共知的起点（条件标记），是向相关概念域的投射，属于隐喻；而在此基础上，各自进一步类推，用引语标记来作为小句关联的标记，以及用表示条件的标记去标示非现实情态，都属于用认知显著度相对高的范畴标记显著度低的范畴，属于概念的转喻。

此外，方梅、乐耀（2017：第十章）指出"说"在叙述语篇以及引语当中还可以表示信息的来源方式，指明信息是引述或听说而来的，具有传信标记的功能。"说"由言说动词发展出引语标记、传信标记，以及标句词用法，这一规律也得到了跨语言研究的证明（Chappell, 2008；方梅、乐耀，2017：第十章）。

另一方面，"说"还可以跟其他成分结合，构成复合词或者话语 – 语用标记。董秀芳（2003）讨论了"X说"的词汇化，指出"说"在其中具有附缀的功能，可以形成动词、副词、连词、语气词、话题标记等，表示某种主观化色彩。本书第二章提到的朴惠京（2011）对于词汇化形式"可能说""应该说""可以说"的探讨，方梅（2018a）对于词汇化的"X是"形式"说是"的探讨，都证明"说"构成的词汇化形式具有分布或功能上的灵活性，具有对确定性进行评判或负面态度标记的功能。

另外，现代汉语口语中还出现了很多由言说动词"说"参与构成的话语-语用标记，如"我说""你说""不是我说你""我说呢""看（瞧）你说的""话又说回来"等，其中"说"的意义已经在言谈行为的基础上有了进一步的扩展，如表达对对方的批评、表达说话人认识等。这已经引起了很多学者的关注和探讨（董秀芳，2007；李宗江，2009；乐耀，2011；张先亮、倪妙静，2015；李治平，2011、2015）。从总体上看，这些成分在语表形式上对言谈行为本身进行指示，体现了交际双方对言谈传递的信息内容、传递过程以及方式的关注，起到立场表达与调节，以及话语组织、调整的作用。曹秀玲、杜可风（2018）探讨了"说"及其他言说义语素或词构成的言说类元话语标记，指出这类成分揭示出人类话语行为中基本话语和元话语、语言表达与人际互动间的依存关系，是基本话语和元话语实现分层，以及语言自反性（reflexivity）得以彰显的关键因素；并将它们从功能上分为标识言说视角、言说方式、言说态度和言语进程几类。

7.2.2 抽象构式"这 N V 的"

本章我们讨论的"这话说的"属于实体构式，它所对应的抽象构式为"这 N V 的"。唐雪凝、张金圈（2011）讨论了"这 N V 的"构式，其中也涉及"这话说的"。他们指出，"这 N V 的"表达的评价并无明显的正负倾向，可以是正面的，也可以是负面的；它的后面可以接续表示评价的语句，去掉二者之间的停顿就可以还原为一个典型的组合式述补结构，看下面的例子：

(3) a. 这会开的，乱七八糟的，也没学多少。
→a'. 这会开得乱七八糟的。
b. 这房子盖的，在全县估计也是数一数二的。
→b'. 这房子盖得在全县估计也是数一数二的。
c. 这日子过的，真是起起伏伏。
→c'. 这日子过得真是起起伏伏。
d. 这球打的，那真叫一个帅啊！
→d'. 这球打得那真叫一个帅啊！（引自唐雪凝、张金圈，2011）

可以看出,"这NV的"之后接续表示评价的语句,形成可断可连的话语片段。① 鉴于此,唐雪凝、张金圈将"这NV的"构式的基本语义概括为:表达说话人对当前语境中的某种事物或某种事态进行"感叹性评价",并指出它是由组合式述补结构"这NV得C"演变而来的。

我们发现,"这NV的"中的其他实例,似乎并没有"这话说的"独立性那么高。它们不能独立承载评价意义,需要与后续的评价小句合在一起承担评价功能,如例(3)。因此很难说"这NV的"自身带有评价义,更适合说它表达一种浑然的感叹。并且,"这NV的"后面所接续的评价,可以是正面的,也可以是负面的。也就是说,"这NV的"整体评价意义的倾向,评价倾向的确定有赖于后续语句中的评价词语。而"这话说的"在没有后续句的情况下,只能解读为负面评价;只有后续句中具有正面评价词语的情况下,才能使其解读发生逆转。

(4) 这话说的!真有水平!(引自唐雪凝、张金圈,2011)

也就是说,"这话说的"在语境中的正面解读,是由其后的正面评价词触发的。另外,在我们考察的语料中,"这话说的"总共22例,其中带有后续句的有17例,没有一个后续句带有显性评价词语。可见在实际使用中,"这话说的"总是呈现负面评价的解读;其负面评价意义具有较高的规约化程度,即在不依赖其他评价词语的情况下,都表达对对方话语的负面评价。这是"这NV的"构式的其他实例所不具有的特征。

另外,"这话说的"只出现在对话语境当中,并且总是用于回应之前的话语,可以独自构成话轮,因此考察它的话语功能和用法就必须考虑它之前以及之后的话语。而目前研究的视野基本局限于"这话说的"(这NV的)这一格式本身,对它在会话语境中、在动态交际过程的参与中发挥的作用却没有充分重视。

鉴于以上两方面,本章将对"这话说的"这一构式的负面评价立场表

---

① 当前后语句分离时,"这NV de"中最后一个音节可以用"的"表示,也有记作"得"的;但以"的"为常。这与"的"可对应于语气词 de,用于结句有关。关于句末语气词"的"的功能,参看李讷、安珊笛、张伯江(1998)。

达功能进行进一步的探讨。我们将超越之前单句内构式与词项互动的层面，采用互动视角，将这一评价表达构式置于会话语境中，分析它在实际使用中的功能，并从互动交际出发探讨其形成的动因。具体我们将回答以下两个问题。

第一，"这话说的"是如何用来传达负面立场的，其传递的具体立场有几种类型？

第二，其传达的立场为何倾向于负面？相比于其他"这ＮＶ的"实例（如"这球打的""这事儿办的"等），"这话说的"有什么独特价值？

7.3 负面立场表达功能及其会话模式

7.3.1 负面评价立场回应语

考察发现，"这话说的"绝大多数用于对话中对之前话语回应的话轮中。极少数例外（仅2例）中，"这话说的"之前也都是对于他人话语的转述或引用，看下面的例子：

(5) 陈丰也指着那封信道："还有这句，'我们要求一个尊重我们的经理'，这话说的！我们这种公司，经理是任命的，不是选举的，照他们这个概念，不是成竞选了！"（小说《杜拉拉升职记》）

例（5）中，陈丰引用了信中的一句话，随即用"这话说的"对这句话进行了负面评价，并用后续句中补充了自己反对的理由。这种情况与我们6.3.1节讨论的"合着"在独白体中呈现的交互模式类似，此时"这话说的"同样可以看作对前面引语的回应。因此可以说，"这话说的"属于典型的回应性成分——总是处于回应话轮的开头位置，存在前文所述的一系列变体形式，有些情况下前面还有呼语（称呼对方）或是其他感叹性（如"嗨"）或评述性成分［如例（1a）］。它与之前的话语有强烈关联以及依赖，在话语中的作用主要跟说话人的立场表达相关。

立场（stance）是语言表达的一个基本方面。语言交际中说话人除了表达命题内容之外，还表达个人感觉、态度、价值判断或者评价，也就是说,他们在表达"立场"(Du Bois,2007)。立场的表达涉及自我的表达,体现主观性;同时也涉及言谈双方的建构与协调,体现交互主观性。在对话语境中,说话人运用特定的手段,表达与对方立场的一致或不一致,其交互主观性有更明显的表现。立场的正面与负面不是关涉命题内容本身,而是相对于对方立场一致还是不一致。我们把与上一说话人不一致的立场称为负面立场。

实际使用中,"这话说的"总是呈现负面评价的解读,即在不依赖其他评价词语的情况下,都表达对对方话语的负面评价。从这个意义上说,"这话说的"可以看作确立负面评价立场(evaluative stance)的一种手段。Du Bois(2007)对评价(evaluation)的定义是:"立场表达者明确立场对象,并将其描述为具有某种特定特征或价值的过程。"典型的评价立场表达是通过形容词谓语句进行的,如"That's horrible"。刘娅琼、陶红印(2011:115)对这种立场类型有更清晰的描述:"说话人对事物的合理性做出一定判断。如果一些事物在说话人看来是合理的,语句里表达的立场就是正面的,相反,如果说话人认为事物是不合理的或不能令人满意的,这个事理立场就是负面的。"他们采用的名称是"事理立场"。鉴于"事理"的说法更容易被理解为偏重于话语内容,我们这里还是采用"评价立场"的说法。

7.3.2 会话模式

考察发现,"这话说的"表达的负面评价立场,具体可分为指向话语内容和指向话语合适性两类,而两种情况会形成不同的会话模式。

7.3.2.1 指向话语内容

"这话说的"可以表明说话人不赞同对方话语内容的某一方面,包括对事实的判断、主张,对某事物的观点等。这种情况下,"这话说的"之后一定有后续语句,使负面评价立场关涉的具体方面得以明晰。从后续语句与之前话语的关系看,说话人可以提出并阐释对立的观点看法,从而直接否定;但更多地则通过否定预设、质疑推断等方式进行间接否定。

1)"这话说的" + 阐述对立观点

例如:

(6) 丽鹃：结婚总共就掏两万，我这要还一辈子都还不清。我现在要是拿她那点钱，以后要受他妈妈一辈子教育。

丽鹃妈：<u>你这话说的</u>！你的孩子也是他家的孙子，孩子又不跟你姓，还不是传他李家的香火？他们就是出钱也是理所应当，干吗不要？（电视剧《双面胶》）

(7) 丽鹃：有一点不能变，无论我怀不怀，你妈得赶紧走，不然我活不下去了。

亚平：瞧<u>你这话说的</u>！我妈在这不是心疼你，照顾你吗？你怎么这么不懂老人的心呢？有她在，你我得省多少心啊！

（电视剧《双面胶》）

这两例涉及观点的直接对立。例（6）是就拿不拿婆家的钱进行的对话，丽鹃为了不受婆婆的"教育"不要钱，对方在"这话说的"表明立场之后阐释了相反的观点，指出生孩子传香火，要钱是名正言顺的。例（7）丽鹃表达了对婆婆的强烈不满，表示"你妈得赶紧走"的观点；而亚平在"这话说的"之后说明阐释了"我妈得在这"的理由——出于好意、子女省心。这两个例子，说话人在表达对立观点时都采用了反问句形式，如"干吗不要"、"这不是……吗"和"怎么……呢"。反问句的语义强度较高（张伯江、方梅，1996），并且作为一种回应性问句表达否定含义（李宇凤，2010）。这里反问句的使用进一步增强了语用否定的效果，表达了说话人对对方的驳斥。

2)"这话说的" + 否定对方话语某个预设

(8) 亚平妈：大力气的活儿自然是男人干，这我不向着我儿子，小东小西的，还要丽鹃多担待点。

丽鹃妈：亲家母，<u>你这话说的</u>！现在还有什么力气活儿？煤气又不用罐子，煤球也不要做，家具都买现成的，不用打，一个家，讲来讲去不就是洗洗涮涮的小事情吗？

（电视剧《双面胶》）

(9) 于："你老欺负高峰和李菁，你亏不亏心呀。"

郭："<u>这话说的</u>，是关系到这儿，互相开个小玩笑，增进感情。

其实整个德云社和我关系最好的就是谦哥了。"
于:"我真多余管他们俩。想说什么你就说吧。"

(谈话实录《德云日记:我给师傅开车》)

例(8)是两位亲家的对话,男方母亲主张男女分工,男人干大力气活儿,妻子干小事情;而女方母亲先用"这话说的"表达负面立场,进而否定了对方的预设——现在没有什么力气活,言外之意就是男人不用干什么,都是妻子丽鹃干,从而表达了对这种分工的反对。

例(9)于质问郭"你亏不亏心",其前提是他之前所说的"欺负高峰和李菁"为真(因为如果这一事实不成立,就无从发出质问)。而郭显然对此不认同,在表达负面立场之后做出了解释,实际上否定了自己欺负二人的预设——只是朋友关系亲密、开玩笑,不算欺负。

3)"这话说的"+质疑由对方话语引出的推断。

(10) 韩:这点事你不用跑了,找马总,交租金就行。
肖:这个我没想,也不能去。如果用马总的仓库,丁总一个电话就行了,不会从我这儿绕个圈子。丁总既然差我,想必是这点小事不值得惊扰马总。
马:哪里,哪里,谈不上惊扰。
李:我要是元英也不找你,到哪儿花钱都能办的事,干吗落你个人情?
马:<u>这话说的</u>,那就是元英想落亚文个人情了?
韩:差矣,亚文和小丹的关系根本谈不上人情。

(小说《遥远的救世主》)

例(10)中,李志江用一个假设条件句表达了自己的观点——丁元英因为不想落你人情,所以不会找你(而找了肖亚文)。而马总显然不同意这种说法,在"这话说的"之后,用"那就是"引出按照"这话"的说法进一步推衍的结果——"元英想落亚文个人情",通过质疑这一推论,对李志江的话语做出了反对。这里"那就是……了"同样解读为表否定的反问句。

"这话说的"表达的负面评价立场针对话语内容时，需要有后续句对否定的具体内容进行明确；而反问形式在后续语句中的频繁出现表明，说话人传达的语气较为强烈，在行为上体现为对对方直接或间接的驳斥。

7.3.2.2 指向话语合适性

"这话说的"的负面立场还可以针对话语合适性（appropriateness），即发话人认为受话人的话语在当前情境下是不合适的。这种情况下，"这话说的"之后可以有后续句，也可以独自构成话轮。

1）"这话说的" + 对对方话语的推论 + 对方进一步解释

例如：

(11) 吕秀才：岂有此理，你堵得住她的嘴，堵得住她的心吗？每个人都有发表意见的权利，你可以不同意她的观点，但你无权剥夺她说话的权利！
　　　白展堂：<u>这话说的</u>，不知道的还以为你看上她了呢。
　　　郭芙蓉：嗯？
　　　吕秀才：白展堂，你不要血口喷人，我只是捍卫她说话的权利，没别的意思。（电视剧《武林外传》）

其中吕秀才的话语是为郭芙蓉做出的辩白，即每个人都有表达自己观点的权利，不容剥夺。从话语中的反问句以及叹号的使用可以看出，说话人的情感相当强烈。而白展堂不认同这种激动的辩白方式，用"这话说的"表达负面立场，并引出之后的进一步推论——（你这样为她辩解）不知道的以为你看上她了。这当然不是吕秀才的本意，只是一种故意的曲解。白展堂借这一曲解的推论，传递的是对吕秀才话语合适性的负面态度——不是她本人，却以如此激烈的方式维护她。这一曲解的推论在之后马上被吕秀才澄清，声明"我只是捍卫她说话的权利，没别的意思"。

我们在第四章、第五章中都讨论过会话推进过程中说话人认识（epistemics）的因素。这里我们同样需要指出，对话语合适性的负面立场是基于说话人自身的认识和背景知识做出的。认识涉及说话人对于某方面知识的知晓程度，是会话中双方理解话语的重要因素（Heritage，2012、2013）。

交际中说话人表达某种认识的权威,一方面与他们是否具有对谈论对象的权限有关,另一方面也与他们的身份(status)有关(Thompson et al.,2015:146)。例如:

  (12) 燕小六:小丫头片子,甭搭理她,有个事儿我一直想问,你跟那刺客说了啥,他才那么害怕?
    展侍卫:(小声)扒了裤子游街喽!
    燕小六:这有嘛好怕的?
    展侍卫:呵呵,你不是太监,不会明白的!
    燕小六:<u>这话说的</u>,就跟你是太监似的!
    展侍卫:我就是太监(众人惊),既然是朋友,我也就不瞒大家啦,我六岁就进了宫,当了公公!(电视剧《武林外传》)

例(12)中展侍卫的话就是声明对方因身份而缺乏相关认识(你不是太监,不会明白的),而燕小六不知道展侍卫就是太监,认为对方基于身份而认定自己不明白(有什么好怕)是不合理的,因此用"这话说的"表达负面立场,并进行了自认为违背事实的推论——(你说我不是太监不明白)就跟你是太监似的。进行这一推断的前提是,只有太监才会明白脱裤子游街的可怕;从认识的角度说,也就是基于太监的身份才能获得做出相应判断的权威。例(12)中,展侍卫在随后的话语中却证实了燕小六的推论,说明了自己就是太监,从而也增强了之前话语的合理性和说服力。当然,这种基于身份而否定认识的预设本身也可以被反驳。比如可以设想这样的对话:

  (13) a. ——你不是太监,不会明白的!
     ——这话说的,不是太监也知道太监缺什么啊。
    b. ——等你结了婚就明白了。
     ——这话说的,没结婚就没有发言权啦?

由此可见,"这话说的"附带的后续句,主要是明确表达对对方话语特定方面的否定。

2）单独构成话轮，无后续句

这种情况下说话人只是单纯用"这话说的"表达负面立场，并没有进一步的说明或解释，意在结束当前的话题。通常情况下，对方话语的不合适之处比较明显。例如：

(14) 冯世杰伸手接过芮小丹递过来的纸条
　　冯：谢谢你，谢谢！
　　芮：别谢我，我没那么仗义。
　　冯：((愣了一下))呵，<u>看你这话说的</u>。
　　芮：我还有工作，就不打扰了，你忙吧。（小说《遥远的救世主》）

通常情况下，对对方的感谢是"不客气"或"不用谢"。而这个例子，面对冯世杰的感谢，芮小丹却做出了拒绝——"别谢我，我没那么仗义"。这种回应方式显然出乎冯世杰的意料，因此他用"这话说的"表明对于这句话合适性的负面立场，而芮小丹也没有再对当前话题做进一步回应，而是开启了新的话题："我还有工作，就不打扰了，你忙吧。"从会话序列的进行来看，无后续句的"这话说的"也暗示了说话人希望终结当前话题。

正是因为"这话说的"表达负面立场的同时也可以暗示说话人对前一话轮的出乎意料，因此对方仍然可能在后面的序列中对前面自己的话轮加以补充解释。看下面的例子：

(15) 苗：我叫苗阜。
　　王：我叫王声。
　　苗：您看我啊这水平啊跟我旁边这位王声老师啊，没法儿比。
　　王：哎哟嗬<u>您这话说的</u>。
　　苗：人家是大学生。
　　王：咳。（相声《满腹经纶》）

各自介绍后，苗阜对王声进行了高度赞扬，采用了一个比较句的形式，并采用了极量的表达方式"没法儿比"；这虽然符合礼貌原则，但这种赞誉的程度却超出了王声意料中合理的范围，属于程度过量的信息，因此用"这话说的"表达对话语合适性的负面立场。苗阜在后一话轮给出了对于之前称赞（"我跟王声没法比"）的解释——人家是大学生。而王声只是进行了一个最简回应（minimal response）"咳"，从而结束了当前的话题和序列。①

下面这个自然口语中的例子更全面地反映了"这话说的"否定发话人话语合适性的同时，试图结束当前话题的用法。

(16) 1　　A：哎.hh 我儿子这包得↑真：漂亮。=
　　 2　　B：=真：好。=
　　 3　　A：=嗯。
　　 4　　B：我看看？=
　　 5　　A：你看。
　　 6　　C：(.) 进 ［步－］
　　 7　　B：　　　［啊::］↑真［的哎::
　　 8　　A：　　　　　　　　　［包得挺严实还。
　　 9　　B：嗯。
　　10　　A：很好。［非常好。
　　11　　B：　　　［(还真的－)
　　12　　D：妈［妈？　］(.)［嗯::
　　13　　A：　　［给你放］这儿了［哎
　　14 →　B：　　　　　　　　　　［真棒。可以加入这个行列了。
　　15 →　　说明你包得已经(.) 上升到这个［档次了。(知道吗) =
　　17　　C：　　　　　　　　　　　　　　　［@@@@@@@
　　18　　D：=［耶::=

---

① 需要指出的是，这个例子采用的相声对话是一种有计划（planned）的口语形式。相声是一种表演艺术，其对话具有程式化、调侃诙谐等特点；不仅是说给言谈对方听的，也是对观众的一种"展示"。这段对话是相声的开场介绍部分，苗阜对过量称赞的说明为观众提供了相关信息。不过，"这话说的"的立场表达功能并不因为相声语体而有明显不同，因此相声的语体和风格对我们的讨论没有影响。

```
19      C：［°（我都）吓着了°
20  →   B：可以放在可以放在［我们的盘子里
21      C：                  ［.hhhh
        (0.8)
23  →   C：你^这话说的：
24      B：@@（（看向C））（口语对话语料）
```

第1至11行A、B、C都在夸赞孩子包的饺子，这些称赞都是通过话语中的褒义形容词传递出来的，属于第三章分析的组合性评价表达。从第14行开始B对"好"的程度进行了具体的描述，采用不同的词汇形式进行了三次阐述（elaboration）："可以加入这个行列了"（第14行）、"你包得已经上升到这个档次了"（第15行）、"可以放在我们的盘子里"（第20行），在第二次重复评价之后，C用笑声（第17行）、简短的话语（第19行）予以回应。而B在这组回应之后仍然产出了第三次评价（第20行），说明她在寻求进一步、更加充分的回应。在第23行C产出"这话说的"，表明自己对于B的评价方式感到意外，而B也没有更多的解释和反驳，而是同样发出笑声，同时看向C。而至此就终结了当前的序列。以上分析表明这里的"这话说的"并不是针对话语内容，而是B"可以放在我们的盘子里"这种称赞方式，即C对B话语的合适性持负面评价立场，同时终结了当前的话题。

7.3.3 两种模式的交际动因

以上呈现了"这话说的"针对话语内容和话语合适性进行负面评价立场表达的不同模式。从会话分析的角度来看，这两种情况下互动模式的形成有着不同的交际动因。在对话的过程中，交际者对于回应存在偏好，相比于偏好的回应，非偏好的回应在产出时会有更多的延迟、填充词以及后续的解释（Pomerantz，1984）。当交际中一方表达自己观点或主张时，对方赞同、称赞等一致性的立场表达被处理为偏好的回应[①]，而"这话说的"

[①] 需要指出的是，在会话分析学者的研究中，"偏好"并不是一个基于心理的、个人的、主观的愿望或倾向，而是指在会话序列推进过程中，交际参与者所实施的选择所反映的一种规约化的优先级排序，即从说话人的处理方式上看，做出某类选择优于另一类选择。详见本书2.4.2.2节的介绍。

表达的是说话人与对方不一致的负面评价立场，则被视为非偏好的回应，也就往往需要说话人进一步的解释。因此，在针对话语内容的情况下，"这话说的"总是带有后续句，说明说话人表达负面评价立场的原因，无论后续句是呈现不对立的观点、对对方预设的否定，还是对对方的推论质疑。

负面立场针对话语合适性的情况恰恰相反。说话人发现对方的话语超出了当下言谈场景中自己的预期，因此用"这话说的"来显示对其负面评价之后，则往往通过对对方话语的推论向对方寻求解释，如例（11）、例（12），或者对方觉察到说话人对自己的话语产生了疑问，主动进行解释，如例（15）。又或者说话人没有主动寻求对方对于反预期话语的解释，对方也没有给出，则"这话说的"无后续话语，并引向话题终结，如例（14）、例（16）。

从会话中的分布来说，"这话说的"在表达负面评价立场时，必须位于序列中的回应话轮，并且处于话轮开头，或是独自构成话轮。也就是说，"这话说的"的负面评价解读是序列依赖的。并且，在上面分析的不同会话模式下，"这话说的"具体的功能和表达评价的强度还有所差别。当"这话说的"之后有后续句时，无论它是针对话语内容还是内容合适性表达负面评价立场，它在传递负面评价立场的同时还充当了预示语，预示后面即将对对方进行反驳、对话语做出说明，或是提供自己候选的理解，显示自己对对方话语产生了问题。而当"这话说的"之后没有后续句时，它就构成了话轮的主体，独立表达负面评价的立场。

7.4 立场取向的形成机制和动因

7.4.1 礼貌原则与语境吸收

唐雪凝、张金圈（2011）指出，"这ＮＶ的"将来源形式"这ＮＶ得Ｃ"中的补语省缩，符合礼貌原则，"增加了表达的含蓄和机动"。笔者认为，这也恰恰是"这话说的"立场表达呈现负面倾向的基础。

本章一开始就指出，对话语体中有"这话说de+形容词"的形式，如例（2），其中的"de"写作补语标记"得"的情况在语料中更为常见。

例（17）来源于 CCL 语料库。

(17) a. 这话说得<u>很有道理</u>，但胡雪岩总觉得不能这么做。
 b. 刚才说这个定律还没有经过调查研究，再想一想，这话说得<u>并不十分贴切</u>。
 c. 这话说得<u>没错</u>，只是有些含蓄绕口。
 d. 这话说得<u>很圆活</u>，似可作出种种理解，但有一点是明确的，这就是"并列原则"所体现的"自由"……

不难发现，这一组合性的短语结构中，形容词在意义上可以是正面的也可以是负面的，形容词的褒贬色彩决定了对之前对方言论肯定或是否定的态度。也就是说，这是一个组合性的评价表达。

而"这话说的"表达评价立场的负面倾向，是以礼貌原则作为基础的。关于礼貌原则，Brown 和 Levinson（1978）将其定义为：用言语进行评价时，对坏的要说得委婉，对好的要说得充分。而 Leech（1983）则指出礼貌原则包括尽量缩小自身同他人之间的分歧。由于礼貌原则的作用，说话人要对对方的言论做出负面评价时，往往将传递这种负面意义的贬义/消极形容词省去不说，从而使原格式变为"这话说 de"。而即使将负面评价意义说出，也往往采用"不（不太、不很、不十分……）+褒义/积极形容词"的委婉形式表达负面评价，如"这话说得不客气""这话说得不太贴切""这话说得不讲道理"等；而表达肯定评价时一定要用完整的结构，将形容词说出。

(18) a. 这话说得 + 贬义形容词 ⇒ a'. 这话说 de
　　　　　　　　　　　　　　　　a". 这话说得 + 不 + 褒义/积极形容词
 b. 这话说得 + 褒义/积极形容词（不变）

随着否定意义形容词脱落的形式"这话说 de"越来越多的使用，人们渐渐地将这一"残缺"的结构重新分析为一个整体，而原来的补语标记"得"不再满足句法语义上的需求，因此"得"被写作"的"；从听话人的角度看，当听到省略形容词的形式"这话说 de"时，也会根据礼貌原则进行推理：说话人的这一语言形式紧承自己之前的谈话，表达他/她对自己话语的评价，但是句法上所投射（project）的形容词并没有出现①，根据礼貌原则，正面的评价表达要充分，褒义/积极形容词一般会直接说出，而对方没有说出其后的形容词，听话人就推理对方投射的评价含义是负面的。当这一推理过程随着使用不断强化，原句法结构中贬义形容词所承担的负面评价功能就被吸纳进这个整体的格式之中，于是就形成了整体表示负面评价立场的构式——"这话说的"。可以看出，"这话说的"负面评价解读的功能是说话人、听话人双方根据礼貌原则所做的语用推理而产生的，反映了语用原则的规约化。

另外，"这话说的"所处的对话语境也对其负面立场功能有所强化。从上一小节会话模式的分析中可以看出，"这话说的"所处的会话语境均包含交际双方的不一致（disalignment）。而在"这话说的"有后续句的情况下，后续句的形式也往往体现着说话人的负面或否定立场——有后续句的17个例子中，后续句中包含否定句（没、不）的有7处；包含反问句（包括带否定词"没、不"的否定反问句）的有11处。② 后续句中负面表达形式的频繁出现在对话语境中也进一步强化了"这话说的"的负面立场功能。

7.4.2　言说动词"说"的元语性评价

礼貌原则能解释"这话说的"表达立场的负面倾向，但无法解释"这话说的"与"这NV的"其他实例的差异——据唐雪凝、张金圈（2011）的考察，像"这球打的""这日子过的"，在具体的语境中也可以表达正面的评价；而"这话说的"在实际使用中只表达负面评价。我们认为，这种差异就在于"这话说的"构成成分本身——言说动词"说（话）"的特殊性。

---

① 投射这一概念源于会话分析，即通过当前话轮单位可以实现对后续成分的预测，包括句法投射和行为投射。比如，当出现"主＋动词＋得"这样的语符串时，听话人就会预测后面将要产出一个形容词短语，即这个词语序列"投射"一个形容词短语。关于可投射性的具体论述，参看 Auer（2005）。

② 在同一个用例中，"这话说的"后续句可能包括多于一种的语言形式，比如一个否定句和一个反问句，或者两个反问句连用等。因此我们统计的是语言形式的具体频次。

唐雪凝、张金圈（2011）援引翟颖华（2004）、许少峰（1997）的研究指出，"这 N V 的"的立场倾向与其之前的人称代词有关——用"你"时多为负面，用"他""人家"等第三人称成分时则多为正面（比如"他这球打的""人家这字儿写的"等）。而对于"这话说的"而言，其中的"说"和"话"都直接指示言谈本身，既包括"说话"的内容，也包括"说"的方式——这么说或那么说，即是否合适。可以说得"没道理""不对"，也可以说得"不合适""不恰当"。因此，"这话说的"可以是评价言谈双方之外的某些话语，也可以评价交际者自身的话语；既可以否定话语内容，也可以否定话语的合适性。进一步说，"说"和"（这）话"对于当前言语活动的指示，将"这话说的"限定于"你—我"交互框架下的回应话轮。在邻接性（contiguity）[①] 的效应下，"这话"很难理解为是针对言谈对方以外的第三者。这也就因此减少了"这话说的"相关构式的成分的可变性——一般情况下之前的人称指示成分只能是"你"，而不能是第三人称形式。"这 N V 的"中的其他实例则不涉及元语性的评价。它们不限于会话中的回应话轮，可以处于发起话轮，表示对言谈之外某种情况的感叹[②]，其正负倾向有赖于搭配人称及后续语句。这造成了"这话说的"相比于其他"这 N V 的"固化程度更高。

　　并且，"说（话）"将立场表达的对象（话）与当下交际双方参与的言语行为/活动（说话）统一起来。而其他"这 N V 的"实例中的立场表达对象，都是言谈以外的事物或行为，相对于交际双方而言仍然是处于相对客观的地位。相比于其他"这 N V 的"实例，"这话说的"体现了更强

[①] 此概念出自 Sacks（1987），指会话序列中交际双方话轮彼此相邻连接这一基本偏好。
[②] 唐雪凝、张金圈（2011）也提到"这 N V 的"中省略了述补结构中的补语，符合礼貌原则。但从实际的用例看，"这 N V 的"表达评价的正负倾向仍然不明显（略偏向于负面，但也存在不少正面的实例）。笔者认为似乎可以从两方面进一步说明。一方面，前文谈到"这 N V 的"后面往往还有后续小句，对评价的意义进一步加以明确；二者去掉中间停顿可以恢复为完整的"主—动—补"结构，如本章例（3）。也就是说，"这 N V 的"在很多情况下可以看作对评价产出过程在书面上的反映——说话人在产出评价的过程中，往往会在句法上投射的形容词（评价词语）之前发生停顿，使得语调上被截断的两部分获得了独立发展的可能。前面的一部分（这 N V de）在语境中的反复使用就浮现出感叹性的语气。另一方面，我们猜想"这 N V 的"由于能产性丰富，出现的语境也更加多样，其评价的正负受到多方面因素——其中的 N、V 的词汇语义结构、其搭配的人称以及与语境相联系的百科知识等的影响。具体的情形有待通过更多的真实语料加以检验。

的交互性。正是言说动词"说"的高频使用以及其指称与交际行为本身的合一性，造就了"这话说的"在"这 N V 的"构式中的独特性。总结如表7-1所示。

表7-1　"这话说的"与其他"这 N V 的"

	序列分布	人称搭配	立场倾向	指向对象	功能
这话说的	回应 （序列依赖）	仅第二人称	负面	话语内容	负面评价立场
				话语合适性	
其他"这 N V 的"	发起、回应 （序列自由）	第二人称	倾向负面	行为［V N］	感叹
		第三人称	倾向正面		

7.5　小结

　　本章采用互动的视角，分析了对话中独立使用的"这话说的"的立场表达功能。在梳理前人关于"说"的功能虚化以及抽象构式"这 N V 的"相关研究的基础上，我们首先认定"这话说的"在实际使用中属于回应性成分，表达负面评价立场。随后，具体分析了负面立场针对话语内容以及针对话语合适性两种情况下的主要互动模式。针对话语内容进行负面表达时，"这话说的"可以接续与对方不一致的观点，或者对对方预设的否定或对对方推论的质疑；针对话语合适性进行负面表达时，"这话说的"可接续说话人的推论，从而向对方寻求解释；也可以没有后续成分，将话题和序列引向终结。两种情况下的会话模式，都是由交际中的偏好组织和交际者预期所驱动的。另外"这话说的"立场表达的负面取向，一方面是由于礼貌原则驱动下的语用推理规约化；另一方面则是由于其构成成分——言说动词"说（话）"，将"这话说的"限定在"你—我"的言谈框架之中，并使指称对象与交际行为本身重合，因此造成了"这话说的"相对于构式"这 N V 的"的独特性。

　　可以看出，"这话说的"所具有的立场表达功能，是依赖会话序列中的回应环境的，属于方梅（2017a）所说的"序列依赖"型规约评价表达。相比于序列自由的评价表达，其规约化程度较低。而这与语表上的指示代词"这"以及"（说）话"所指示的互动中言谈交替的现场性密切相关。

另外,"这话说的"由一个组合性的表评价句法结构经过省缩形成具有负面倾向的规约化评价表达,也体现了会话策略、原则的实践对语言形式的塑造,以及互动中主观性与交互性的增强。

最后,简要讨论一个相关的问题。通过对负面评价构式"这话说的"的分析,我们看到言说动词"说(话)"指称的双重性,可以指称对方说话的内容,也可以指说话的行为本身(包括言语表达的方式)。其实,北京话中"说(话)"甚至可以不限于指言语,而扩展至其他行为、情况等。典型的代表就是习语"这(是)怎么话说的"。

从句法组合角度看,"这(是)怎么话说的"不是一个合法的结构——疑问代词"怎么"后面可以跟 VP(动词短语),可以是 V-N 的组合,而不是像"话说"这样的 N-V 组合。"这(是)怎么话说的"已经成为一个形式比较固化的构式了。李宗江、王慧兰(2011)指出它的整体意义是"表示对发生的事情感到突然、不理解"。如:

(19) a. 慧芳气哭了,又辩不出个情由,只是一个劲说:"自己恨谁没靶子,就来诬赖别人。谁都这么说我,你也来说我。用得着你说么?你算干嘛地?"刘大妈听见屋里动静大了,忙跑进来:"这是怎么话说的?刚才还有说有笑的,怎么冷不丁吵起来……(王朔《刘慧芳》)

b. 孙起龙接着问:"你爸爸好哇?""我爸爸死啦。"孙起龙一拍大腿:"这是怎么话说的!"(相声大全)

c. 我原说我走在她头里,没想到她倒走在我头里。一辈子的夫妻,没红过脸。现在我要换衣服,得自己找了。我女儿她们不知道在哪儿。这是怎么话说的,就那么走了!

(汪曾祺《云致秋行状》)

显然,虽然在形式上包含言说动词"说"及其默认论元"话",但"这(是)怎么话说的"不一定涉及交际者的言语,而更多涉及语境中所显示的某种行为、情形。仔细考察不难发现,"这(是)怎么话说的"一般都针对不好的情形、状况,说话人表达不理解的意义与疑问代词"怎么"有关——"怎么"可以提问原因;而另一方面,"怎么"在征询原因时，也往往具有批评、责问等负面评价意味，如"怎么迟到了""你怎么回事"等，因此"这（是）怎么话说的"在表达不理解时也往往暗含了说话人的负面态度。不过从目前的语料看，负面态度仅仅是"这（是）怎么话说的"的一种附加意义，它并没有像本章讨论的"这话说的"那样，成为一个专门的负面评价立场标记。至于这里为什么言说动词"说（话）"可以进一步扩展，关联相关的行为、情况，同样涉及言谈场景中的认知、交际因素；限于本章的目的和篇幅，只能另文讨论。

第八章　评价表达的总体框架、规律及倾向

8.1　引言

评价是交际双方共同完成的互动行为，因此对评价表达形式的研究，也必须考虑会话语境中交际双方的互动因素。第四到七章分别选取不同类别的评价表达，对它们在不同语体、语境中的使用进行了个案研究。我们要进一步追问的是，不同语法层次、不同特征的评价表达，它们在语境中形式和意义的形成与发展有哪些共同的倾向和规律？这些倾向和规律又具有什么更深刻的语言学理论意义？本章将在总结归纳这些重要研究结论的基础上，对会话中评价意义解读规约化中的规律进行阐述，同时也观照不同语体中评价表达所呈现的倾向性。

8.2　语法手段与演变规律

8.2.1　从个案到类别：评价表达的语法手段

第四到七章，呈现了汉语口语中规约化程度不同的评价表达。这些表达形式是语言不同层级实现评价的语法手段的代表。

第四章讨论的组合性评价表达由带有评价意义的词语（主要是形容词）组成。它们表达的评价意义不受其所在序列位置的影响。但是，语言结构上的完整形式和只包含谓语的零散形式（整句型和零句型）在具体会

话语境中的选择并不是任意的而是具有不同的交际动因的。通过分析高交互性谈话和扩展性讲述这两种序列环境,笔者发现整句型与零句型评价表达的使用与会话组织中的规程有关。整句型评价一般体现对会话规程的确立或反抗,在讲述序列中体现为对讲述过程的脱离、终结或规程的调整(指示代词"这"作主语的情况除外);而零句型评价则体现对会话规程的遵从,在讲述中体现为对讲述过程的参与。这属于句子层面的评价表达。

与此相关的是第七章讨论的负面评价立场构式"这话说的"。与会话中的两类组合性评价表达类似,"这话说的"也涉及句法结构的减缩;不同的是,"这话说的"当中不含有表达评价意义的词语,其评价意义的解读需要在会话的回应位置上获得。并且"这话说的"要紧邻之前的话轮,处于回应话轮的开头,或者独自构成回应话轮。这些用法与"这ＮＶ的"中的其他实例存在差异,说明"这话说的"表达评价,形式上固化程度比较高,并且需要比较多的话语条件,规约化程度相对较低。它也是方梅(2017a)所说的"序列依赖"型评价构式的一个典型代表。

第五章讨论的"着呢"以及"A着呢"格式代表汉语评价表达中的语气词这一类别。方梅(2016a、2016b)提出"互动语气词"的概念,并以此出发,讨论了语气词"呀""哪""啦""呢",指出语气词及其音变形式在互动行为、言者意图与言者立场中的作用。与这些单音节语气词不同,复合语气词"着呢"所搭配的词类固定(形容词及心理、能愿动词),所行使的话语行为也比较固定(评价)。虽然与"着呢"搭配的形容词本身就具有评价意义,但整个"A着呢"格式具有这一评价意义之外的附加意义,并浮现出构式特征。"着呢"表示提醒对方注意当前性状;这使得"A着呢"用在会话中的回应位置上具有元话语层面的评价功能——在表达自我评价立场的同时,也传递了对对方的纠偏性评价——对对方的话语持负面态度,认为对方话语体现的认识不正确或不充分。而在会话发起的位置,以及独白、书面语篇当中,"A着呢"则浮现出夸张、对比强调等不同的意义。由此可见,语气词"着呢"自身的评价功能解读也是依赖序列环境的。"着呢"从用于动词之后形成"V着呢"到用于"A着呢"格式,也反映了时体范畴与情态范畴的密切联系,以及句末成分的叠加强化效应。

第六章讨论的"合着"及其近义的副词"敢情""横是",代表汉语评价表达中的副词这一类别。"合着"是由合算义发展而来的评注性副词，表达说话人基于语境中某种事态、情况做出评断。它引出的推断可以是非预期信息，也可以涉及"反预期"信息，而后者往往同时浮现负面评价的解读，处于对话中的回应位置。而发展为负面态度标记的"合着"可以出现在回应位置，也可以出现在发起位置，在句内（话轮内）则必须位于句首。比较而言，"敢情"表达恍悟义，引出非预期信息或反预期信息，同时传递对对方的不满，负面评价的解读不明显，且依赖回应位置，没有发展为态度标记，不能用于发起位置；而"横是"表达说话人揣测，总带有负面评价意义，可以位于句首，也可以位于主谓之间。这些近义副词的用法说明，尽管副词在使用中浮现出人际意义，具有一定的评价解读，但在评价表达的规约化程度上还存在内部差异。

以上述几类表达形式为代表，我们可以从语言与互动关系的角度出发，归纳汉语口语中评价行为的各类语言手段及其与语境的关系，见图8-1。

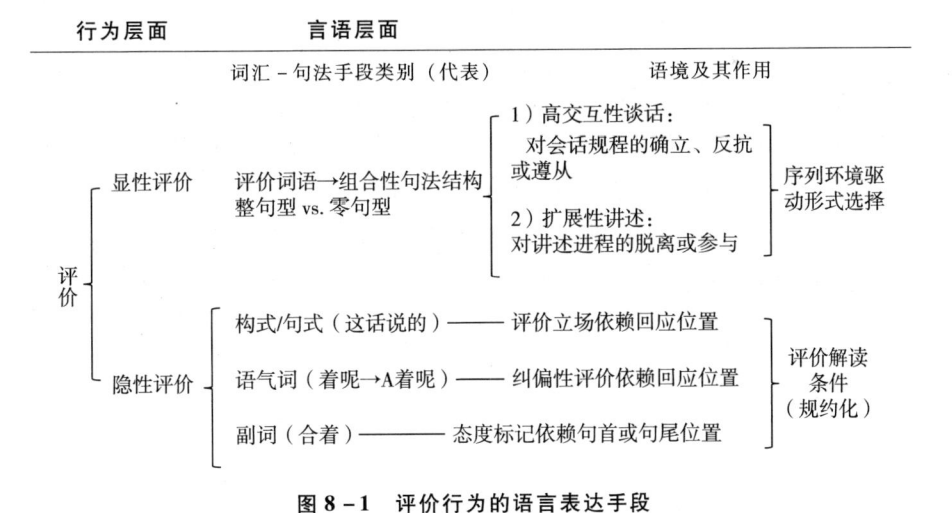

行为层面	言语层面		
	词汇-句法手段类别（代表）		语境及其作用
评价 { 显性评价	评价词语→组合性句法结构 整句型 vs. 零句型	1）高交互性谈话：对会话规程的确立、反抗或遵从 2）扩展性讲述：对讲述进程的脱离或参与	序列环境驱动形式选择
隐性评价	构式/句式（这话说的）—— 语气词（着呢→A着呢）—— 副词（合着）——	评价立场依赖回应位置 纠偏性评价依赖回应位置 态度标记依赖句首或句尾位置	评价解读条件（规约化）

图 8-1　评价行为的语言表达手段

需要指出的是，本书主要从"规约化"这一线索出发，关注评价表达在口语中的形式选择和意义解读的问题。也就是说，对于评价意义的探究，我们更加关注口语会话中不具有评价意义的形式获得评价意义的过程，因此我们在不同层面选取的代表形式，也是为了从互动交际的视角说明评价意义浮现和规约化的机制和动因，并不意味着它们比其他形式重要或典型。事实上，正如本书第三章所论述的，汉语中具有评价功能的形式还有很多，如语气词"呢"、副词"都、还、才"等；但一方面，这些形式的评价意义受对话语境的制约和影响较小，也就是说，它们已经是评价规约化程度较高的形式，另一方面，它们作为单音、高频的虚词，具有更多的功能，其体现的主观性和/或交互主观性并不仅限于评价意义和评价言语行为。

8.2.2 意义解读与交际、认知因素

会话中的意义解读一直是语用学家和会话分析学者所关注的问题。即使对于语义透明的句法结构来说，其具体的意义，以及在互动中所施行的行为，很多时候也要通过会话的具体语境来识别。比如下面两个句子：

(1) a. I'm going to the library.
 b. Do you know who's going to that meeting?

其中例（1a）作为回应可能有两种解读，一是类型相符的回应，回应像"What are you going to do this afternoon?"这样的问题，告知对方自己的安排；二是具有会话蕴含义（conversational implicature）的解读，是对对方邀请的一种拒绝。例（1b）则可能在会话序列中承担不同的功能，从而使其对应的行为具有多种解读，看下面的对话：

(2) 1 Rus：I know where yergoin.
  2 Mom：Whe^ re.
  3 Rus：. h To that eh (eight grade) =
  4 Mom：= Ye^ah. Ri^ght.
  5 → Mom：Do you know who's going to that meeting?
  6 Rus：Who.
  7 Mom：I don't kno：w.
  8 （0.2）
  9 Rus：. hh Oh：： Prob'ly . hhMissiz Mc Owen n' Dad said

10   prob'ly Missiz Cadry and some of the teachers.

（转引自谢心阳，2016b）

对于第5行的问句例（1b），会话中有两种解读。一是寻求信息的问句，问话人确实不知道有谁来；二是作为说话人进行讲述或宣布某种信息的前导序列（参看Schegloff, 2007）。从这段对话可以看出，Rus对Mom这一问句做出了后一种解读（第6行"Who"），而这是一个误解，在之后Mom的进一步回应中予以消除（第7行）。以上两个例子说明，即使是语义透明的表达形式，它们表达的具体含义以及会话组织中承担的功能，也需要结合互动过程来理解。本书关于组合性评价表达的研究，同样是从它们所处的序列环境中考察说话人如何引出特定的评价形式（整句/零句），而之后又是如何对其进行回应的，从而明确其在会话组织中体现的不同交际意图。

而对于语义不完全透明的规约化表达来说，其意义解读所产生的话语条件，更需要参照会话序列的推进过程来确定。这就是我们在2.3.2节中谈到的"位置敏感的语法"（positional-sensitive grammar）的理念，考察在话轮中的横向分布位置，以及在序列不同话轮中的纵向位置。本书前几章分析不同类别的评价表达中，半规约化、规约化的评价表达，它们的评价解读就是特定会话语境中各种因素的影响。前文主要是就个案进行专门讨论，下面我们具体阐释其中的共性特征。

8.2.2.1　回应位置与话轮之首

回应（response）是会话行为中的重要类别。前文曾多次讨论到回应位置的重要性和独特性。这里我们再次强调作为回应的话语，与之前话语的关联性（relevance）。Thompson等（2015：3）认为，回应是"类型性的"（typed），特定的回应是针对特定的发起行为做出的。

基于互动交际的研究，特别强调回应位置的重要性，就是因为回应体现着说话人对之前话语的理解，而这种理解又通过针对回应的进一步回应予以确认或纠正，比如例（2）。这就是会话分析学者所说的"下一话轮证明程序"（next-turn proof procedure）——意义的建构与行为的识解，都是通过"下一位置"（next）的回应来验证的。也正是由于不断展开的会话中"下一位置"的存在，使得说话人在产出当前语句（也就是处于"当前位置"）时不得不考虑对方如何接受，这也就是"受话者设计"（recipient design）的理念。从这个意义上说，"回应性"或者说接受性（recipiency）应当被看作语言的一项本质特征，塑造着语言的形式和意义。

而在我们对于规约化评价表达的分析中，都涉及"回应"这一位置上的用法。我们将其放在一起再次呈现如下：

(3) L：你妈妈还打你？
　　Y：怎么不打？打得<u>狠着呢</u>，打了我以后，她也哭了。
　　　　　　　　　　　　　　　　　　　　　　（访谈节目语料）
(4) 傅明：哎，和平啊，他没向你提什么要求吧？
　　和平：他说他过得很好。也就是，三天没吃东西，八个月没洗澡，不记得上回在屋里睡觉是哪年的事了。
　　志国：<u>合着</u>看准咱家是免费饭店了。（电视剧《我爱我家》）
(5) A：结婚总共就掏两万，我这要还一辈子都还不清。我现在要是拿她那点钱，以后要受他妈妈一辈子教育。
　　B：<u>你这话说的</u>！你的孩子也是他家的孙子，孩子又不跟你姓，还不是传他李家的香火？他们就是出钱也是理所应当，干吗不要？（电视剧《双面胶》）

显然，正是由于这些表达形式处于回应位置，使得会话中的交际者将它们与其回应的、之前的话语建立了关联，也为交互性评价意义的产生创造了条件。

同样，话轮之首，或者说话轮起始位置（turn-initial position）也是体现当前话轮与前面话轮联系的主要位置（Drew，2013），往往更集中地体现交际者的交际意图（Sacks, Schegloff and Jefferson, 1974; Schegloff, 1996; Lerner, 1996）。反映在我们的研究中，"这话说的"在话轮之首，可以作为预示语预示之后的负面话语，也可以独自构成话轮。

话轮之首的另一层意思，就是处于句子结构的外围，属于命题外成分（于康，1996），因此往往与言者视角、立场、态度有关。比如例（4）中的"合着"，用在句首引出后面反预期的评断内容，浮现负面评价解读，后来又在这一语境下进一步发展为态度标记。因此可以说，回应位置、句子开头位置（话轮之首），是表达形式获得人际意义的重要语境。

8.2.2.2 认知机制和语用推理

规约化评价表达评价解读的产生是双方交际互动过程反复进行并逐步凝固化的过程。这其中语义演变的发生，有赖于交际者的认知机制以及根据会话原则进行的语用推理。语言反映了人们对客观世界的加工和识解，不同的识解方式、不同的视角在人们头脑中形成不同的"意象"，影响语言形式的意义解读；而概念的隐喻也是促成语义发展的重要因素。

比如，我们讨论的"着呢"从时体意义向情态意义的转变，其认知上的基础就是其所搭配的形容词在不同的认知扫描方式下呈现的不同意象，以"忙着呢"为例，见图 8-2。

A. 次第连续扫描：

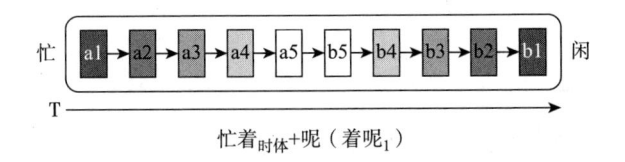

忙 a1→a2→a3→a4→a5→b5→b4→b3→b2→b1 闲
T————————————————→
忙着$_{时体}$+呢（着呢$_1$）

B. 总括扫描：

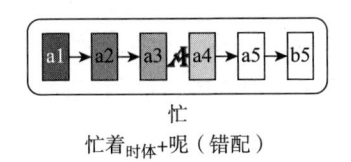

a1→a2→a3→a4→a5→b5
忙
忙着$_{时体}$+呢（错配）

图 8-2　"忙着呢"的两种识解方式

而语言形式关涉的不同层面——现实事件、言者认识、言语行为，就对应不同的认知域"行域"、"知域"和"言域"。这三个域之间的意义转变就是通过隐喻的机制来实现的[①]。比如"着呢"在与性质形容词搭配之后，从对于事态的描述转变为对于"知态"和"言态"的确立；"合着"从折算义发展到评断义，也是从现实层面对数量、方面的估算投射到认识

[①] 隐喻（metaphor）是指一个概念域向另一个概念域的转移。第七章提到"说"的虚化与指称泛化，从言说动词转向对话语的引述，就是隐喻的例子（方梅，2006）。

层面的评断过程。

很多情况下,认知上的原则、倾向需要结合互动中的交际原则、交际社会文化背景等发挥作用,促使新的意义的浮现。第七章我们讨论"这话说的"形成机制时,曾经阐述过礼貌原则驱动下的语用推理。事实上,在对事物进行评价时,特别是在"你—我"的对话框架下,礼貌原则以及面子策略(face strategy)的作用尤为重要。

Leech(1983)指出礼貌原则制约着交际中说话人自主选择的程度,包括六条准则:得体准则(tact maxim)、慷慨准则(generosity maxim)、赞誉准则(approbation maxim)、谦逊准则(modesty maxim)、一致准则(agreement maxim)、同情准则(sympathy maxim)。其中与笔者讨论的评价表达的规约化相关的是赞誉准则和一致准则:

礼貌原则中的赞誉准则和一致准则(Leech,1983):

A. 赞誉准则:减少对他人的贬损

    a. 尽量少贬低别人;

    b. 尽量多赞誉别人。

B. 一致准则:减少自己与别人在观点上的不一致

    a. 尽量减少双方的分歧;

    b. 尽量增加双方的一致。

面子策略是指人们在交际中会彼此维护对方的面子。根据 Brown 和 Levinson(1978),面子又分为积极面子和消极面子,前者指交际者希望他的愿望被顺从;后者则是交际者希望自己的行为不被干涉。正是由于上述交际准则以及面子策略,说话人在表达不满、负面的评价时,往往不会直接说出负面的评价词语,而是采用间接的、迂回的方式(参看方梅,2017a)。比如通过语气词"着呢"的提醒作用,提示对方更新自我认识;通过评断性副词,引出与自身预期不符的情况,从而进一步暗示自我的负面态度。而这都是由于人们日常生活中预期往往来源于常识或客观情理,因此容易将不符合常识或不合情理的情况看作负面的、不希望发生的。结构的减缩也是间接表达负面评价的另一种手段。在礼貌原则相关准则的指引下,说话人无须说出承载评价的核心词语,就能使对方准确识解自己的负面评价立场,比如负面评价立场标记"这话说的"。

另外,为了达到特定的交际目的,交际者在一些情况下也会故意违反交际准则，故意伤对方的面子。这一点可以从"这话说的"的变体中看出——"你这话说的""看你这话说的"等。其中祈使性的"看"是对对方的命令，让对方付出社会代价；而对交际现场直指受话人的"你"则是体现出"面子威胁"，这些都使得"这话说的"负面评价表达的意味增强，有意营造了交谈双方的对立和冲突（这还与它所出现的语体有关，详见下一节的阐述）。

值得注意的是，在评价表达的形式选择及意义解读规约化的过程中，交际双方的认识往往发挥着十分重要的作用。第三章在讨论整句型评价用于回应时，我们曾经指出它在反抗之前话语所设定的规程的同时，也往往显示说话人更高的认识权威，由此可以看出，交际双方的认识是随着会话的推进不断进行协调、调整的。

第五章谈到"着呢"的互动性用法，在回应位置上也涉及自身认识与对方认识的参照。并且"着呢"在发起位置上表示夸张的浮现意义，也是其提醒功能经受话人进行回溯推理而形成的。

A. 常规推理：

某性状 A 很显著，而对方没有注意到→提醒对方注意性状 A

B. 回溯推理：

A 着呢：提醒对方注意性状 A→某性状 A 很显著——对 A 的夸张

第六章"合着"用于引出说话人评断，反映了说话人自身认识的改变和更新——获得了对之前预期之外的认识，而这一认识由于经常与来自常识或情理的预期相反，具有负面的特征，从而使"合着"产生了负面评价的解读；第七章"这话说的"表达的负面立场既可以针对话语内容，也可以针对话语合适性，即所谓"所言即所为""所言即所识"。

8.2.2.3 成分搭配与语境吸收

以上两点，我们从会话的宏观角度出发，讨论了评价表达规约化的位置（分布）因素——回应位置与话轮之首，以及其外部条件——认知机制和语用推理。下面我们将回到具体的语言成分之上，讨论特定语境中成分的搭配及其对语境意义的吸收。

成分的搭配问题一直是语言学研究关注的重要问题。很早就有语言学家注意到一些词语总是跟另一些词语习惯性地搭配在一起（Firth, 1957）。

在语料库语言学（Corpus Linguistics）兴起之后，学者们开始在特定的范围内对语言中的搭配情况进行调查统计，提出了"语义韵律"（semantic prosody）的概念（Sinclair, 1991；Louw, 1993），通过特定的词语在实际使用中的上下文语境，以及与其配合使用的成分，来考察词语的意义倾向。①这样可以揭示出内省很难观察到的、语境赋予这些词语的意义，而非词语本身具有的意义。Hoey（2004、2005）则考察了语言使用中的"词汇启动"（lexical priming）现象，指出语言使用中的词语搭配是一个自然性（naturalness）而非可能性（possibility）的问题，他假定所有词语在人的头脑中都是根据搭配用法而启动（被调用）的。语言形式的选择就是通过这些启动效应的激活或关闭来实现的，从而使语言的使用在呈现创造性（creativity）的同时也具有流畅性（fluency）。

对于口语中体现人际意义的评价表达来说，它往往处于命题表达的外围，其搭配不光包括语言成分与词语之间的搭配，还可能包括与小句的搭配。语言表达式与跟它搭配的成分构成局部的语境，在高频反复出现的情况下可以发生语境吸收，促使语言形式的意义乃至语法范畴发生变化。

第五章讨论的"着呢"最初是作为时体助词与语气词的组合（着+呢），与动词搭配，表示持续体的意义；而后扩展到同时凸显状态和性质的形容词（如"忙""亮"等），再进一步扩展到只凸显性质的形容词（如"大""好"等），搭配成分的变化造成临时的错配，从而促使时体助词"着"进一步虚化，脱离对活动事件的描述，转向说话人自我观点和情感态度的表达，即说话人知态、言态的确立，最终与"呢"结合，形成专用于形容词之后的互动性语气词"着呢"。这种意义的虚化，就是由搭配对象的变化而造成的。

"合着"的语义发展与负面评价的浮现也与它搭配成分的变化密切相关。其表示折算义时与数字或不同方面的描述搭配，往往位于主谓之间；当它的搭配对象泛化为一般的某种情形，就从具体转向抽象，产生评断意义。而后面经常跟负面的反预期情形搭配，又导致其对语境含义的进一步

---

① 语料库语言学家认为，词或短语在真实使用中经常搭配的词语意义以及语境意义会为它们本身带来不同的语用意义。语义韵律的概念，反映了言者和/或作者的立场、态度、情感等。（参看 Sinclair, 1991）

吸收，发展为可以独立用在始发句、标示说话人对相关情况的负面态度的标记。而"这话说的"出现在双方发生不一致的会话语境中，它作为预示语时，后续句往往体现着负面或否定立场，这进一步强化了它负面评价立场的功能。

语言成分与其所处的语境的关系应当一分为二地看待。一方面，词语所在的特定语境的意义不等同于它自身的意义。马真（2004）在讨论汉语虚词研究时就曾经提醒研究者，不要把虚词所在格式的意义加到虚词本身的意义上头。另一方面，我们也应当看到即使在共时层面上，语言成分的意义也不是稳固不变的，而是时时刻刻在动态使用中被塑造的。词语本身的规约意义，与它反复出现的搭配组合、局部语境的整体意义之间不存在绝对的界限。像我们讨论的规约化评价表达，大部分情况下其评价解读还没有作为词汇意义凝固下来，而是需要依赖特定的话语条件，需要借助其在语句（话轮）或序列中的位置以及搭配所营造的局部语境来进行分析。

8.2.3 规约化的结果

以上我们以之前讨论的几个案例为例，系统总结了影响评价表达形式和意义解读的几方面因素。可以看出语言成分是处于动态使用环境当中，在认知以及交际因素的驱动下不断发展演变的；评价意义的规约化也是一个不断进行的过程。那么，应当如何看待评价表达形式意义演变的结果呢？

第二章指出评价的传递本身属于行为范畴，而非语法范畴。汉语中评价的表达往往依附于其他一些核心语法范畴，比如情态、语气等[①]。从以往的研究和本书基于对话语境的进一步分析来看，评价表达的规约化依附在已有的语法范畴之上，造成已有的一些成分的主观化和交互主观化；或是来源于组合性的句法结构，发展成句法上自主、语音上独立的语用标记（pragmatic marker）。这些都不是以某一个新的语法范畴作为最终结果的，也就是说，评价表达形式的产生与发展方向未必是某种语法范畴，这也是我们使用"规约化"这一术语进行概括的重要原因。

在语法化的研究中，研究者同样关注触发语言变化的过渡语境，关注

[①] 有些语言中可以通过形态句法手段来显示说话人的评价或态度，比如芬兰语中的"niin"、日语中的句末小品词"ne"等（参看本书 2.4.2.2 节）。

认知机制以及交际原则下的语用推理对于新的形义关系产生的影响。这与语用标记的产生颇为相似。因此，国际语言学界对语用标记的产生存在争议。一些学者主张采用"语用化"（pragmaticalization）这一术语来专指它们的形成机制（Erman and Kotsinas, 1993；Aijmer, 1997）。与此相对，很多学者仍然主张将语用标记语的形成纳入"语法化"的框架，认为它只是语法化末端的延展（Traugott, 1995、2010；Brinton, 1996）。对此笔者的看法是，无论是在书面语还是口语中，浮现出的用法（意义和/或功能）必须具有形态句法意义，凝固为形态句法范畴，我们才说某个形式发生了"语法化"，原有范畴特征的丧失和新范畴特征的产生是突出的标志。而构成语用标记语的成分，如本书讨论的"这话说的"，它作为负面评价立场的标记，受到话语层面的限制（处于回应话轮开头位置），在丧失原有范畴特征的同时并没有形成新的形态句法范畴。

　　一个旁证是不同演变路径过程中的语音变化。传统上认为语音溶蚀（phonetic erosion）或者语音磨损（phonetic attrition）是语法化的重要特征。Heine（1993）指出："当一个词汇项规约化为语法标记，那么该词汇项就倾向于发生语音溶蚀，也就是说，其语音表现发生某种程度的弱化（reduction）。"而关于语用标记语的产生则显示出与之相反的情况，谢心阳、方梅（2016）对比了自然口语会话中作为话语标记的连词（弱化连词）和表达真值语义的连词在韵律特征上的差异，结果显示话语标记的时长要显著大于原始连词的时长。而本书第七章讨论的"这话说的"，作为语用标记用于回应话轮开头时，其中的"这话"带有重音。这也说明构式性规约化评价表达是语用化而非语法化的结果。

8.3　规约化表达的语体倾向

　　本书讨论的汉语口语评价表达包括两类，组合性的和带有规约化特征的。而这两类却呈现不同的倾向。一是表达评价的正负倾向。组合性评价表达的评价倾向由其中的评价词语决定，既可以是正面的，也可以是负面的，正面的评价居多[①]；而规约化的评价表达则都是负面的。

[①] 根据邹韶华（2001），组合性评价中正面、积极的评价句数量远多于消极评价句。

评价表达的正负倾向：

A. 组合性评价表达——无明显倾向：真好｜太失败了

B. 规约化评价表达——负面倾向

  a. 语气词"着呢"：纠偏性评价（对对方认识的负面评价）

  b. 副词"合着"：负面态度标记

  c. 构式"这话说的"：负面评价立场标记

这一方面与前面提到的礼貌原则等交际因素有关。正面的评价倾向于采用直接的、显性的方式表达，而当说话人传递负面评价时，则往往采用间接的、迂回的方式。

二是评价表达的语体分布。如果将语料分为自然口语（包括自然交谈、节目访谈以及独白）、影视对话以及小说对话，可以发现规约化的评价表达在自然口语中出现的比例非常低。在我们考察的三类各10万字的语料中，发现"A着呢"、"合着"以及"这话说的"在自然口语对话中的数量及比例分别为11例（6.7%）、1例（1.4%）、1例（4.5%）。

仔细观察自然口语中的实例，可以发现如下几点。

第一，"A着呢"11例中有9例处于独白之中，即处于非回应的位置，其中的"着呢"不具有元语性的纠偏评价功能。

第二，"合着"的1例是处于话轮末尾的情形："从第一眼就惦记上人家了合着"，这种情况下"合着"作为追补的信息，标识说话人的评断，体现的负面评价解读较弱。

第三，"这话说的"的1例属于独自构成话轮，并终结序列的情形，如第七章例（15），这种情况下"这话说的"所体现的负面立场强度是最低的。

由此可见，如果进一步考察这些规约化形式用于表达负面评价的典型用例，会发现它们几乎全部来自影视及小说对话。两类评价表达的语体分布可以粗略地用图8-3的扭曲关系来表示。

组合性评价表达 ——————— 自然口语

规约化评价表达 ——————— 影视、小说对话

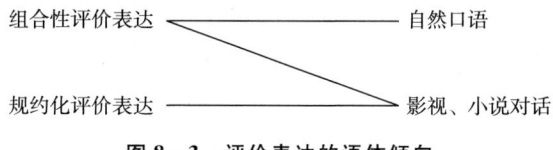

图8-3 评价表达的语体倾向

笔者认为，这种语体上的分布差异与这两类评价表达的正负倾向有关。组合性评价表达正面负面都有，规约化评价表达多是负面的，分布上明显倾向于影视、小说对话而极少见于自然口语，对此的解释还要从各个语体本身的特点入手。

语体的区分一直是功能语法学家秉承的重要原则。他们认为既然语言产生于具体的交际场景之中，那么对于语法的研究也要将语言使用的不同场合、媒介、风格等因素考虑进去，也就是区分不同的语体。这样一方面可以扩大语言研究的视野，发掘新的语言现象和细节差异；另一方面还可以加深对一些语法手段、结构的理解，揭示语体因素对语法的塑造。（关于语体对于语法研究的意义，参看陶红印，1999；张伯江，2007；方梅，2007）。就口语而言，不同性质和目的的材料反映的是不同交际形态的差异，其中的语法特征表现也具有差异[①]。

典型的自然交谈属于即时性、交互式、无准备的[②]。这造成对话中常见的停顿、延长、修补、交叠等话语现象，同时也使得话轮相对较短、语法结构相对简单。会话产出的即时性和现场性也导致说话人大部分情况下采用直接的、组合性的话语来施行特定社会行为，而那些由特定语言成分发生规约化产生的、语义不透明的表达形式，在自然即时的产出中出现数量相对较少。

另外，会话分析学者已经指出，互动中的交谈具有邻接和赞同的普遍倾向（参看 Sacks，1987）。交际者通过话语建构实施社会行为，本质上说是一种合作。这与语用学中的合作原则（cooperation principle；Grice，

[①] Biber（1989）提出了"文本类型学"（typology of texts）的概念。与以往口语、书面语的类型划分不同，他选取了 16 项主要语法范畴，对其语言学特征进行观察，包括时体标记、时间地点状语性成分、代词和代动词、情态词、并列结构、否定结构等。根据这些语法特征，他区分了文本分类的五个维度：1）参与性 vs. 信息性产出；2）叙述性 vs. 非叙述性；3）隐含指称 vs. 情境依赖指称；4）劝说性的显性表达；5）抽象风格 vs. 非抽象风格。由此，不同的文本都可以在这五个维度的连续统上找到特定的位置。另外，Biber（1995）及 Biber 和 Conrad（2009）也都对不同语域（register）的语言特征进行了讨论。崔希亮（2020）从句子长度、语气词的使用、复句结构、文言虚词和文言句式、主观性构式、熟语运用、零句和整句、儿化和词缀等方面，比较了正式语体和非正式语体的语法差异。

[②] 这一界定来自方梅（2016c）。她提出口语语体划分的三条标准：媒介、方式和功能。根据是否有媒体介入可以分为直接交际和间接交际；方式则体现为计划程度的差异，可以分为有准备语体和无准备语体。

1975)、礼貌原则（Brown and Levinson, 1978; Leech, 1983）是一致的。因此，总体上自然交谈中的谈话交际双方（或各方）之间产出的评价表达，正面倾向的居多。而访谈节目通常是对某一话题的讨论，虽然不同谈话者就议题本身的观点可能有所不同，但谈话整体的目的以及推进过程仍然以合作、一致为主。因此也较少出现规约化的负面评价表达。

而影视对话以及小说对话都是预先由编剧或作家创作的。影视剧的对话虽然来自母语者对日常谈话的直觉，但并不同于日常谈话。Cooper（1997）讨论影视剧中"观众认同"（audience identification）时曾指出，影视剧中的人物应当满足观众四种基本需求——普遍情绪、新信息、冲突消解（conflict resolution）以及完结性；"（剧中的）人物……表达情绪来引发观众的认同感"。由于影视剧的媒介和时间限制，影视中的对话仅仅呈现必要的成分，"通过视觉的片段构建图景，营造出一种完整故事的感觉"（DiMaggio, 1990）。可见，影视剧更加凸显故事性、戏剧性，其中的对话更集中地反映人物之间的对立、冲突。从我们的考察中也可以看出，影视剧中规约化评价表达的使用往往带有强烈的感情色彩，如：

(6) 圆圆：你们说吧，多小的声儿，我都能听见。
　　和平：你就听这你<u>用心着呢你</u>，挨学校听老师讲课怎么不这么用心呐？（电视剧《我爱我家》）
(7) 丽鹃：李亚平！不敢劳您大驾。我有手，能自己倒。不过我可能记性不好，不晓得前两天是谁哭着喊着硬要给我捏手捏脚倒茶倒洗脚水的。我原本以为你是乐意干的。既然不乐意，现在算你说清楚了，从此不敢劳动你。李亚平，不要以为我稀罕你，只怕到最后别人替我倒了你还不乐意。
　　亚平妈：这像什么话呀！<u>这话说的</u>！简直！简直！

（电视剧《双面胶》）

这两个例子中，带有规约化特征的评价表达（"A着呢""这话说的"）都与其他一些表达批评、斥责的句式、词语共现，如反问格式"怎么不……"、感叹性习语"这像什么话"，以及独用的"简直"等，这些成分也都传递了说话人的负面态度与评价，它们与"这话说的"一起，显示了说话人对对方的不满、批评甚至斥责，凸显了双方的对立冲突。

而小说对情节的发展描述，对于人物性格特征的刻画，也集中通过对话体现。在有限的对话中同样体现着高度的感情色彩，展现人物间的对立冲突。这一特点同样适用于规约化负面评价表达。比如：

(8)"你们的手续办到什么程度了？""甭提，"吕齐叹了口气，表情茫然，"护照还没批下来呢"。我舒了一口气："这不还早着呢吗。""合着你他妈高兴了，"吕齐骂我，"快开学了吧你们？"

(范伟《我的倒儿爷生涯》)

这里的"合着"体现说话人的负面评价。而从詈语"他妈""骂"等词语都可以看出说话人表达的强烈不满情绪。

因此，我们有理由认为，规约化评价表达大量出现在影视、小说对话中，而极少见于自然口语，是由不同的口语语体特点所决定的。当然，我们所讨论的语体分布是初步考察得出的倾向，或许语料收集、语料库建设等因素会对呈现结果有一定的影响。① 过去关于评价表达的研究主要集中于具有规约化特征的虚词、构式等，而本书则将组合性评价表达和规约化表达同时纳入考察范围。这里我们要强调的是，无论考察什么样的表达形式都要树立明确的语体意识；不仅考察语言形式和意义如何在局部的语境中形成、浮现，还要考察宏观上它们处于哪种类型的交际形态之中，在什么场合、被什么人出于什么目的使用。

8.4 小结

本章我们在前面案例研究的基础上更进一步，首先从行为和语言的关系角度探讨汉语口语中表达评价的各个层面的语言手段。零句型评价和整句型评价属于组合性评价表达，对应行为层面的显性评价表达；带有规约化特征的评价表达则对应行为上的隐性评价。其中"这话说的"是构

---

① 比如，自然口语中也可能存在争吵、纷争的场景，而其中可能较多出现规约化的负面表达，但受到语料收集中各种因素影响，研究中可能很难将其囊括在内。

式/句式层面的评价表达,"着呢"是语气词层面的评价表达,"合着"是副词层面的评价表达。它们的评价解读需要特定的话语条件,对语境的依赖程度有所不同。接下来,我们总结了表达形式获得评价意义解读过程中的重要因素,包括:1)语境中的位置——回应位置与句首分布;2)基于认知识解机制和交际互动原则反复进行的语用推理;3)表达形式所在的局部语境——与其他成分的搭配情况,由搭配对象扩展而造成某一成分功能的虚化,或是某一表达形式对其搭配的语境意义的吸收。这些因素导致语言的形义关系发展,其结果未必是某一新的语法范畴,而是某些句法成分或范畴的主观化和语用化。最后,我们还讨论了组合性评价和规约化两类评价表达在不同语体之间的分布情况,规约化表达的负面评价倾向与影视剧、小说对话追求戏剧性和人物对立冲突的特点相契合,而与自然口语总体上交际者追求一致、赞同的倾向不符。这导致了规约化评价表达绝大部分见于前者。这也启示我们,对语言形式意义的考察既要关注局部的话语语境,也要关注宏观上它所处语体的性质与特征[1]。

---

[1] 关于基于不同语体对话语标记成分的研究,参见刘焱、陶红印(2018)。

第九章 结语

9.1 主要结论

评价是人类互动交际中的重要行为之一。Tomasello（2008）将语言的基本功能分为三类：告知、评价（分享）以及请求（包括信息和行为）；评价行为一般建立在互动双方具有共享知识和认识的基础上。这说明，第一，评价本质上是一种互动行为，必须涉及双方的共同参与；第二，评价区别于对于客观事件的报道、讲述，是说话人视角、立场的一种体现；而由以上两点就可以推出第三点，即评价的表达必然考虑谈话对方的接受性，使对方可以在会话的推进过程中正确地识解相关的评价意义。从这个意义上说，评价既是主观性的，也是交互主观性[①]的。

基于对评价互动本质、主观性以及交互主观性的认识，本书采用互动视角，对汉语口语中用于行使评价行为的表达形式进行了探讨。重点在于探讨语言的使用环境，特别是最为基本的会话语境对评价表达形式、意义以及功能的影响。具体来说，本书得出的结论主要有以下几点。

第一，基于语言形式与语境的关系，建立了汉语口语中评价表达的多层次体系。从评价行为的角度说，评价可以针对某个特定的人或事物，也可以针对某种事件、情况。前者属于基本话语层面，后者则可能涉及元话语层面。语言形式与语境的联系是一个连续统，一端是由评价意义高度规约的词语组成的组合性评价表达，另一端则是字面上不包含评价词语，只

[①] 关于交互主观性，参看本书第一章1.2节的阐述。

有在特定的会话序列中才有评价解读的规约化表达。带有规约化特征的评价表达涉及语言的各个层面——语气词、副词，以及构式/句式。它们的评价解读对语境的依赖程度不同——有些评价表达依赖句首分布，有些则依赖序列中的回应位置。

第二，对于不同结构类型的组合性评价表达，分析了它们在具体局部环境中的选用情况，揭示出驱动不同形式的交际动因。本书根据赵元任（1968）的"零句说"，首先将不同结构的组合性评价表达分为两种类型，只包含谓语的零句形式和主谓齐全的整句形式，分别称为零句型评价和整句型评价。根据会话中参与者的交互程度，将考察的序列环境分为两类——高交互性谈话和扩展性讲述。我们将评价表达格式与评价的行为序列联系起来，考察会话结构中具体位置上零句形式与整句形式的分布，探讨两种形式在会话序列组织上的不同作用——两种类型的评价表达，反映了评价活动中说话人对会话规程的遵从或抵抗。总体上说，整句形式的评价往往用于规程的转变与脱离，而零句形式则体现最大限度的邻接性，不对规程做出改变。

第三，对于具有规约化特征的评价表达，本书通过对它们在各种语体、语境下的用法的梳理，揭示出不同层面的表达形式，其评价意义解读产生的话语条件。

语气词层面以"着呢"为例，它与形容词成分构成半规约化评价表达"A着呢"。本书指出"着呢"是表示提醒对方注意某种性状的互动性语气词，在会话回应的位置浮现话语层面的纠偏性评价，表达对对方认识的负面态度；在会话发起位置及独白中，浮现出夸张的功能。

副词层面以"合着"为例，讨论了它从折算义到评断义，再到发展出负面态度标记功能的过程。表达评断义时其话语模式可以分为交互模式和非交互模式，关联交际参与者的预期。当涉及"反预期"时，"合着"处于回应位置，往往具有负面评价解读，表达说话人对相关情况的不满。进一步"合着"可以作为信息包装手段，发展为负面态度标记，此时它可以处于回应位置，也可以处于发起位置。

构式层面以"这话说的"为例，指出"这话说的"的评价解读强烈依赖会话中的回应位置。它用于回应话轮的开头，或者独自构成回应话轮表达对对方话语的负面评价立场，可以针对话语内容，也可以针对话语合适性，形成不同的使用模式，表达的负面评价的语义强度也有所不同。

第四，通过对评价表达的个案研究，归纳其评价意义解读在语言使用中产生并规约化背后的普遍因素，并且揭示规约化评价表达的语体分布倾向。具体来说，回应位置和句首分布使得它们与之前序列的话轮或语句具有关联，为人际意义的浮现创造了外部条件；基于认知机制的识解以及基于交际原则的语用推理，是评价意义产生的内在机制；而表达形式与其他成分的搭配，以及对由此构成的局部语境意义的吸收，导致了评价意义的固定与强化。就规约化评价表达而言，它们绝大部分出现于影视、小说对话中，而自然口语中很少见。这可以结合评价表达的正负倾向，以及自然口语和艺术作品对话这两类语体的总体特点做出初步解释。

9.2 方法论的反思

在研究方法上，本书基于互动视角，将研究的视野从以往的仅仅结合表达形式所在单句或前后语句扩展至结合对话展开的过程，从而能够对评价表达中的形式选择和意义解读做出更加细致、深入的探索。这种思路有赖于我们对于语言使用及语言本质的认识，即语言是在交际者之间的互动当中随着时间一步步展开的；序列中交际者的话轮构成了"引发—回应"这一动态连续的会话结构。

本书2.3节介绍了互动语言学的基本理念和研究课题。很显然，本书的研究遵循的是"从互动到语言"的研究路径[①]，考察"评价"这一行为组织实施的语言手段。语言是实施社会互动行为的重要资源，不同层次、不同固化程度的语言形式，都是被系统地调用，以特定的惯例，完成特定的行为活动。也就是说，不断使用中的语言是为了"做事情"的；作为资源的语言与作为惯例的语言使用之间并不存在严格的界限。这首先是基于口语（特别是自然口语）的一种普遍性的观察（参看 Couper-Kuhlen and Selting 2018：第九章）；其次更是对于缺乏丰富形态变化的汉语的特点发掘。正如沈家煊先生所说，汉语的语法很大程度上是语用法，"讲汉语语

[①] 另一条路径是"从语言到互动"，即考察各级语言单位、语法手段，如何用来实施特定的交际策略和交际意图，建构并组织相应的社会行为。（详见方迪、谢心阳 2018）

法离开用法就没有多少语法可讲"(沈家煊，2011：15)。

综观本书所讨论的"评价"这一领域的各类现象和问题，我们认为以下的理念与原则是特别重要的。

第一，语言是社会交际的产物，要将语言放在它所参与的社会行为和活动框架中去研究。传统的语言学研究注重将研究对象从具体的互动场景剥离并抽象化，这对于分析语言内部结构、发现系统对应等方面是有必要的，但过分的"去语境化"(de-contextualization)倾向会使得研究者忽视语言形式和意义在互动中的塑造，也不利于全面、准确、深入对语言现象做出描写和解释。比如，叹词表达说话人对某种语言形式或外部环境的心理状态或态度反应，是重要的互动交际手段，也与评价行为密切相关。

(1) 评价发起中的叹词使用

    1 R：那就是说你们完全没有跟他跟人家用中文交流的余地了。

    2 L：对，他就会点儿基本简单的。

    3 R：天哪。

    4   这个人 zz

    5 →   哎呀也不是说不好吧，

    6 →   但就觉得，[哎呀]

    7 L：   [完全] 就是美国人，

    8 R：你就从气质上看就不一样。（自然对话语料）

(2) 评价回应中的叹词使用

    1 B：慢慢儿吧只好。

    2   (0.8) 唉，

    3   你要能先 - 先有一件事办好了也能好点儿哈。

    4 A：对，我是一事无成，这叫这个挫败感哪。

    5 → B：[哎↗呀]，

    6 A：[@@] @

    7 B：其实你看现在这不都是这样吗。（自然对话语料）

这两个例子都包含叹词"哎呀"的使用。例(1)中"哎呀"用作填充词(filler)，出现在评价产出的过程中，虽未明确说出具体评价，但说话人的负面态度已经显而易见。例（2）中"哎呀"是对自贬行为的回应，单独构成话轮，并与 A 的笑声形成了交叠，同时语调明显先升后降，表达说话人的不赞同。两例中叹词的意义解读和功能都明显不同，只有联系它们所处的社会行为序列，从交际参与者的角度对其产出特征和交际过程进行分析，才能获得比较全面准确的认识。而之前的研究中对于叹词意义和功能的描写往往基于单句和内省材料，并且由于缺乏句法形式验证手段，很容易落入"随文释义"的陷阱。

第二，语言是动态发展的过程，要注重从动态的视角考察语言结构和意义。宏观上，语言的发展、沉淀与规约化，是不断进行、正在发生的动态过程。评价意义的规约化是一个连续统，从形义高度规约到意义在特定语境中浮现。微观上，语句处于互动交际之中，是随着时间顺次展开的，对于意义的识解有时不得不从交际过程入手进行考察（见 8.2.2 节）。评价行为中，交际参与者密切关注话语的行进及走向，从而造成提早回应（early response）或合作共建（collaborative construction）的情况比比皆是。看下面的例子：

（3）评价中的提早回应

 1 L：而且好多好多人说我头发像染了的。
 2 R：不像::
 3 L：特黑吗？
 4   要在阳光下边儿都有点儿
 5 → R：对［发红］
 6 L： ［发黄］对发红，
 7   然后说有点儿像染了的。

（4）评价中的合作共建

 1 Jin：我跟她聊了好多。
 2   基本上她的情况，所有－她家里情况
 3   其他情况 我都知道＜x 了 x＞
 4 Ding：那你俩为啥不在一块儿？
 5 → Jin：没感觉吧，我觉得。她长得
 6 → Ding：不好看。

（自然对话语料）

例（3）第4行L在"有点儿"之后做出了停顿，引发了R的提早回应（"对"），并产出了评价项（"发红"）显示自己的理解；例（4）Jin在解释不与某女生在一起的原因，在"她长得"之后有所停顿，而Ding马上合作产出了负面评价项（"不好看"）。可以看出，两个例子中，受话人的接话都是结合序列语境以及语句推进的过程做出的，反映了句法和行为上的"可投射性"（见1.2节）。补语标记"得"在句法上的投射作用，往往导致说话人现场评价时在"得"与补语（评价项）之间有所停顿，从而可能促发句法结构的重新分析，如本书第七章讨论的"这话说的"（以及"这NV的"）构式。

第三，语言是"位置敏感"的，要注重结合语音、韵律特征，探讨语言形式选择的交际动因。前文我们已经具体讨论了回应位置对于评价意义和功能的塑造。概括来说，有些形式表达评价意义只限于回应位置，如"这话说的"；有些形式尽管序列上自由，但在不同序列环境、不同位置分布下具有不同的互动功能，如整句型评价和零句型评价。前文举例中的叹词"哎呀"，因处于不同的序列位置，而具有不同的意义解读和功能。语言的位置敏感性，实际上反映了人们对于会话互动有序性的关注，以及语言形式选择背后的交际动因。而除了句法结构，对互动中语言形式的考察还一定要包括语音、韵律的特征。传统上认为的那些不区别意义的所谓"变体"，甚至是超音段的特征，都可能具有独特的意义解读和交际功能。方梅（2016c）在谈到汉语中的立场表达时，就谈到不同语音、韵律特征形式的对立。

(5) a. 这孩子（"这"不送气，zhèi）——这孩子（"这"送气）
    b. 什么呀（"么"轻声）——什么:::呀（"么"拖长、重读，mò）

上述对立显示，不同的语音变体造成不同的功能解读，实现不同的交际目的。当"这"不送气，读成zhèi时，"这孩子"只是单纯的指称形式，而"这"送气，读成chèi时，"这孩子"则被理解为负面评价。同样，当"么"读成轻声时，"什么呀"可能是单纯的疑问，而当"么"音长、音强提高，读成mò时，则表达负面评价。互动视角下对于序列位置和韵律特征的关注，实际上扩展了传统语言研究的观察视野和分析范围。

需要指出的是，本书的研究虽然较多地借鉴了互动视角，但从研究路子上说与经典的互动语言学研究还有一定区别。互动语言学基于自然发生的口语材料，开展的主要是数据驱动（data-driven）的研究，即从话语材料出发，去发现其中显著的、引起研究者兴趣的语言（或话语）现象，从而明确研究对象。以评价为例，数据驱动的研究就会首先考察评价所涉及的会话材料，去发掘其中显著的语言/话语现象，如评价中常见的话语模式及对句法的塑造，评价的发起、回应所采用的语言形式，对评价赞同的回应与不赞同回应形式表现上的差异，并分析这些现象背后的交际-社会因素。本书第四章关于组合性评价表达的研究，就属于这样的思路。而本书第五章到第七章的个案研究，则更类似于传统语言学的研究路子，即从特定的语言形式（具有规约化特征的评价表达）出发，去话语材料中寻找相关的用例。这只能算作基于数据（data-based）的研究。事实上，这两种研究思路没有好坏之分，也不存在截然的对立。本书的研究课题——评价，立足于语言形式、意义与语境之间的关系，恰恰为两种研究路子的结合提供了可能。

另外，在论证方式上，本书除了采用"分析者的心态"，遵循互动语言学惯用的"下一话轮证明程序"（详见8.2.2节），对形式选择和意义解读进行分析之外，还在个别地方采用内省材料，通过对语言成分进行测试的方法，考察形义演变的限制，揭示近义成分之间的差异等。我们认为，如果基于互动视角的判断或解释，能够得到内省材料的进一步证明的话，将极大地提升解释的说服力和理论价值——不仅能说明实际口语交际中可以出现的例子，还能据此对相关格式的合法性做出一定程度的预测。

9.3　研究展望

"评价"本身是一种丰富和多样的社会行为，语言学界关于评价的研究尚不多见。本书从互动视角入手，基于会话语境中语言成分形义联结的规约化，对汉语口语中的评价表达进行了体系构建和分类研究。当然，就这一课题而言，本书的探索还有很多可深化的空间。

第一，对于非规约化（组合性）、半规约化以及规约化评价表达每一个类别，其内部的语言形式，都可以进行进一步细化和深入研究。比如，对于自然口语中的组合性评价表达，名词短语形式在特定的序列环境和位置中可以表达评价（见4.4.2节），其具体的解读条件是什么，与话语产出的韵律特征具有怎样的关系，受到哪些更为具体的互动－交际原则和因素的驱动，从跨语言比较的视角看，这些特征又与汉语语法的哪些特点相关等，都是本书没有充分讨论、但非常值得研究的问题。再如，具有规约化特征的表达形式，特别是像副词、语气词这类分布较广的形式，在口语内部不同语体之间的用法及功能具有哪些异同，如何做出更加准确、细致的区分，也将是我们今后努力思考的方向。

第二，语言形式与互动行为之间的复杂对应关系有待进一步探讨。具体来说，表面上不具有评价成分的话语可能浮现评价解读，一方面是由于特定语境下的规约化造成形义关系的演变；另一方面也跟前文例（5）所显示的语音、韵律特征的包装不无关系。比如，一些名词、不及物动词等浮现评价解读时，韵律上具有什么特征，与不具有评价意义、不行使评价行为时有何不同。

再如，评价表达正面负面解读倾向的逆转，也与韵律有密切关系。也就是说，评价内部小类之间可能存在不对应——形式上正面的评价表达，可能行使的是负面的评价行为，比如下面例子中的画线部分。

(6) 瑞宣的心跳得很快。……刚走到街门，迎面来了冠晓荷，大赤包，蓝东阳，胖菊子，和丁约翰。他知道丁约翰必定把啤酒供献给了冠家，而且向冠家报告了他的事情。……
大赤包首先开了口，她的脸上有不少皱纹，而临时抹了几把香粉，一开口，白粉直往下落。她把剩余的力气都拿了出来，声音雄壮的说："你可真行！祁大爷！你的嘴比蛤蜊还关得紧！找到那么好的事，一声儿都不出，你沉得住气！佩服你！说吧，是你请客，还是我们请你？"（老舍《四世同堂》）

(7) 不过，在这双漂亮的眼睛的凝视下，王耀先只能笑眯眯地说："啊，我跟他们说，我要等林小姐回来商量一下啦！"
"王先生，你真逗，跟我商量什么呀？我根本不懂造纸。"
王耀先见林雁冬脸上没有了笑容，似乎有点生气似的，忙解释道:"林小姐,请别误会。我们两家是世交,我们两人是朋友。"

(谌容《梦中的河》)

(8) 1984年11月的一天下午,一个年轻人急匆匆走进上海邮票公司的店门。他凑近柜台问营业员:"猴子邮票有?"营业员用惊愕的眼光看着他,反问道:"你说什么?"男青年以为对方没听清楚,又重复了一遍。这下营业员笑了,说:"这人<u>真有意思</u>,'猴子'是生肖票的第一枚,5年前发行,现在已经卖到'老鼠'了,哪里还有'猴子'呀!"(《读者》合订本)

上面几个例子都是小说中的对话,均应理解为说话人的讽刺,表达负面评价。如果能够在真实自然言谈中发现类似的用例,与它们用于原本的正面评价的用例进行对比,并结合韵律特征的分析,相信定将为互动中评价的产出与识解提供更为全面、细致的参考。

总之,"评价"本身是一个多层次、跨领域的复合概念;评价表达也是一个庞大而复杂的体系。评价关涉人的认识、立场、情感等诸多方面,考察互动中的评价意义和评价行为,无疑是未来具有广阔前景的领域。本书在很多方面只是引玉之砖。关于这一领域今后的研究,我们认为至少有以下三个方面可以深入挖掘。

第一,基于不同语体的评价表达研究。这包括微观和宏观两个方面。微观上,考察特定的评价表达在不同的语体当中的分布和使用情况,进一步揭示不同语体对语言形式的影响和塑造。宏观上,考察不同的语体,特别是不同的口语语体之间评价表达的总体差异,包括编码方式、形式选择、语义强度等。而这类研究的开展有赖于一定规模的高质量、多语体平衡语料库的建设,以及大量的语料标注及统计工作。我们坚信,语体观念的进一步贯彻,定将厘清很多目前研究中莫衷一是的问题,使得对评价相关语言现象的认识和解释更加细致和准确。

第二,评价行为表达中的话语现象。这将为跨语言的研究提供新的视角。评价的实施涉及交际双方的在线生成和合作构建;那么对于评价的考察也应该从语言形式扩大到话语现象。前文例(1)至例(4)所反映的叹词使用、提早回应以及合作共建,就是典型的例证。对于话语现象的考察,一方面要从序列推进的动态过程出发,进一步细致考察评价行为中不同结构形式的选用问题,比如客观评价表达式和主观评价表达式、组合性评价表达和习语性评价表达等。另一方面,也要特别关注那些与评价有关的交际策略的实施,比如评价话轮的中止与重启、评价产出中的交叠、评价中占位词(place holder)的使用等。看下面的例子:

(9) 评价话轮的中止与重启:
1　　H:就一般家庭不都是呃:父［::父,父亲严然后 =
2　　DH:　　　　　　　　　［啊对对,°你像那 -
3 →　H: = 然后那个:［有一次-对,母亲就,凶一点儿那个,
4　　DH:　　　　　　［像 Olly 他们家对吧?
5　　H:啊不,母亲慈祥一点儿,
6 →　　然后现在他们家是反过来。就感觉那个,父亲比较,
7 →　　嗯:::就是,不是比较啊,是特别,是特别宽松,
8　　然后呃:那个母亲是比较(.)严厉,是吧?

(10) 评价中的交叠:
1　　Z:天天就可能比较,暖男一点儿。
2　　W:嗯。
3　　Z:是吧?
4　　W:对。
5 →　Z:然后石头可能就比较,［他岁数也稍微 大一点啊,
6 →　W:　　　　　　　　　　［男子汉,
7　　啊啊。
8 →　Z:比较比较比较［有担当,有担当一点儿嗯,
9 →　W:　　　　　　［爷们儿,对对。

(11) 评价中占位词的使用:
1　　Z:我三个舅舅(.)就(.)不怎么管。就互相推。
2　　(.)这个人出多一点钱,那个人出少一点钱,就真的要死。
3 →　(0.8)
4　　主要是因为我舅妈也特别那个,
5　　就,就不愿意出钱:

(自然对话语料)

这些例子所呈现的现象，在传统的语法研究中并未受到关注。而在评价行为当中，它们显然反映了交际者对评价进行组织调整的话语策略。并且会话中的语言形式都是交际双方共同参与和合作的结果，特别是像评价过程中的中止、重启与交叠，往往反映了语句的共同构建。将这些话语现象、话语策略进行系统的归纳，与语言形式以及言语产出的表现相结合，会对语法作为互动中的惯例这一理念有更直观深入的认识。另外，话语现象、会话策略的角度，也是进行跨语言比较的重要视角。人类互动中面临的交际需求在一定程度上是普遍的，而不同类型的语言通过什么样的手段来满足，则可能存在很大差异。将汉语的评价实施与其他语言进行比较，也可以在更加根本的层面上挖掘汉语的"大同"与"大不同"。

　　第三，评价中韵律、多模态手段的综合运用。这与交际中的话语现象和会话策略密切相关。互动交际是一种多种资源共同参与的符号性（semiotic）体系，语言手段（特指词汇—形态—句法手段）只是其中的一种。对于汉语口语中的评价表达而言，交际者在产出、回应、组织评价行为时，在韵律特征、眼神、手势、身体姿态等方面各自呈现什么特点？这些手段和语言手段是配合在一起使用还是单独使用？它们在评价行为的识解中各自发挥什么作用？当语言手段与韵律、多模态手段发生不一致时，哪种手段起决定性作用？在第二章的综述中我们已经阐述了现有研究中评价的韵律和身体视觉表现。目前已有学者从多模态互动的视角对汉语中评价活动的实施进行了初步的探讨（Li，2019）。而这方面的研究还有很多空白，有待今后的研究去填补。

参考文献

曹秀玲　杜可风　2018　言谈互动视角下的汉语言说类元话语标记，《世界汉语教学》第 2 期。

陈建民　1984　《汉语口语》，北京出版社。

陈景元　2019　《现代汉语评价表达论》，中国社会科学出版社。

陈小荷　1994　主观量问题初探——兼谈副词"就、才、都"，《世界汉语教学》第 4 期。

储泽祥　2001　"名＋数量"语序与注意焦点，《中国语文》第 5 期。

储泽祥　2003　评述性的"NP 一副 X 的样子"格式，《语法研究和探索》（十二），中国语文杂志社。

崔希亮　2020　正式语体和非正式语体的分野，《汉语学报》第 2 期。

董秀芳　2003　X 说的词汇化，《语言科学》第 2 期。

董秀芳　2004　"是"的进一步语法化：由虚词到词内成分，《当代语言学》第 1 期。

董秀芳　2005　移情策略与言语交际中代词的非常规使用，见齐沪扬主编《现代汉语虚词研究与对外汉语教学》，复旦大学出版社。

董秀芳　2007　词汇化与话语标记的形成，《世界汉语教学》第 1 期。

董秀芳　2009　汉语的句法演变与词汇化，《中国语文》第 5 期。

董正存　2008　情态副词"反正"的用法及相关问题研究，《语文研究》第 2 期。

董正存　2018　现代汉语赞扬义"有"字口语格式的用法及意义获得，《语文研究》第 1 期。

方　迪　2019　"这话说的"的负面评价立场表达功能及其形成动因，《语言教学与研究》第 6 期。

方　迪　谢心阳　2018　《互动语言学——社会互动中的语言研究》介绍，载方梅、曹秀玲主编《互动语言学与汉语研究》（第二辑），社会科学文献出版社。

方　梅　2000　自然口语中弱化连词的话语标记功能，《中国语文》第 5 期。

方　梅　2002　指示词"这"和"那"在北京话中的语法化，《中国语文》第 4 期。

方　梅　2005a　篇章语法与汉语篇章语法研究，《中国社会科学》第 6 期。

方　梅　2005b　认证义谓宾动词的虚化——从谓宾动词到语用标记，《中国语文》第 6 期。

方　梅　2006　北京话里"说"的语法化——从言说动词到从句标记，《中国方言学报》第 1 期。

方　梅　2007　语体动因对句法的塑造，《修辞学习》第 6 期。

方　梅　2009　北京话人称代词的虚化，载吴福祥、崔希亮主编《语法化与语法研究》（四），商务印书馆。

方　梅　2012　会话结构与连词的浮现义，《中国语文》第 6 期。

方　梅　2013a　助动词在汉语口语中的虚化，《木村英树教授还历纪念·中国语文法论丛》，白帝社（日本）。

方　梅　2013b　说"还是"——祈愿情态的浮现，台湾《语言暨语言学》专刊系列之五十 Breaking Down the Barriers: Interdisciplinary Studies in Chinese Linguistics and Beyond, Vol. 2。台湾中研院出版。

方　梅　2016a　北京话语气词变异形式的互动功能——以"呀、哪、啦"为例，《语言教学与研究》第 2 期。

方　梅　2016b　再说"呢"——从互动角度看语气词的性质与功能，《语法研究和探索》（十八），商务印书馆。

方　梅　2016c　汉语中的立场表达，中国社会科学院"汉语篇章语法"课程讲义。

方　梅　2017a　负面评价表达的规约化，《中国语文》第 2 期。

方　梅　2017b　饰句副词及相关篇章问题，《汉语学习》第 6 期。

方　梅　2018a　"说是"的话语功能及相关词汇化问题，《中国语言学报》第 18 期。

方　梅　2018b　《浮现语法：基于汉语口语和书面语的研究》，商务印书馆。

方　梅　乐　耀　2017　《规约化与立场表达》，北京大学出版社。

方　梅　李先银　谢心阳　2018　互动语言学与互动视角的汉语研究，《语言教学与研究》第3期。

冯胜利　2006　《汉语书面用语初编》，北京语言大学出版社。

高艾军　傅　民　2001　《北京话词典》（增补本），北京大学出版社。

高增霞　2011　从评价到语气——兼论"吧"的意义，《河南师范大学学报》（哲学社会科学版）第6期。

高增霞　2016　从互动角度看"吧"的使用，《福州大学学报》（哲学社会科学版）第3期。

郭　锐　2012　形容词的类型学和汉语形容词的语法地位，《汉语学习》第5期。

郭晓麟　2015　"真是的"负面评价功能探析，《语言教学与研究》第1期。

郭志良　杨惠元　2008　《速成汉语基础教程·综合课本》，北京大学出版社。

韩晓云　2014　浅析语气副词"敢情"，《牡丹江师范学院学报》（哲学社会科学版）第4期。

侯瑞芬　2009　"别说"与"别提"，《中国语文》第2期。

侯瑞芬　2010　应答性成分的话语标记用法研究，北京大学博士研究生学位论文。

侯瑞芬　2016　兼类形容词的语义倾向及语用动因，第十九次现代汉语语法讨论会会议论文，浙江温州。

胡承佼　2012　"A着呢"语串的构成差异及其演化历程，《安徽师范大学学报》（人文社会科学版）第5期。

胡明扬　1981　北京话的语气助词和叹词（下），《中国语文》第6期。

胡清国　2013　汉语评价构式"一群NP"探析，《汉语学习》第1期。

胡清国　蔡素萍　2015　汉语评价构式"A了一点"，《汉语学习》第4期。

胡壮麟　2009　语篇的评价研究，《外语教学》第1期。

胡壮麟　朱永生　张德禄　1989　《系统功能语法概论》，湖南教育出版社。

克里斯特尔编，沈家煊译　2000　《现代语言学词典》（第四版），商务印书馆。

黎锦熙　1924　《新著国语文法》，商务印书馆。

李　讷　安珊笛　张伯江　1998　从话语角度论证语气词"的"，《中国语文》第2期。

李文浩　2013　作为典型构式的非典型"X着呢"及其固化分析，《汉语学习》第2期。

李文山　2007　句末助词"着呢"补谈，《语言教学与研究》第5期。

李先银　2015　基于自然口语的话语否定标记"真是"研究，《语言教学与研究》第3期。

李先银　2016　话语否定与话语否定标记"你看你"，《南开语言学刊》第1期。

李先银　2017　《现代汉语话语否定标记研究》，世界图书出版公司。

李小军　2011　表负面评价的语用省略——以构式"（X）真是（的）"和"这/那个+人名"为例，《当代修辞学》第4期。

李小军　2014　构式"好你个+X"的负面评价功能及成因，《北方论丛》第2期。

李晓婷　2019　多模态互动与汉语多模态互动研究，《语言教学与研究》第4期。

李彦波　2019　程度态"X+着呢"构式的共时扩张过程与机制，《语言研究》第4期。

李宇凤　2010　反问句的回应类型与否定意义，《中国语文》第2期。

李宇明　1996　拟对话语境中的"是的"，第五届国际汉语教学讨论会。

李治平　2011　"瞧（看）你说的"话语标记分析，《汉语学习》第6期。

李治平　2015　话语组织标记"话又说回来"，《湖北理工学院学报人文社会科学版》，第1期。

李宗江　2008　表达负面评价的语用标记"问题是"，《中国语文》第5期。

李宗江　2009　"看你"类话语标记分析，《语言科学》第3期。

李宗江　2014　近代汉语评价性语用标记及其向现代的演变，《语言研究》第1期。

李宗江　王慧兰　2011　《汉语新虚词》，上海教育出版社。

刘　彬　袁毓林　2016　"S_1S_2 是 V"句式的主观性及其形成机制,《语文研究》第 3 期。

刘　慧　2009　《现代汉语评价系统研究》,暨南大学博士学位论文。

刘　慧　2011a　现代汉语评价系统研究述略,《汉语学习》第 4 期。

刘　慧　2011b　现代汉语评价系统刍论,《华文教学与研究》第 4 期。

刘丽萍　2007　浅析"V+着呢"与"Adj+着呢"的语法意义,《现代语文》第 36 期。

刘探宙　2018　句末的情态性重置和重申性再现,《世界汉语教学》第 1 期。

刘婷婷　2012　北京方言词"合着"的多角度分析,上海师范大学硕士学位论文。

刘娅琼　2004　试析反问句的附加义,《修辞学习》第 3 期。

刘娅琼　2010　汉语会话中的否定反问句和特指反问句研究,复旦大学博士学位论文。

刘娅琼　2016　《现代汉语会话中的反问句研究——以否定反问句和特指反问句为例》,学林出版社。

刘娅琼　陶红印　2011　汉语谈话中否定反问句的事理立场功能及类型,《中国语文》第 2 期。

刘　焱　2016　申辩式批评话语标记"不是我说你",《现代语文》(语言研究版)第 8 期。

刘　焱　陶红印　2018　负面认识范畴表达式的语体语用研究——"你不知道"及相关问题,载方梅、曹秀玲主编《互动语言学与汉语研究》(第二辑),社会科学文献出版社。

刘月华　潘文娱　故　铧　2004　《实用现代汉语语法》(增订本),商务印书馆。

卢军羽　2014　也谈"你教你的英文"句式——评价构式视角下的汉语准定语研究,《现代外语》第 4 期。

陆俭明　1982a　关于定语易位的问题,《中国语文》第 3 期。

陆俭明　1982b　现代汉语副词独用刍议,《语言教学与研究》第 2 期。

陆镜光　2004a　说"延伸句",《庆祝〈中国语文〉创刊五十周年学术论文集》,商务印书馆。

陆镜光　2004b　延伸句的跨语言对比,《语言教学与研究》第 6 期。

陆萍　李知沅　陶红印　2014　现代汉语口语中特殊话语语音成分的转写研究,《语言科学》第2期。

吕叔湘　1979　《汉语语法分析问题》,商务印书馆。

吕叔湘主编　1999　《现代汉语八百词》(增订本),商务印书馆。

吕叔湘　2014［1944］《中国文法要略》,商务印书馆。

吕叔湘　2008　《语音的"句"和语法的"句"》,载《语文常谈》,三联书店。

马真　2004　《现代汉语虚词研究方法论》,商务印书馆。

孟琮　1962　谈"着呢",《中国语文》第4期。

朴惠京　2011　词汇化形式"高频双音节能愿动词+说/是",《世界汉语教学》第4期。

齐沪扬　2002　《语气词与语气系统》,安徽教育出版社。

齐沪扬主编　2011　《现代汉语语气成分用法词典》,商务印书馆。

屈承熹　2006　《汉语篇章语法》,潘文国等译,北京语言大学出版社。

邵敬敏　1996　《现代汉语疑问句研究》,华东师范大学出版社。

邵敬敏　2012　新兴框式结构"X你个头"及其构式义的固化,《汉语学报》第3期。

沈家煊　1989　不加说明的话题——从"对答"看"话题—说明",《中国语文》第5期。

沈家煊　2002　如何处置"处置式"?——论把字句的主观性,《中国语文》第5期。

沈家煊　1999/2015　《不对称和标记论》,江西教育出版社/商务印书馆。

沈家煊　2003　副词和连词的元语用法,《对外汉语研究》第五期,商务印书馆。

沈家煊　2007　也谈"他的老师当得好"及相关句式,《现代中国语研究》第9期。

沈家煊　2011　《语法六讲》,商务印书馆。

沈家煊　2012　"零句"和"流水句"——为赵元任先生诞辰120周年而作,《中国语文》第5期。

沈家煊　2016a　《名词和动词》,商务印书馆。

沈家煊　2016b　从英汉答问方式的差异说起,载方梅主编《互动语言学与汉语研究》（第一辑），世界图书出版公司。

施春宏　2001　名词的描述性语义特征与副名组合的可能性，《中国语文》第3期。

史有为　1985　一种口语句子模式的再探讨——"倒装"、"易位"、"重复"、"追补"合议，载《语言论集》第1期，外语教学研究出版社。

宋玉柱　1989　谈"着呢"及其分辨，《逻辑与语言学习》第1期。

孙家鑫　2010　汉语"着呢"的句法语义特征研究，上海师范大学硕士学位论文。

孙锡信　1999　《近代汉语语气词——汉语语气词的历史考察》，语文出版社。

唐雪凝　张金圈　2011　表感叹性评价的"这NV的"构式分析，《语言科学》第2期。

陶红印　1999　试论语体分类的语法学意义，《当代语言学》第3期。

陶红印　2003　从语音、语法和话语特征看"知道"格式在谈话中的演化，《中国语文》第4期。

完　权　2017　汉语交互主观性表达的句法位置，《汉语学习》第3期。

完　权　2018a　信据力："呢"的交互主观性，《语言科学》第1期。

完　权　2018b　零句是汉语中语法与社会互动的根本所在，载方梅、曹秀玲主编《互动语言学与汉语研究》（第二辑），社会科学文献出版社。

王灿龙　2017　"总是"与"老是"比较研究补说，《世界汉语教学》第2期。

王长武　2015　试析表主观评价的"一个X，Y"构式，《汉语学习》第3期。

王洪君　2011　汉语语法的基本单位与研究策略，载《基于单字的现代汉语词法研究》，商务印书馆。

王洪君　李　榕　2014　论汉语语篇的基本单位和流水句的成因，《语言学论丛》（第49辑），商务印书馆。

王洪君　李　榕　乐　耀　2009　"了$_2$"与话主显身的主观近距交互式语体，《语言学论丛》（第40辑），商务印书馆。

王　曼　2010　自然口语中的话语标记语"真是的"，《语文学刊》第4期。

王　雯　王　娜　2009　"还A着呢"中单音节形容词的不对称现象考察，

《沧州师范学院学报》第3期。

王晓辉　2017　程度评价构式"X没的说"研究，《语言研究》第4期。

王晓辉　池昌海　2014　程度评价构式"X就不用说了"研究，《世界汉语教学》第2期。

王彦杰　2010　"着呢"句式中形容词性成分的使用情况考察，《世界汉语教学》第2期。

王幼华　2011　"真是的"的语义倾向及其演变进程，《语言教学与研究》第1期。

魏玉龙　2009　语气助词"着呢"的演变历程，《现代语文》（语言研究版）第2期。

鲜丽霞　2012　《汉语自然会话第二评价研究》，四川大学博士学位论文。

鲜丽霞　雷莉　2014　汉语自然回话称赞行为应答语研究，《四川师范大学学报》（社会科学版）第6期。

萧斧　1964　早期白话中的"X着哩"，《中国语文》第4期。

谢心阳　2016a　互动语言学的理论探索——《面向互动语言学的语法研究》介绍，载方梅主编《互动语言学与汉语研究》（第一辑），世界图书出版公司。

谢心阳　2016b　《问与答：形式和功能的不对称》，中国社会科学院研究生院博士学位论文。

谢心阳　方梅　2016　汉语自然口语中弱化连词的韵律表现，载方梅主编《互动语言学与汉语研究》（第一辑），世界图书出版公司。

徐晶凝　2008　情态表达与时体表达的互相渗透——兼谈语气助词的范围确定，《汉语学习》第1期。

许少峰　1997　《近代汉语词典》，团结出版社。

姚双云　2018　"一个+NP"类指句的语用功能，载方梅、曹秀玲主编《互动语言学与汉语研究》（第二辑），社会科学文献出版社。

尹世超　2004a　说否定性答句，《中国语文》第1期。

尹世超　2004b　否定性答句否定的隐显与程度，《汉语学习》第3期。

尹世超　2008　应答句式说略，《汉语学习》第2期。

于国栋　张艳红　2019　汉语日常交际中"隐含型"恭维的会话分析，《山西大学学报》（哲学社会科学版）第4期。

于　康　1996　命题内成分与命题外成分——以汉语助动词为例，《世界汉语教学》第 1 期。

袁毓林　2006　试析"连"字句的信息结构特点，《语言科学》第 2 期。

袁毓林　2014　"怀疑"的意义引申机制和语义识解策略，《语言研究》第 3 期。

乐　耀　2011　从"不是我说你"类话语标记的形成看会话中主观性范畴与语用原则的互动，《世界汉语教学》第 1 期。

乐　耀　2016a　从互动交际的视角看让步类同语式评价立场的表达，《中国语文》第 1 期。

乐　耀　2016b　评注性副词"倒是"的用法及其在话语中的表现，第二届主观化理论与语法研究学术研讨会，渤海大学。

乐　耀　2016c　从交际互动的角度看汉语会话的最佳话轮投射单位，载方梅主编《互动语言学与汉语研究》（第一辑），世界图书出版公司。

乐　耀　2017a　汉语会话交际中的指称调节，《世界汉语教学》第 1 期。

乐　耀　2017b　互动语言学研究的重要课题——会话交际的基本单位，《当代语言学》第 2 期。

乐　耀　2019　交际互动、社会行为和对会话序列位置敏感的语法——《日常言谈中的语法：如何构建回应行为》述评，《语言学论丛》（第 60 辑），商务印书馆。

乐　耀　2020　国外传信范畴研究的新进展及理论思考，《当代语言学》第 3 期。

翟　燕　2005　"着哩"的语法化，《语言科学》第 6 期。

翟颖华　2004　旁指代词"人家"的构成及其语用状况考察，《修辞学习》第 4 期。

张伯江　1997　性质形容词的范围和层次，载中国语文杂志社编《语法研究和探索》（八），商务印书馆。

张伯江　2007　语体差异和语法规律，《修辞学习》第 2 期。

张伯江　方　梅　1994　汉语口语的主位结构，《北京大学学报》（哲学社会科学版）第 2 期。

张伯江　方　梅　1996　《汉语功能语法研究》，江西教育出版社。

张伯江　李珍明　2002　"是 NP"和"是（一）个 NP"，《世界汉语教学》第 3 期。

张国宪　2006a　性质、状态和变化,《语言教学与研究》第 3 期。

张国宪　2006b　《现代汉语形容词功能与认知研究》,商务印书馆。

张旺熹　李慧敏　2009　对话语境与副词"可"的交互主观性,《语言教学与研究》第 2 期。

张　惟　高　华　2012　自然会话中"就是"的话语功能与语法化研究,《语言教学与研究》第 1 期。

张先亮　倪妙静　2015　试论恍悟义构式"我说呢",《世界汉语教学》第 2 期。

张谊生　2000/2014　《现代汉语副词研究》,学林出版社/商务印书馆。

张谊生　2003　"副 + 是"的历时演化和共时变异——兼论现代汉语"副 + 是"的表达功用和分布范围,《语言科学》第 3 期。

张谊生　田家隆　2016　从"X 是"的反预期情态看语义积淀对副词主观评注功能的影响——以"硬是、愣是、就是、偏是"的个性差异为例,《语言研究集刊》第 1 期。

赵元任　1979　《汉语口语语法》,吕叔湘译,商务印书馆。

甄　珍　2016　现代汉语口语主观评议构式"那叫一个 A"研究,《语言教学与研究》第 3 期。

郑娟曼　2009　"还 NP 呢"构式分析,《语言教学与研究》第 2 期。

郑娟曼　2012a　从引述回应式看汉语习语构式的贬抑倾向,《浙江师范大学学报》(社会科学版)第 3 期。

郑娟曼　2012b　从贬抑性习语构式看构式化的机制——以"真是的"与"整个一个 X"为例,《世界汉语教学》第 4 期。

郑娟曼　2015　《现代汉语习语性贬抑义构式研究》,中国社会科学出版社。

郑娟曼　2018　所言预期与所含预期——"我说呢、我说吧、我说嘛"的用法分析,《中国语文》第 5 期。

郑娟曼　邵敬敏　2008　"责怪"义标记格式"都是 + NP",《汉语学习》第 5 期。

郑娟曼　张先亮　2009　"责怪"式话语标记"你看你",《世界汉语教学》第 2 期。

中国社会科学院语言研究所词典编辑室　2017　《现代汉语词典》（第 7 版），商务印书馆。

周金雷　2016　"A＋着呢"结构功能探析，第十九次现代汉语语法讨论会会议论文，浙江温州。

周　莉　曹玉瑶　2018　评价构式"V 都 V 了"与"V 就 V 吧"的比较研究，《语言教学与研究》第 4 期。

朱德熙　1982　《语法讲义》，商务印书馆。

朱德熙　1985　《语法答问》，商务印书馆。

朱　军　2012　评注性副词"动不动"的用法与来源，《语言研究》第 4 期。

朱　军　2013　反问格式"有什么 X"的否定模式与否定等级——互动交际模式中的语用否定个案分析，《中国语文》第 6 期。

朱　军　2014　反问格式"X 什么 X"的立场表达功能考察，《汉语学习》第 3 期。

朱　军　2017　《汉语语体语法研究》，南京大学出版社。

宗守云　2016　"还 X 呢"构式：行域贬抑、知域否定、言域嗔怪，《语言教学与研究》第 4 期。

邹韶华　2001　《语用频率效应研究》，商务印书馆。

Aijmer, Karin 1997 *I think* – an English modal particle. In Swan, Recensie van T. and Olaf Jansen Westvik (eds.), *Modality in Germanic Languages: Historical and Comparative Perspectives*. Berlin, New York: Mouton de Gruyter, 1–47.

Auer, Peter 2005 Projection in interaction and projection in grammar. *Text* 25 (1): 7–36.

Austin, John L. 1975 *How to Do Things with Words*. Cambridge: Harvard University Press.

Bakhtin, Mikhail M. 1981 *The Dialogic Imagination: Four Essays*. Caryl Emerson, Trans., M. Holquist (eds.). Austin, TX: University of Texas Press.

Bakhtin, Mikhail M. 1984 *Problems of Dostoevsky's Poetics*. Edited and translated by Caryl Emerson. Minneapolis: University of Minnesota Press.

Bakhtin, Mikhail M. 1986 *Speech Genres and Other Late Essays*. Translated by

Vern W. McGee. Austin, TX: University of Texas Press.

Biber, Douglas 1995 *Dimensions of Register Variation: A Cross-linguistic Comparison*. New York: Cambridge University Press.

Biber, Douglas and Susan Conrad 2009 *Register, Genre, and Style*. Cambridge: Cambridge University Press.

Biber, Douglas and Edward Finegan 1988 Adverbial stance types in English. *Discourse Processes 11*: 1 – 34.

Biber, Douglas and Edward Finegan 1989 Styles of stance in English: Lexical and grammatical marking of evidentiality and affect. *Text 9* (1): 93 – 124.

Biber, D., Johansson, S., Leech, G., Conrad, S., & Finegan, E. 1999 The Longman Grammar of Spoken and Written English. London: Longman.

Biber, Douglas, Stig Johansson, Geoffrey Leech, Susan Conrad and Eward Finegan 2007 *Longman Grammar of Spoken and Written English*. Pearson Education Limited.

Bolinger, Dwright 1977 *Meaning and Form*. London: Longman.

Boucher, Jerry and Charles E. Osgood 1969 The Pollyanna hypothesis. *Journal of Verbal Learning and Verbal Behavior 8*: 1 – 8.

Boyd, E. A. and John Heritage 2006 Taking the history: Questioning during comprehensive history-taking. In John Heritage and Douglas W. Maynard (eds.), *Communication in Medical Care: Interaction Between Primary Care Physicians and Patients*. Cambridge University Press, 151 – 184.

Brinton, Laurel J. 1996 *Pragmatic Markers in English: Grammaticalization and Discourse Functions*. Berlin: Mouton de Gruyter.

Brown, Gillian and George Yule 1983 *Discourse Analysis*. Cambridge: Cambridge University Press.

Brown, Penelope and Stephen Levinson 1978 Universals in language usage: Politeness phenomena. In Esther N. Goody (ed.), *Questions and Politeness: Strategies in Social Interaction*. Cambridge: Cambridge University Press, 56 – 289.

Bybee, Joan 2006 From usage to grammar: The mind's response to repetition. *Language 82* (4): 711 – 33.

Chafe, Wallace L. 1994 *Discourse, Consciousness and Time: The Flow and Displacement of Conscious Experience in Speaking and Writing*. Chicago: University of Chicago Press.

Chao, Yuen Ren 1968 *A Grammar of Spoken Chinese*. Berkeley and Los Angeles: University of California Press.

Chappell, Hilary 2008 Variation in the grammaticalization of *say* verbs into complementizers in Sinitic languages. *Linguistic Typology 12* (1): 45–98.

Chu, Chauncey C. 1998 *A Discourse Grammar of Mandarin Chinese*. New York/Bern: Peter Lang Publishing.

Clayman, Steven E. 2012 Address term in the organization of turns at talk: The case of pivotal turn extensions. *Journal of Pragmatics 44*: 1853–1867.

Clayman, Steven E. and John Heritage 2002 Questioning Presidents: Journalistic deference and adversarialness in press conferences of U.S. Presidents Eisenhower and Reagan. *Journal of Communication 52* (4), 749–775.

Conrad, Susan and Douglas Biber 2000 Adverbial marking of stance in speech and writing. In Susan Hunston and Geoff Thompson (eds.), *Evaluation in Text: Authorial Stance and the Construction of Discourse*. Oxford: Oxford University Press, 56–73.

Cooper, Dona 1997 *Writing Great Screenplays for Film and Television*. Lawrenceville, NY: ARCO.

Couper-Kuhlen, Elizabeth 2014 What does grammar tell us about action? *Pragmatics, 24* (3): 623–647.

Couper-Kuhlen, Elizabeth and Margret Selting (eds.) 1996 *Prosody in Conversation: Interactional Studies*. Cambridge: Cambridge University Press.

Couper-Kuhlen, Elizabeth and Cecilia E. Ford (eds.) 2004 *Sound Patterns in Interaction*. Amsterdam: Benjamins.

Couper-Kuhlen, Elizabeth and Margret Selting 2018 *Interactional Linguistics: An Introduction to Language in Social Interaction*. Cambridge/New York: Cambridge University Press.

Curl, Traci S. and Paul Drew 2008 Contingency and action: A comparison of two forms of requesting. *Research on Language and Social Interaction 41*:

129 – 53.

DiMaggio, Madeline 1990 *How to Write for Television*. New York, NY: Fireside Publishers.

Dixon, R. M. W. 2010 *Basic Linguistic Theory*, *Volume 2: Grammatical Topics*. New York: Oxford University Press.

Drew, Paul 2013 Turn design. In Jack Sidnell and Tanya Stivers (eds.), *The Handbook of Conversation Analysis*. Malden: Wiley-Blackwell, 131 – 149.

Drew, Paul and Elizabeth Holt 1998 Figures of speech: Idiomatic expressions and the management of topic transition in conversation. *Language in Society* 27 (4): 495 – 522.

Du Bois, John W., Schuetze-Coburn, Stephan, Cumming, Susanna, and Paolino, Danae 1993 Outline of discourse transcription. In Jane A. Edwards and Martin D. Lampert (eds.), *Talking Data: Transcription and Coding in Discourse Research*. Hillsdale: Erlbaum, 45 – 89.

Du Bois, John W. 2001 Towards a dialogic syntax. Ms., Department of Linguistics, University of California, Santa Barbara.

Du Bois, John W. 2007 The stance triangle. In Robert Englebretson (ed.), *Stancetaking in discourse: Subjectivity, evaluation, interaction*. Amsterdam/Philadelphia: John Benjamins, 139 – 182.

Du Bois, John W. 2014 Towards a dialogic syntax. *Cognitive Linguistics* 25 (3): 359 – 410.

Du Bois, John W. and Kärkkäinen E. 2012 Taking a stance on emotion: Affect, sequence and intersubjectivity in dialogic interaction. *Text Talk* 32 (4).

Edwards, Derek and Jonathan Potter. 2017 Some uses of subject-side assessments. *Discourse Studies* 19 (5): 497 – 514.

Enfield, Nick J. 2011 Sources of asymmetry in human interaction: Enchrony, status, knowledge, and agency. In Tanya Stivers, Lorenza Mondada and Jakob Steensig (eds.), *The Morality of Knowledge in Conversation*. Cambridge: Cambridge University Press, 285 – 312.

Englebretson, Robert (ed.) 2007 *Stancetaking in Discourse: Subjectivity, Evaluation, Interaction*. Amsterdam/Philadelphia: John Benjamins.

Erman, Britt and Ulla-Britt Kotsinas 1993 Pragmaticalization: The case of *ba'* and you know. *Studies in Modern Sprakvetenskap*, 76 – 83. Stockholm: Almqvist and Wiksell.

Fairclough, Norman 2003 *Analysing Discourse: Textual Analysis for Social Research*. London: Routledge.

Firth, John R. 1957 A synopsis of linguistic theory, 1930 – 1955. *Studies in Linguistic Analysis. Special Volume*, 1 – 32. Philological Society. Oxford: Blackwell.

Ford, Cecilia E. , Barbara Fox and Sandra A. Thompson 2002 Constituency and the grammar of turn increments. In Ford Cecilia E. , Barbara Fox and Sandra A. Thompson (eds.), *The Language of Turn and Sequence*. New York: Oxford University Press.

Fox, Barbara A. 2007 Principles shaping grammatical practices: An exploration. *Discourse Studies 9* (3): 299 – 318.

Fox, Barbara A. and Sandra A. Thompson 2007 Relative clauses in English conversation: Relativizers, frequency and notion of construction. *Studies in Language 31*: 293 – 326.

Fox, Barbara A. and Sandra A. Thompson 2010 Responses to wh-questions in English conversation. *Research on Language and Social Interaction 43* (2): 133 – 156.

Fox, Barbara A. , Sandra A. Thompson, Cecillia E. Ford and Elizabeth Couper-Kuhlen 2013 Conversation analysis and linguistics. In Jack Sidnell and Tanya Stivers (eds.), *The Handbook of Conversation Analysis*, 726 – 740. Chichester: Blackwell Publishing Ltd.

Fraser, Bruce 2006 Towards a theory of discourse markers. In Kerstin Fischer (ed.), *Approaches to Discourse Particles (Studies in Pragmatics 1)*. Oxford: Elsevier, 189 – 204.

Gao, Hua and Hongyin Tao 2021 Fanzheng 'anyway' as a discourse pragmatic particle in Mandarin conversation: Prosody, locus, and interactional function. Journal of Pragmatics 173: 148 – 166.

Givón, Talmy. 1983 Topic continuity in discourse: An introduction. In T. Givón (ed.), *Topic Continuity in Discourse: A Quantitative Cross-Language Study* (pp. 1 - 41). Amsterdam/Philadelphia: John Benjamins.

Givón, Talmy 1995 *Functionalism and Grammar.* Amsterdam: John Benjamins.

Goffman, Erving 1967 *Interaction Ritual: Essays in Face-to-Face Behavior.* Chicago: Aldine.

Golato, Andrea. 2005 *Compliments and compliment responses: Grammatical structure and sequential organization.* Amsterdam: John Benjamins Publishing Company.

Goodwin, Charles 1979 The interactive construction of a sentence in natural conversation. In George Psathas (ed.), *Everyday Language: Studies in Ethnomethodology.* New York: Irvington, 97 - 121.

Goodwin, Charles 1984 Notes on story structure and the organization of participation. In J. Maxwell Atkinson and John Heritage (eds.) *Studies in Conversation Analysis.* London: Cambridge University Press, 225 - 246.

Goodwin, Charles 1986 Between and within: Alternative treatments of continuers and assessments. *Human Studies* 9: 205 - 217.

Goodwin, Charles 2006 Retrospective and prospective orientation in the construction of argumentative moves. *Text and Talk* 26 (4/5): 443 - 461.

Goodwin, Charles and Marjorie H. Goodwin 1987 Concurrent operations on talk: Notes on the interactive organization of assessments. *IPRA Papers in Pragmatics 1* (1): 1 - 54.

Goodwin, Charles and Marjorie H. Goodwin 1992 Assessments and the construction of context. In Charles Goodwin and Alessandro Duranti (eds.), *Rethinking Context: Language as an Interactive Phenomenon.* Cambridge, UK: Cambridge University Press, 147 - 189.

Grice, Paul H. 1975 Logic and conversation. In Peter Cole and Jerry L. Morgan (eds.), *Syntax and Semantics*, *Vol. 3*, *Speech Acts*, 41 - 58. New York: Academic Press.

Gumperz, John J. 1982 *Discourse Stategies.* Cambridge: Cambridge University Press.

Haddington, Pentti 2006 The organization of gaze and assessments as resources for stance taking. *Text and Talk* 26 (3): 281 – 328.

Halliday, Michael A. K. 1985/1994 *An Introduction to Functional Grammar*. London: Eward Arnold.

Hayano, Kaoru. 2013a *Territories of knowledge in Japanese conversation*. PhD thesis, Radboud University, Nijmegen.

Hayano, Kaoru. 2013b Question design in conversation. In Jack Sidnell and Tanya Stivers (eds.), *The Handbook of Conversation Analysis*. Malden: Wiley-Blackwell, 395 – 414.

Hayano, Kaoru. 2016 Subjective assessment: Managing territories of experience in conversation. In Jeffery D. Robinson (ed.), *Accountability in Social Interaction*. New York: Oxford University Press.

Heine, Bernd 1993 *Auxiliaries: Cognitive Forces and Grammaticalization*. Oxford: Oxford University Press.

Heine, Bernd 2013 On discourse markers: Grammaticalization, pragmaticalization, or something else? *Lingustics 51* (6), 1205 – 1247.

Heine, Bernd, Gunther Kaltenböck, Tania Kuteva and Haiping Long 2012 An outline of Discourse Grammar. In Bischoff Shannon and Jany Carmen (eds.) *Functional Approaches to Language*. Berlin/Boston: De Gruyter Mouton.

Heine, Lena 2011 Non-coordination-based ellipsis from a construction grammar perspective: The case of the *coffee* construction. *Cognitive Linguistics 22* (1): 55 – 80.

Heritage, John 1998 *Oh*-prefaced responses to inquiry. *Language in Society 27*: 291 – 334.

Heritage, John 2002 Oh-prefaced responses to assessments: A method of modifying agreement/disagreement. In Ceilia E. Ford, Barbara Fox and Sandra A. Thompson (eds.), *The Language of Turn and Sequence*. New York: Oxford University Press.

Heritage, John 2003 Designing questions and setting agendas in the news interview. In Phillip J. Glenn, Curtis D. LeBaron and Jenny Mandelbaum (eds.), *Studies in Language and Interaction*. Mahwah, NJ: Lawrence Erlbaum, 57 – 90.

Heritage, John 2012 The epistemic engine: Sequence organization and territories of knowledge. *Research on Language and Social Interaction* 45 (1): 30 – 52.

Heritage, John 2013 Epistemics in conversation. In Jack Sidnell and Tanya Stivers (eds.), *The Handbook of Conversation Analysis*. Malden: Wiley-Blackwell, 370 – 394.

Heritage, John and Raymond Geoffery 2005 The terms of agreement: Indexing epistemic authority and subordination in talk-in-interaction. *Social Psychology Quarterly* 68 (1): 15 – 38.

Hoey, Michael. 2004 Lexical priming and the properties of text. In Louan Harman, John Morley and Alan Partington (eds.), *Corpora and Discourse*. Bern: Peter Lang, 385 – 412.

Hoey, Michael. 2005 *Lexical Priming: A New Theory of Words and Language*. London and New York: Routledge.

Hopper, Paul J. 1987 Emergent grammar. *Proceedings of the Thirteenth Annual Meeting of the Berkeley Linguistics Society*.

Hopper, Paul J. 1998 Emergent grammar. In Michael Tomasello (ed.), *The New Psychology of Language: Cognitive and Functional Approaches to Language Structure*. Mahwah, NJ: Lawrence Erlbaum, 155 – 175.

Hopper, Paul J. 2007 Linguistics and micro-rhetoric: A twenty-first century encounter. *Journal of English Linguistics* 35(3), 236 – 252.

Hopper, Paul J. 2011 Emergent grammar and temporality in interactional linguistics. In Peter Auer and Stefan Pfänder (eds.), *Constructions: Emerging and Emergent*. Berlin: Walter de Gruyter. Berlin: de Gruyter, 22 – 44.

Hopper, Paul J. and Traugott Elizabeth C. 2003 *Grammaticalization*. Cambridge: Cambridge University Press.

Hunston, Susan and Geoff Thompson (eds.) 2000 *Evaluation in Text: Authorial Stance and the Construction of Discourse*. New York: Oxford University Press.

Hyland, Ken 2005 *Metadiscourse*, Continuum International Publishing Group.

Jaffe, Alexandra 2009 The sociolinguistics of stance. In Jaffe, Alexandra (ed.), *Stance: Sociolinguistic Perspectives*. Oxford: Oxford University Press, 1 – 28.

Jing-Schmidt, Zhuo 2005 *Dramatized Discourse: The Mandarin Chinese ba-Con-*

struction. Amsterdam: John Benjamins.

Kamio, Akio 1997 *Territory of Information*. Amsterdam and Philadelphia: John Benjamins Publishing Company.

Kärkkäinen, Elise. 2009 *I thought it was pretty neat*. Social action formats for taking a stance. In S. Slembrouck, S., Taverniers, M. and Van Herreweghe, M., (eds). From 'Will' to 'Well'. *Studies in Linguistics offered to Anne-Marie Simon-Vandenbergen*. Gent: Academia Press, 293 – 304.

Keisanen, Tiina and Elise Kärkkäinen 2014 A multimodal analysis of complement sequences in everyday English interactions. *Pragmatics 24* (3): 649 – 672.

Labov, William and Joshua Waletsky 1967 Narrative analysis: Oral versions of personal experience. *Journal of Narrative and Life History* 7 (1 – 4): 3 – 38.

Labov, William and David Fanshel 1977 *Therapeutic Discourse: Psychotherapy as Conversation*. Academic Press.

Laury, Ritva, Marja Etelämäki and Elizabeth Couper-Kuhlen (eds.) 2014 Introduction. *Special issue: Approaches to Grammar for Interactional Linguistics. Pragmatics 3*.

Leech, Geoffrey N. 1983 *Principles of Pragmatics*. London: Longman.

Lerner, Gene H. 1991 On the syntax of sentences-in-progress. *Language in Society 20*: 441 – 458.

Lerner, Gene H. 1996 On the "semi-permeable" character of grammatical units in conversation: Conditional entry into the turn space of another speaker. In Elinor Ochs, Emanuel A. Schegloff, and Sandra A. Thompson (eds.), *Interaction and Grammar* Cambridge: Cambridge University Press, 238 – 271.

Levinson, Stephen C. 1983 *Pragmatics*. Cambridge: Cambridge University Press.

Levinson, Stephen C. 2006 On the human interaction engine. In Nicholas J. Enfield and Stephen C. Levinson (eds.), *Roots of Human Sociality: Culture, Cognition and Interaction*. Oxford/ New York: Berg.

Levinson, Stephen C. 2013 Action formation and ascription. In Jack Sidnell and Tanya Stivers (eds.), *The Handbook of Conversation Analysis*. Malden: Wiley-Blackwell, 370 – 394.

Li. Charles N. and Sandra A. Thompson 1976 Subject and topic: A new typology of language. In Charles N. Li (ed.), *Subject and Topic*. New York: Academic Press.

Li, Xiaoting 2019 Embodied completion of assessment in Mandarin conversation. *Paper presented at IPRA 2019*.

Li, Xiaoting and Tsuyoshi Ono (eds.) 2019 *Multimodality in Chinese Interaction*. Berlin/Boston: Walter de Gruyter.

Lindström, Anna and Lorenza Mondada (eds.) 2009 Special issue: Assessment in social interaction. *Research on Language and Social Interaction 42* (4).

Lindström, Anna and Trine Heinemann. 2009 Good enough: Low-grade assessments in caregiving situations, *Research on Language and Social Interaction*, 42: 4, 309 – 328.

Linell, Per 1998 *Approaching Dialogue: Talk, Interaction and Contexts in Dialogical Perspectives*. Amsterdam/ Philadelphia: John Benjamins.

Louw, Bill 1993 Irony in the text or insincerity in the writer: the diagnostic potential of semantic prosodies. In Mona Baker, Gill Francis and Elena Tognini-Bonelli (eds.), *Text and Technology: In Honour of John Sinclair*, Amsterdam: Benjamins, 157 – 176.

Luke, Kang Kwong 2012 Dislocation or afterthought? —A conversation analytic account of incremental sentences in Chinese. *Discourse Processes*, *49*: 3 – 4, 338 – 365.

Luke, Kang Kwong and Hiroko Tanaka 2016 Constructing agreements with assessments in Cantonese conversation: From a comparative perspective. *Journal of Pragmatics 100*: 25 – 39.

Mandelbaum, Jenny 2013 Storytelling in conversation. In Jack Sidnell and Tanya Stivers (eds.), *The Handbook of Conversation Analysis*. Malden: Wiley-Blackwell, 492 – 507.

Martin, James R. 2000 Beyond exchange: APPRAISAL systems in English. In Thompson, Geoff and Susan Hunston (eds.), *Evaluation in Text: Authorial Stance and the Construction of Discourse*. New York: Oxford University Press, 142 – 175.

Martin, James R. and David Rose 2003 *Working with Discourse*. London and New

York: Continuum.

Martin, James R. and Peter R. White 2005 *The Language of Evaluation: Appraisal in English*. New York: Palgrave Macmillan.

Mazeland, Harrie 2013 Grammar in Conversation. In Jack Sidnell and Tanya Stivers (eds.), *The Handbook of Conversation Analysis*. Malden: Wiley-Blackwell, 475–491.

Maynard, Douglas W. 1997 The news delivery sequence: Bad news and good news in conversational interaction. *Research on Language and Social Interaction 30*: 93–130.

Mondada, Lorenza. 2009 The embodied and negotiated production of assessments in instructed actions, *Research on Language and Social Interaction*, 42: 4, 329–361.

Ochs, Elinor and Bambi Schieffelin 1989 Language has a heart. *Text and Talk 9*, 7–25.

Ochs, Elinor, Emanuel A. Schegloff and Sandra A. Thompson (eds.) 1996 *Interaction and Grammar*. Cambridge: Cambridge University Press.

Ogden, Richard 2006 Phonetics and social action in agreements and disagreements. *Journal of Pragmatics 38*: 1752–1775.

Ono, Tsuyoshi and Sandra A. Thompson 1994 Unattached NPs in English conversation. *Berkeley Linguistics Society 20*: 402–419.

Park, Innhwa 2018 Reported thought as (hypothetical) assessment. *Journal of Pragmatics* 129: 1–12.

Payne, Thomas E. 1997 *Describing morphosyntax: A guide for field linguistics*. Cambridge: Cambridge University Press.

Pomerantz, Anita M. 1975 Second assessment: A study of some features of agreements/disagreements. Division of Social Sciences, University of California, Irvine.

Pomerantz, Anita M. 1978 Compliment responses: Notes of the co-operation of multiple constraints. In Jim Schenkein (ed.), *Studies in the Organization of Conversational Interaction*. New York: Academic Press, 79–112.

Pomerantz, Anita M. 1984 Agreeing and disagreeing with assessment: Some features of preferred/dispreferred turn shapes. In J. Maxwell Atkinson and John Heritage (eds.), *Structure of Social Action: Studies in Conversation Analysis.* Cambridge: Cambridge University Press, 57 – 101.

Raymond, Geoffrey and John Heritage 2006 The epistemics of social relations: Owning grandchildren. *Language in Society 35* (5): 677 – 705.

Rhys, Catrin S. 2016 Grammar and epistemic positioning: When assessment rules. *Research on Language and Social Interaction 49* (3): 183 – 200.

Sacks, Harvey 1987 On the preferences for agreement and contiguity in sequences in conversation. In Graham Button and John R. Lee (eds.), *Talk and social organization.* Clevedon, UK: Multilingual Matters

Sacks, Harvey 1992 *Lectures on Conversation*, 2 *Volumes* (Fall 1964-Spring 1972). Oxford: Blackwell.

Sacks, Harvey, Emuell A. Schegloff and Gail Jefferson 1974 A simplest systematics for the organization of turn-taking for conversation. *Language 50*, 696 – 735.

Schegloff, Emuell A. 1996a Some practices for referring to persons in talk-in-interaction: A partial sketch of a systematics. In B. A. Fox (ed.), *Studies in Anaphora* (pp. 437 – 485). Amsterdam/Philadelphia: John Benjamins.

Schegloff, Emuell A. 1996b Turn organization: one intersection of grammar and interaction. In Elinor Ochs, Emuell A. Schegloff and Sandra A. Thompson (eds.), *Interaction and Grammar.* Cambridge: Cambridge University Press, 52 – 133.

Schegloff, Emuell A. 2007 *Sequence Organization in Interaction: A Primer in Conversation Analysis*, *Vol. 1.* Cambridge: Cambridge University Press.

Scheibman, Joanne 2002 *Point of View and Grammar: Structural Patterns of Subjectivity in American English Conversation.* Amsterdam: John Benjamins.

Searle, John R. 1969 *Speech Acts: An Essay in the Philosophy of Language.* Cambridge: Cambridge University Press.

Sinclair, John M. 1991 *Corpus, Concordance, Collocation.* Oxford: Oxford University Press.

Sorjonen, Marja-Leena and Auli Hakulinen 2009 Alternative responses to assessments. In Jack Sidnell (ed.), *Conversation Analysis: Comparative Perspec-*

tives. Cambridge: Cambridge University Press, 281 – 303.

Sperber, Deirdre and Dan Wilson 1995 *Relevance: Communication and Cognition*. Oxford: Blackwell.

Strubel-Burgdorf, Susanne. 2018 *Compliments and Positive Assessments*. Amsterdam/ Philadelphia: John Benjamins Publishing Company.

Su, Danjie 2017 Significance as a lens: Understanding the Mandarin *ba* construction through discourse adjacent alternation. *Journal of Pragmatics*, *117*, 204 – 230.

Tao, Hongyin 1996 *Units in Mandarin Conversation: Prosody, Discourse, and Grammar*. Amsterdam/ Philadelphia: John Benjamins.

Tomasello, Michael 2008 *Origins of Human Communication*. Cambridge: The MIT Press.

Thompson, Geoff and Laura Alba-Juez (eds.) 2014 *Evaluation in Context*. Amsterdam/Philadelphia: John Benjamins.

Thompson, Sandra A. 1988 A discourse explanation for the cross-linguistic differences in the grammar of interrogation and negation. In Anna Siewierska and Jae Jung Song (eds.), *Case, Typology, and Grammar*. Benjamins, 309 – 341.

Thompson, Sandra A. 2002 "Object complements" and conversation: towards a realistic account. *Studies in Language* 26 (1): 125 – 164.

Thompson, Sandra A. 2019 Understanding "clause" as an emergent "unit". In Ritva Laury, Ryoko Suzuki and Tsuyoshi Ono (eds.), *Special Issue on Units. Studies in Language* 43 (2): 254 – 280.

Thompson, Sandra A and Paul J. Hopper 1984 The discourse basis for lexical categories in universal grammar. *Language* 60 (4): 703 – 752.

Thompson, Sandra A and Paul J. Hopper 2001 Transitivity, clause structure and argument structure: Evidence from conversation. In John Bybee and Paul J. Hopper (eds.), *Frequency and the Emergence of Linguistic Structure*. Amsterdam: John Benjamins, 27 – 60.

Thompson, Sandra A. and Elizabeth Couper-Kuhlen 2008 On assessing situations and events in conversation: "Extraposition" and its relatives. *Discourse Stud-*

ies 10 (4): 443-467.

Thompson, Sandra A. and Hongyin Tao 2010 Conversation, grammar, and fixedness: Adjectives in Mandarin revisited. *Chinese Language and Discourse 1* (1): 3-30.

Thompson, Sandra A., Barbara A. Fox and Elizabeth Couper-Kuhlen 2015 *Grammar in Everyday Talk*. London: Cambridge University Press.

Trask, Larry R. 2000 *The Dictionary of Historical and Comparative Linguistics*. Scotland: Edinburgh University Press.

Traugott, Elizabeth C. 1982 From propositional to textual and expressive meanings: Some semantic-pragmatic aspects of grammaticalization. In W. P. Lehmann and Y. Malkiel (eds.), *Perspectives on Historical Linguistics*. Amsterdam: Benjamins, 245-271.

Traugott, Elizabeth C. 1995 The role of discourse markers in a theory of grammaticalization. Paper presented at the 12th International Conference on Historical Linguistics (Manchester, UK, August 1995).

Traugott, Elizabeth C. 2010 (Inter) subjectivity and (inter) subjectification: a reassessment. In Kristin Davidse, Hubert Cuyckens and Lieven Vandelanotte (eds.), *Subjectification, intersubjectification and grammaticalization*. Berlin & New York: Mouton de Gruyter, 29-71.

Wiggins, Sally and Jonathan Potter. 2003 Attitudes and evaluative properties: Category vs. item and subjective vs. objective constructions in everyday food assessments. *British Journal of Social Psychology* 42: 513-31.

Wu, Guo 2005 The discourse function of the Chinese particle *NE* in statements. *Journal of the Chinese Language Teachers Association 40* (1): 47-83.

术语表

表情的	expressive
补足语小句	complement clause
不完整体	imperfective
不一致	disalignment
参与	engagement
参与者取向	participant-orientation
层级性小句型	graded clausal
插入成分	parenthesis
插入序列	inserted sequence
阐述	elaboration
沉淀	sediment
陈述形式	declarative
程式化	routinization
传信标记	evidential marker
传信范畴	evidentiality
传信语	evidentials
创造性	creativity
纯描述	mere description
词汇/词组型	lexical/phrasal
词汇启动	lexical priming
词汇形式	lexical
错配	mismatch
错位	misalignment
回答	answer

续表

带补足语的谓词	complement-taking predicate
单一案例研究	single case study
道义立场	deontic stance
得体准则	tact maxim
第二评价	second assessment
第二位置	second position
第三位置	third position
第一评价	first assessment
第一手经历	first-hand experience
定位	position
动词居首构式	verb-first constructions
独白性的	monologic
独白主义	monologism
断言	assertion
对话句法	dialogic syntax
对话性	dialogicity
对话主义	dialogism
多层次的	multi-layered
多模态	multimodality
多模态格式	multimodal format
发起	initiation
发起行为	initiating action
发起性评价	initiating assessment
反馈信号	backchannel
反应语	reaction tokens
非系连性名词短语	unattached NP
分布	distribution
分裂句	cleft
分歧	disagreement
分析的心态	analytic mentality
浮现	emerge
浮现语法	Emergent Grammar
符号性系统	semiotic system

续表

附加疑问句	tag question
复合小品词	compound particle
副词性成分	adverbials
赋值	value
概念功能	ideational function
感叹成分	interjection
高交互性谈话	highly-interactive talk
告知行为	announcement
恭维	compliment
共同发生的评价	concurrent assessment
共同关注	mutual focus
构建形式	do formulating
估价副词	adverbs of evaluation
固化的表达形式	fixed expression
故事讲述	storytelling
关联性	relevance
关注	orientation
观众认同	audience identification
惯例	practice
规程	agenda
规约化	conventionalization
过渡语境	bridging context
合适性	appropriateness
合作共建	collaborative construction
合作完成	collaborative completion
后置型	post-positioned
候选的理解	candidate understanding
互动	interaction
互动惯例	interactional practice
互动性	interactional
互动语言学	Interactional Linguistics
互动中的交谈	talk-in-interaction
话间图式	diagraph

续表

话轮	turn
话轮构建单位	turn-constructional unit (TCU)
话轮起始位置	turn-initial position
话轮设计	turn design
话轮形式	turn shape
话轮增额	increment
话轮转换相关位置	turn relevance place (TRP)
话题规程	topic agenda
话题可及性	topic accessibility
话题推移	topic shift
话题转换	topic change
回溯推理	abduction
回应	response
回应策略	response strategies
回应行为	responsive action
回应性评价	responsive assessment
回赞	returns
会话分析	conversation analysis
会话格式	conversational format
会话结构	conversational structure
会话蕴含义	conversational implicature
活动影响	activity-implication
机构性谈话	institutional talk
基于实证	empirically grounded
基于数据	data-based
级差	graduation
级差性评价	graded assessment
价值判断	value judgment
建议给予	advice-giving
讲述性问题	telling question
降级	downgrade
降级性的	down-graded
交叠	overlap

交互性	interactive
交互主观性	inter-subjectivity
接受性	recipiency
结构性交互式的活动	structured interactive activity
解释	account
句法化	syntacticalization
句法化混合体	syntacticalized amalgamation
句法投射	syntactic projection
具身性	embodiment
慷慨准则	generosity maxim
可能性	possibility
可识别的	recognizable
可投射性	projectability
客观评价表达	O-side assessment
肯定副词	adverbs of affirmation
扩展小句型	extended clausal
扩展性话轮	extended turns
扩展性讲述	extended telling
类型性的	typed
礼貌原则	politeness principle
立场	stance
立场表达	stance-taking
立场三角	stance triangle
立场协商	affiliation
邻接性	contiguity
零句	minor sentence
流畅性	fluency
面子策略	face strategy
面子威胁行为	face threatening act
明言的不赞同	stated disagreement
明言的赞同	stated agreement
模式	pattern
模态	modality

续表

末音节拖长	latching
内容投射	content projection
凝固性	fixedness
偶然因素	contingency
偏好	preference
篇章功能	textual function
篇章实现阶段	textualized phase
平行性	parallelism
评价	assessment
评价对象	assessable
评价行为	assessment action
评价活动	assessment activity
评价理论	Appraisal Theory
评价立场	evaluative stance
评价片段	assessment segment
评价相关的	evaluation-relevant
评价信号	assessment signal
评价性摇头	assessment head shake
评判	judgment
期待性	expectedness
谦逊准则	modesty maxim
前导序列	pre-sequence
前置型	pre-positioned
情感	affect
情态	modality
去语境化	de-contextualization
权利	right
权威	authority
权限	access
确定性	certainty
确认	confirmation
人际功能	interpersonal function

续表

人际模型	interpersonal model
认识	epistemics
认识从属性	epistemic subordination
认识的宣称	epistemic claim
认识立场	epistemic stance
认识权利	epistemic right
认识权威	epistemic authority
认识权限	epistemic access
认识优先性	epistemic primacy
认识状态	epistemic status
弱化	reduction
上升尾音	rising ending
社会行为	social action
社会行为格式	social action format
身份	status
身体视觉表现	bodily-visual conduct
身姿	posture
升级	upgrade
施为句	performatives
施为性言语行为	illocuationary act
时间性	temporality
手势	gesture
受到限定的	qualified
受话人领域	recipient domain
受话者设计	recipient design
枢纽性话轮扩展	pivotal turn extension
疏离	disaffiliation
数据驱动	data-driven
说话人领域	speaker domain
说明	informing
态度	attitude
提早回应	early response
体	aspect

续表

受话人取向	recipient-oriented
填充词	filler
同情准则	sympathy maxim
投入参与	engagement
投射	projection
透镜	lens
推进	progression
外置结构	extraposition
完形	well-formed
位置敏感的语法	positional-sensitive grammar
谓词独用	predicate-only
谓词居首	predicate-initial
文本类型学	typology of texts
问句	question
习语性的	formulaic
戏剧性	dramaticity
下降尾音	falling ending
下一话轮证明程序	next-turn proof procedure
先验性	a priori
显著性	significance
相邻话对	adjacency pair
消息传递	news delivery
小句	clause
小句关联	clause combination
小句谓语	clausal predicate
小品词	particle
协同配合	co-ordination
信据力	argumentativity
信息领地	territory of information
信息性	transactional
行为规程	action agenda
行为投射	action projection
序列	sequence

续表

序列完结性评价	sequence-closing assessment
序列位置	sequential position
序列依赖	sequence-dependent
序列组织	sequence organization
寻求信息的问题	information-seeking question
言语行为	speech act
言语行为理论	Speech Act Theory
一致关系	alignment
一致准则	agreement maxim
异质性	heterogeneity
意象	image
引述	quotation
引语式思考	reported thought
隐形	unexpressed
隐喻	metaphor
优先性	primacy
有计划的	planned
语法格式	grammatical format
语法为互动	grammar for interaction
语法在互动	grammar in interaction
语境	context
语境更新	context-renewal
语境化	contextualization
语境化的	contextualized
语境化理论	Contextualization Theory
语境敏感	context-sensitive
语境依赖	context-dependence
语力	illocutionary force
语料库语言学	Corpus Linguistics
语气	mood
语调单位	intonation unit
语调曲拱	intonation contour
语言惯例	linguistic practice

续表

语言手段	verbal device
语言选择	linguistic choice
语义韵律	semantic prosody
语音磨损	phonetic attrition
语音溶蚀	phonetic erosion
语用化	pragmaticalization
语域	register
预期	expectation
预示语	preface
元话语	meta-discourse
韵律	prosody
在线产出	online production
在线视角	online perspective
在线一致性	online alignment
赞誉准则	approbation maxim
增额	increment
增强的参与度	heightened participation
占位词	place holder
整句	full sentence
正面评价	positive assessment
正面评论	positive remark
直接构成成分	immediate constituent
指称位置	reference position
指称形式	reference form
指称转换	referential shift
指向评价的活动	assessment-oriented activity
重要性	importance
主观评价表达	S-side assessment
主观性	subjectivity
主动性	agency
注视	gaze
状态改变的词项	change-of-state token
追补	afterthought

续表

资源	resource
自贬	self-deprecation
自反性	reflexivity
自然栖息地	natural habitat
自然性	naturalness
总结性评价	summary assessment
组块	chunk
最简回应	minimal response
最小小句回应	minimal clausal response
最小小句型	minimal clausal

后　记

　　本书是在笔者的博士学位论文《互动视角下的汉语口语评价表达研究》的基础上修改润色而成的，得到中国社会科学院创新工程出版资助的支持。

　　相比于博士学位论文，本书参考此前收到的意见，并结合笔者的进一步思考，对各章内容做了修改和整合，同时尽量吸纳近两年互动语言学及汉语评价表达等领域的最新研究成果，对相关内容进行了扩充，在总体架构和章节安排上则未做明显调整。

　　本书在写作和编辑过程中，得到了众多师长学友的帮助，在此致以诚挚的谢意！

　　首先要感谢博士生导师方梅老师。从 2015 年博士入学起，笔者就在方老师的课题组学习会话分析以及互动语言学的相关理论，并开展语言调查实践。方老师无数次的耐心引导和指点，保证了论文的总体方向和立意；在论文写作过程中，方老师更是给予笔者不断的指导、鼓励和鞭策。笔者毕业参加工作后，又在方老师的指导和督促下对各章内容进行修改，对相关问题做出进一步思考与整合。可以说，本书从最初的构思、写作，到后来的修改成型与出版，无不渗透着方老师的智慧与心血。唯有加速成长，投身语言学事业，做出更好的研究，才能回报导师的一片恩情！

　　在中国社会科学院语言研究所读博期间，笔者有幸聆听沈家煊老师、张伯江老师、刘丹青老师、王灿龙老师、李爱军老师、胡建华老师、吴福祥老师、杨永龙老师、赵长才老师、唐正大老师的专业课或讲座，丰富了专业知识和学术积累，也领略了各位学者的渊博学识和治学风范。在语言研究所工作后，处室领导及各位同事营造了宽松而不失严谨的工作氛围，为书稿的修改、编辑提供了诸多支持。

在美访学期间，合作导师陶红印教授多次与笔者讨论本研究课题，就研究思路、语料的选取分类等方面提出了很好的建议，并邀请笔者旁听他的研究生课程，提供相关的研究语料和文献，对笔者的学术成长有极大的帮助。

多年的求学道路上，周韧老师给予了笔者极大的帮助和支持。从本科和硕士期间的指导，到考博时的期许与读博期间的关心，再到如今工作之后的交流，周老师经常与我分享他的研究体会，鼓励和鞭策笔者。他经常告诫笔者，语法研究中要特别注意形式与意义的相互验证，希望可以在功能语法的证伪机制上做出进一步尝试。周老师用他的言传身教，为笔者做出了榜样！

此外，在我的博士学位论文开题、评审和答辩的过程中，郭锐老师、李爱军老师、李先银老师、谭景春老师、完权老师、王灿龙老师、张旺熹老师、赵长才老师、赵雪老师都从各自的视角提出了很多意见和修改建议，从总体架构到具体问题分析，都为本书的最终成型打下了坚实的基础。

方梅教授带领的课题组是笔者学术成长的摇篮。本书很多章节的内容或构思，笔者都曾在历次课题组会议或工作坊上分享报告过。陈玉东老师、乐耀老师、李先银老师、张文贤老师、刘娅琼老师、谢心阳师兄、王文颖师姐、刘丞师兄、田婷师姐、关越师妹，都对笔者的研究提出过宝贵意见，张文贤老师、乐耀老师、谢心阳师兄、田婷师姐和关越师妹还为笔者提供了部分语料和相关文献，在此表示由衷感谢！此外，本书几乎所有章节都以会议论文的形式在国内外会议上报告过，感谢与会的国内外专家的指正和意见。感谢社会科学文献出版社李建廷编辑、张金木编辑在本书出版过程中的辛勤劳动。

虽然本书的写作告一段落，但相关问题的探讨还远未结束。正如笔者在本书结语部分所说，汉语中的评价表达还有很多值得开拓、深入研究的领域，而本书的研究仅是以特定视角和方法、在之前一定阶段呈现的结果，定然存在诸多不足，敬请各位方家批评指正。笔者也希望能以此为起点，继续勤勉努力，求学探索，在工作中做出更大的成绩，回报所有关心、帮助我的人！

方　迪

2020 年 11 月

图书在版编目(CIP)数据

汉语口语评价表达研究/方迪著. -- 北京：社会科学文献出版社，2021.4
（汉语话语研究/方梅主编）
ISBN 978-7-5201-8382-6

Ⅰ.①汉… Ⅱ.①方… Ⅲ.①汉语-口语-语言表达-研究 Ⅳ.①H193.2

中国版本图书馆 CIP 数据核字（2021）第 089733 号

·汉语话语研究·
汉语口语评价表达研究

著　者／方　迪

出 版 人／王利民
责任编辑／李建廷

出　　版／社会科学文献出版社（010）59367215
　　　　　地址：北京市北三环中路甲29号院华龙大厦　邮编：100029
　　　　　网址：www.ssap.com.cn
发　　行／市场营销中心（010）59367081　59367083
印　　装／三河市龙林印务有限公司

规　　格／开　本：787mm×1092mm　1/16
　　　　　印　张：16.75　字　数：272 千字
版　　次／2021 年 4 月第 1 版　2021 年 4 月第 1 次印刷
书　　号／ISBN 978-7-5201-8382-6
定　　价／98.00 元

本书如有印装质量问题，请与读者服务中心（010-59367028）联系

版权所有 翻印必究